兰州大学研究生、本科生课程教材建设项目

实战式模拟法庭讲义

刑事篇

陈海平 著

法律出版社
LAW PRESS·CHINA
北京

图书在版编目（CIP）数据

实战式模拟法庭讲义. 刑事篇／陈海平著. -- 北京：法律出版社，2025. -- ISBN 978 - 7 - 5244 - 0232 - 9

Ⅰ. D925.04

中国国家版本馆 CIP 数据核字第 2025FC1379 号

实战式模拟法庭讲义（刑事篇）
SHIZHANSHI MONI FATING JIANGYI(XINGSHI PIAN)

陈海平 著

责任编辑 罗 欣
装帧设计 苏 慰

出版发行	法律出版社	开本 710 毫米×1000 毫米 1/16	
编辑统筹	法律教育出版分社	印张 15　字数 263 千	
责任校对	张翼羽	版本 2025 年 5 月第 1 版	
责任印制	刘晓伟	印次 2025 年 5 月第 1 次印刷	
经　　销	新华书店	印刷 唐山玺诚印务有限公司	

地址：北京市丰台区莲花池西里 7 号（100073）
网址：www.lawpress.com.cn　　　　　　　销售电话：010 - 83938349
投稿邮箱：info@ lawpress.com.cn　　　　　客服电话：010 - 83938350
举报盗版邮箱：jbwq@ lawpress.com.cn　　　咨询电话：010 - 63939796
版权所有·侵权必究

书号：ISBN 978 - 7 - 5244 - 0232 - 9　　　　定价：49.00 元

凡购买本社图书，如有印装错误，我社负责退换。电话：010 - 83938349

序　言

在相当长的时间里，在中国法学会法学教育研究会年会上，总能与陈海平老师不期而遇，从只言片语的交流到相谈甚欢的讨论，我们渐成莫逆之交。2015年12月，承蒙时任燕山大学法学系主任的陈海平老师的热情相邀，我前往燕山大学为法律硕士、法学硕士研究生讲授了16个学时的"法律论辩技巧"专题课程。授课之余，围绕法学教育的理念与实践、模拟法庭教学的现状与改革等问题与海平老师交流颇多，深切感受到了海平老师对法学教育改革的执着与热爱，这也让我们的友谊越发深厚。后来，作为中国法学会法学教育研究会模拟法庭教学专业委员会的共同创始成员，我们围绕模拟法庭课程教学有过很多交流与合作。海平老师扎根法学教育20余年，深耕模拟法庭教学15年，积累了丰富的教学经验。十年磨一剑，一朝试锋芒，在其精心撰写的《实战式模拟法庭讲义（刑事篇）》一书出版之前，邀我作序，我有幸成为首位读者。鉴于对本讲义立足新时代、践行新理念、紧跟智慧法治实践前沿等特点的高度肯认，慨然应允为之作序。

党的十八大将"依法治国"方略提到新高度，要求造就规模宏大、素质优良的法治人才队伍。党的十八届四中全会为加快法治国家建设进行了顶层设计和战略部署，对创新法治人才培养机制提出了新的要求，一系列改革举措落地生根，中国法治进程由此走上了"快车道"。党的十九届五中全会部署了法治发展"两步走"的目标与战略。党的二十届三中全会明确要求"完善以实践为导向的法学院校教育培养机制"，为法学实践教学改革指明了方向、明确了要求。中共中央办公厅、国务院办公厅专门出台文件，推动法治人才培养机制改革。2023年2月印发《关于加强新时代法学教育和法学理论研究的意见》，明确提出，坚持遵循法学学科发展规律和人才成长规律，要求提高法治人才培养质量，并提出了2025年法治人才培养质量稳步提升，重点领域人才短板加快补齐的远景规划。

长期以来，我国法学教育与法律职业之间存在壁垒，偏重理论教学，对法律职业能力培养关注有限，在法学实践教学方面投入不足，不能满足法律职业提出的新需求。随着全面依法治国的深入推进，社会对高素质法治人才的需求越发迫切，从业者不仅需要具备扎实的法律理论知识,更需要拥有出色的法律实践技能。然而,传统法学教育重理论、轻实践的积弊尚未完全消除,导致法学毕业生面临就业难、适应慢的窘境。《实战式模拟法庭讲义(刑事篇)》契合法学教育改革的紧迫需求,为法学实践教学改革注入了新的活力,其出版恰逢其时。

对模拟法庭课程教学而言,本讲义既是方法论,也是操作指南。全书探讨了法律职业能力体系及其培养路径,反思了传统"实验"式模拟法庭教学存在的表演化、剧本化等弊端,阐述了"实战"式模拟法庭课程的教改思路、实施过程,创新性地提出了"实战"式教学理念。通过优化教学理念、重构教学内容、创新教学方法、改革课程考核,实现了模拟法庭课程教学从"实验"到"实战"的重大转变。从任务驱动下的科学分组,到精心确定契合实战需求的案例,再到严谨的实战模拟环节,包括案卷制备、庭前准备、庭审实战以及庭后复盘,环环相扣,形成完整的教学闭环,充分还原真实的司法实践场景,实现了刑事案件办理全流程的实战模拟,让学生在项目式教学中深度参与,强化了法律职业能力培养力度。

从学术贡献角度来看,本讲义表现出诸多亮点:其一,理论与实践深度融合。突破了传统模拟法庭相关教材或偏理论或偏实践的局限,巧妙地将刑事法的前沿理论融入模拟法庭的实战环节,引导学生将抽象的理论知识转化为具体的实践操作,实现了理论与实践的无缝对接,让学生在实践中深化对理论的理解与运用。其二,案例研习拓宽学术视野。依托大量可辩性案例开展示例教学,所涉案例涵盖多种罪名,包含多元法律问题,学生通过研习这些案例,能够拓宽学术认知边界、激发对复杂法律问题的探索兴趣、培养多角度思考法律问题的能力。其三,推动法学教育方法创新。以OBE(基于产出的教育)教育理念为指引,深入推动模拟法庭课程教学的实战化。从案例编写、卷宗制备,到庭前准备、庭审实战,始终秉持"任务主线、教师引导、学生主导"的原则,将法律职业能力培养贯穿教学全过程,为法律实践教学模式的转型提供了可鉴范例。

审视本讲义的内容,可见其显著特色:其一,实践导向明确。践行"以实践为导向"的教学改革理念,以办理真实刑事案件的高标准要求,高度仿真刑事案件办理的全过程,从侦查阶段的证据收集,到庭审中的质证辩论,让学生在模拟环境中提前适应真实司法工作场景,全方位训练学生的法律职业能力。其二,内容系统全面。从模拟法庭课程的教学改革切入,详细阐释了"实战"式模拟法庭的教学操作过程,提供了丰富的教学资源。无论是教师开展教学活动,还是学生的自主学习,都能从中获得充分支持。其三,案例生动鲜活。基于培养学生解决复杂法律问题的意识和能力的考虑,选用的刑事案例类型丰富、生动鲜活,并经过精心改编。这些案例兼具可辩性和趣味性，能够激发学生的学习热情，能让学生在激烈的辩论中提升思辨能力。

这部凝聚着海平老师多年心血的讲义，为模拟法庭课程教学提供了系统、实用的教学蓝本。相信本讲义能够成为法学院系模拟法庭课程教学的参考资料，在模拟法庭课程教学中绽放光彩，助力改进教学方法、提升教学质量。同时，希望更多的法学教育同仁投身法学实践教学，不断创新模拟法庭课程教学改革，为法学教育事业、法治人才培养的蓬勃发展贡献力量。

是为序。

中国法学会法学教育研究会模拟法庭教学专业委员会主任
中国政法大学教授、博士生导师、法律学院院长
许身健
2025 年 3 月 6 日于中国政法大学科研楼

目 录

第一章 法律职业能力及其培养路径　　001
　　一、法学专业就业难问题反思　　001
　　二、法学教育面临的新形势　　004
　　三、法律职业能力体系解析　　008
　　四、法律职业能力的培养路径　　011
　　五、法学实践教学的目标重构　　014
　　六、结语　　018

第二章 实战式模拟法庭之教学改革　　020
　　一、法学实践教学改革的时代机遇　　020
　　二、模拟法庭课程设置解读　　023
　　三、"实验"式模拟法庭教学反思　　027
　　四、"实战"式模拟法庭教学改革　　030
　　五、课程思政建设方案　　034
　　六、结语　　037

第三章 实战式模拟法庭之教学过程　　038
　　一、任务驱动　　038
　　二、确定案例　　044
　　三、实战模拟　　053
　　四、结语　　058

第四章 实战式模拟法庭之卷宗制备　　059
　　一、侦查卷宗制备的流程　　059
　　二、侦查卷宗制备的准备　　063

三、侦查卷宗制备的要点　　079
　　四、结语　　100

第五章　实战式模拟法庭之庭前准备　　101
　　一、控诉组:预案扎实,精准公诉　　102
　　二、辩护组:筹谋周密,有效辩护　　115
　　三、审判组:准备充分,优质庭审　　128
　　四、其他组:明晰任务,协同共进　　139
　　五、结语　　147

第六章　实战式模拟法庭之庭审实战　　148
　　一、庭审礼仪规范　　148
　　二、庭审实战流程　　157
　　三、庭审实战技能　　176
　　四、结语　　198

第七章　实战式模拟法庭之证据制度　　199
　　一、证据的特征　　199
　　二、证据的种类　　201
　　三、常用证据规则　　208
　　四、证据的审查与认定　　219
　　五、结语　　227

主要参考文献　　228

后　记　　232

第一章　法律职业能力及其培养路径

> 法学专业面临的就业难，并非供需失调的结构性矛盾，法学教育面临严峻挑战，难以满足社会对高素质法治人才的需要，根本原因就在于忽视了法律职业能力的培养。法律职业能力体系包括职业准入、职业胜任、职业发展等三层次十五项内容。法学教育应当从调整培养目标、加强实践教学、拓宽国际视野等方面强化法律职业能力的培养。法学本科教育应当在素质教育的基础上强化职业教育导向，加强法学实践教学；法律硕士教育应当以职业教育为导向，强化法律职业技能的培养；职前培训应当以职业适应为导向，重视职业实战能力的养成。

中国法治建设行稳致远，法治进程势不可挡，中国式法治现代化给法学教育带来前所未有的机遇，也带来了巨大的挑战。法学教育涉及政治制度、法律体系、意识形态的分野，并不存在放之四海而皆准的培养模式。我国法学界热议多年形成的共识有：必须推动法学教育改革，高校应当制定适合自身建设和发展、具有差异性和个性化的培养方案，社会对法学专业毕业生的能力需求包括专业知识、知识拓展、实践创新等，法学教育应当加强实践性、深化实践教学模式改革、关注法律职能技能的培养。

身处法治快速推进的新时代，必须直面法学教育的"大众化"供给和法治人才的"高素质"需求之间的深刻矛盾，尤其要顺应新文科建设创新发展的潮流，重新定位培养目标、改革培养模式、创新培养机制，引导法学教育与法律职业有效衔接，满足社会对法治人才革命化、正规化、专业化和职业化的现实需要，努力培养复合型、职业型、创新型法治人才。

一、法学专业就业难问题反思

曾几何时，法学专业炙手可热是不争的事实。然而，近年来法学专业逐渐陷入就业寒冬,"就业难"成为法学专业绕不开的关键词,在教育部专业就业质量红黄牌提示中,法学专业也因"就业率"不高,被纳入高失业风险型专业,频频被亮"红牌",法学专业"就业率倒数"、法学毕业生"就业率文科最低"等论调时有所见。有关部门和高校对"红黄牌专业预警机制""控制法学专业招生指标"等主张跃跃欲试。在国家大力推进法治建设的时代背景下,在高等教育扩招改革以来短短20余年间,法学专业经历了从"热门"到"红牌"的跌宕起伏,其间缘由,颇值深思。在规模扩张和就业困境的双重压力下,法学专业身负"就业难"社会标签,改革和完善法学专业人才培养模式,是高等院校法学教育部门必须面对和解决的一项重要课题。

(一)法学专业的就业现实尚需客观评估

随着我国法治进程的稳步推进,中国巨大的法律市场需求尚待开发,当前法律专业人才存量并未达到社会需求。法学专业就业率屡创新低与考生报考法学专业热形成了强烈反差。坊间盛传法学就业难,法学专业被评为"红牌专业",意即失业量较大,毕业去向落实率、薪资和就业满意度综合较低。"就业难"的标签严重挫伤了法学学生的学习积极性。这对于有志于投师法学门下、投身法治建设的青年学子无异于当头一瓢凉水,不利于法学教育的正常发展,也不利于国家法治建设的稳步推进。

其实,法学专业并非坊间传言那般"难"就业,"就业难"是不公平就业率统计的"过度阐释"。法学专业具有就业周期长、就业面宽、就业灵活等特点,传统的"就业率"(2021年开始改为"毕业去向落实率")以毕业生当年的就业状况为统计基础,毕业生就业情况报送有三个统计节点,分别是毕业当年的6月30日、8月31日、12月31日。众所周知,法律职业资格考试是法学毕业生从事法律职业的"敲门砖",虽然允许法学专业大四本科生报考,但法学本科生毕业前通过法律职业资格考试的比例比较低,绝大多数法学毕业生要经历一两年甚至多年的"法考备考"生活,其间当然只能主动选择"失业"。正是基于此,全国两会上有政协委员提出了优化就业统计口径的建议,"将有其他选择意向、暂时不需要就业的群体单独列出,不纳入当期就业统计基数"[1]。

(二)法学专业就业难源于欠缺职业技能

法学本科毕业生"就业难",并非源于法学人才供需失调的结构性矛盾,而是法治人才培养模式固有缺陷所致。法学本科毕业生就业"难",是注重理论教学的传统

---

[1] 高毅哲:《刘林委员:对毕业生就业要建立精准科学统计口径》,载中国教育新闻网,http://www.jyb.cn/rmtzcg/xwy/wzxw/202403/t20240308_2111164148.html。

法学教育不能满足社会需求的表现,是传统法学教育忽视法律职业能力培养的结果。法学教育过程不重视法律职业能力的培养将导致法学专业毕业生欠缺基本的法律实务操作能力。

我国法学教育在制度设计上存在法学教育与法律职业的割裂,注重理论教学,缺乏职业能力培养的意识,实践教学投入不足,对法律职业能力培养关注不足,不能完全满足法律职业的实际需要,满足社会对法治人才提出的新需求。如果法学毕业生无法胜任法律职业,无法满足社会的法律职业需求,就会造成法学教育资源浪费,损害法律职业对法学教育的信赖,也会导致用人单位抱怨法学毕业生专业功底不扎实、实际工作经验欠缺。[1]

从1977年恢复高考到1999年,全国共有204所院校开设法学专业。1998年以来法学教育经历了扩张发展,法学专业在规模上有了跨越时代的增长,到2007年5月新增开设法学本科专业的高校有402所,开设法学本科专业的院校已达到606所[2]。之后法学专业增速明显放缓,到2016年,全国共有626所普通高校开设法学本科专业[3]。据教育部官方公布的信息,2021年开设法学本科专业的高校共计632所[4]。查阅阳光高考网,2024年全国共有617所高校的法学专业招生[5]。在师资、图书资源等未有明显升级的情况下,法学教育的短期内快速增容和扩张,一定程度上会造成法学教育质量的下滑,难以进行有效的实践教学,法学毕业生实务操作技能欠缺的现象更加严峻。

(三)法学毕业生就业前自发实习呈常态

法学教育在教学内容、教学方法等环节对法律职业技能关注不足,学究式的理论教学占领课程,会导致毕业生分析问题、解决问题的实践能力不足,难以适应法律职业的具体需求。法学毕业生不得不在毕业后自发实习以求弥补,经过毕业后自发的技能养成,法学毕业生多能顺利就业。但面对"法学院离法院有多远"的诘问,当时身在法院的吕忠梅教授的回答是"非一步之遥"[6]。实务技能并不因通过注重法条考察的法律职业资格考试而自然得,法学毕业生必须经过一个长期的自我教育

---

[1] 韩大元:《全球化背景下中国法学教育面临的挑战》,载《法学杂志》2011年第3期。
[2] 徐卫东:《中国高等法学教育三十年发展回顾》,载《当代法学》2008年第1期。
[3] 《教育部关于政协十二届全国委员会第四次会议2884号(教育类313号)提案答复的函》(教提案〔2016〕第300号),2016年10月31日。
[4] 《教育部对十三届全国人大四次会议第8342号建议的答复》(教高建议〔2021〕120号),2021年8月10日。
[5] 网址:https://gaokao.chsi.com.cn,2025年1月15日最后访问。
[6] 田享华:《法学院离法院有多远?》,载《南风窗》2006年第4期。

过程,需要长期的知识"磨合",靠自我摸索获得职业技能,由此也进一步拖长了法学毕业生的就业周期,也招致实务部门对法学毕业生和法学教育有所疑虑。

二、法学教育面临的新形势

中国历史上从没有像今天这样如此地重视法治,这无疑成为法学教育的重要机遇,但现实证明我国的法学教育并未如预期飞速发展,相反却遇到了一定的"瓶颈",法科学生在社会中也会遭受"冷遇","诸多因素的交互作用,法学专业人才培养也出现了整体过剩的现象"[1]。"法学教育面临着重重挑战,难以适应新时代的法治需求"[2],"法学教育的培养目标和培养模式正在发生转变,从专业教育转向职业教育"[3]。只有挖掘其深层次原因,揭示其面临的新形势,才能对症下药,法学教育才能行稳致远。

(一)国家高度重视法学教育改革

党的十八大将"依法治国"方略提到新高度,要求造就规模宏大、素质优良的法治人才队伍。党的十八届四中全会为加快法治国家建设进行了顶层设计和战略部署,对创新法治人才培养机制提出了新的要求,一系列改革举措落地生根,中国法治进程由此走上了"快车道"。党的十九大进一步要求"坚持全面依法治国",提出着力建设"高素质""专业化"干部队伍。党的十九届五中全会,部署了法治发展"两步走"的目标与战略。党的十九届六中全会,系统总结了改革开放以来法治建设的历史经验。党的二十大报告部署了深入实施人才强国战略。党的二十届三中全会部署了深化人才发展体制机制改革任务,明确要求完善以实践为导向的法学院校教育培养机制。

简要梳理近年来与法学教育相关的重大举措与政策部署。从本科教学质量与教学改革工程,到围绕法学专业实践教学、人才培养、学科专业建设等方面出台的一系列政策文件,无不体现着国家对法学教育改革的高度重视与持续推进。

2011年,教育部、财政部联合启动"高等学校本科教学质量与教学改革工程",要求以强化实践教学为重点,进一步强化实验实践教学平台建设,培养大学生实践能力和创新创业能力。

2012年,教育部、中央政法委员会启动"卓越法律人才教育培养计划";2018年,

---

[1] 孙记:《"不惑"之年应"不惑"——40年来我国高等法学教育就业率之辨》,载《中国高教研究》2018年第8期。

[2] 冯果:《新理念与法学教育创新》,载《中国大学教学》2019年第10期。

[3] 徐显明等:《改革开放四十年的中国法学教育》,载《中国法律评论》2018年第3期。

在此基础上推动实施"卓越法治人才教育培养计划2.0",要求着力强化实践教学,提高实践教学比重,积极探索实践教学改革,切实提高实践教学的质量和效果。

2019年,教育部发布《关于深化本科教育教学改革全面提高人才培养质量的意见》,提出以新工科、新医科、新农科、新文科建设引领带动高校专业结构调整优化和内涵提升。之后,启动了一流本科专业建设"双万计划"、一流本科课程建设。

2020年,教育部新文科建设工作组召开新文科建设工作会议,发布了《新文科建设宣言》,对新文科建设进行了全面部署,"鼓励支持高校开设跨学科跨专业新兴交叉课程、实践教学课程,培养学生的跨领域知识融通能力和实践能力"。

2021年3月,教育部发布《新文科研究与改革实践项目指南》,启动新文科研究与改革实践项目建设,对法学专业实践教学提出的要求是:"以提升学生解决实际问题能力为导向,强化课程体系的实践性和应用。"

2021年5月,教育部发布新修订的《法学类教学质量国家标准(2021年版)》,专业课程体系由原来的"10+X"模式调整为"1+10+X","习近平法治思想概论"("1+10+X"之"1")被纳入法学专业必修课,此举"是用马克思主义法学思想和中国特色社会主义法治理论全方位占领法学教育和法学研究阵地的一项重大举措"[1]。习近平法治思想为法学教育和法治人才培养指明了方向,对我国法学教育和法治人才培养具有重要指导意义。[2]

2023年2月,中共中央办公厅、国务院办公厅印发了《关于加强新时代法学教育和法学理论研究的意见》,勾画了法学教育的未来图景,部署了法学教育的改革方向,明确提出坚持遵循法学学科发展规律和人才成长规律,坚持立德树人、德法兼修,努力培养造就更多具有坚定理想信念、强烈家国情怀、扎实法学根底的法治人才,要求提高法治人才培养质量,并提出了2025年法治人才培养质量稳步提升、重点领域人才短板加快补齐的远景规划。

2023年2月,教育部等五部门印发《普通高等教育学科专业设置调整优化改革方案》,全面部署了高校学科专业设置的调整优化,要求加强学科专业存量调整,完善退出机制,强化重点领域涉外人才培养相关专业建设,打造涉外法治人才教育培养基地,支持高校建设涉外法学学院,深化专业课程体系和教学内容改革,做到价值塑造、知识传授、能力培养相统一。

2024年7月,党的二十届三中全会通过的《中共中央关于进一步全面深化改

---

[1] 王健:《2021年影响中国法学教育发展的十个方面》,载《湖湘法学评论》2022年第2期。
[2] 马怀德:《法学教育法治人才培养的根本遵循》,载《中国党政干部论坛》2020年第12期。

革　推进中国式现代化的决定》,明确要求"完善以实践为导向的法学院校教育培养机制",为推进法治人才培养机制创新指明了方向、明确了要求、划定了重点、部署了任务,充分体现了党中央对法治人才培养工作的高度重视。

(二) 法学教育进入大众化时代

改革开放以来,中国法学教育经历了重建、恢复发展过程,法学教育发生了翻天覆地的变化,在法学专业的基础上独立设置了中共党史党建学、纪检监察学、国家安全学、区域国别学等法学或有关法学的一级学科[1]。在法学本科专业大幅增长的同时,法学类研究生也在同步扩张,据全国法律硕士专业学位研究生教育指导委员会官网的消息,截至2021年10月26日,法律硕士专业学位授权点已达289个[2]。查阅中国研究生招生信息网[3]可知2025年法律硕士专业招生院校数量:法律(非法学)专业(035101)招生院校有282所、法律(法学)专业(035102)招生院校有294所。办学规模急剧扩张,法学学科门类在校研究生超过21万,在校本科生超过70万[4]。观察近年高考报考情况,法学专业多年来一直稳居报考热门,加上法治建设提速的大环境,法学教育似乎理应进入"黄金时代"。

但是,法学专业的就业率近几年并未有明显改观,"红牌专业""就业难"的标签一直存在,法学毕业生的法律职业能力受到社会各界的质疑,学难致用导致实务界对法学教育有所失望,原本该大受欢迎的科班出身毕业生却遭遇就业不利。究其原因,在于大众化时代的法学教育未能回应社会对法治人才的实际需求,"一些用人单位抱怨,法学院毕业生法律专业功底不扎实、实际工作经验欠缺、法律以外的知识储备不够"[5],无法胜任法律职业。综上可见,法学就业难并非市场需求不足,而是供求失衡,法学教育满足不了市场对高素质、精英型法治人才的需求。

(三) 法学教育培养模式亟待改革

经过改革开放以来的蓬勃发展,我国法学教育已形成"多层次、多类型的学位体系"[6]。然而,专业设置的不合理、培养模式的同质化,导致了法治人才的供求失衡。现行法学教育偏重传统的理论型、诉讼型法治人才培养,忽视非诉讼和新型业

---

[1]　王健:《学科目录调整与法学学科建设》,载《新文科理论与实践》2022年第3期。
[2]　《全国法律硕士培养单位名单(2021.10.26)》,载全国法律专业学位研究生教育指导委员会官网2021年11月15日,https://www.china-jm.org/article/? id=701。
[3]　网址:https://yz.chsi.com.cn,2025年1月15日最后访问。
[4]　"高等教育分学科门类研究生数(总计)""普通本科分学科门类学生数",载教育部官网,http://www.moe.gov.cn/jyb_sjzl/moe_560/2022/quanguo/。
[5]　韩大元:《全球化背景下中国法学教育面临的挑战》,载《法学杂志》2011年第3期。
[6]　冯玉军:《我国法学教育的现状与面临的挑战刍议》,载《中国大学教学》2013年第12期。

务领域的法治人才培养,这种落后的培养导向亟须改变,通过优化调整法治人才培养结构,才能更好地满足全面依法治国进程对法治人才的多样性需求[1]。

放眼我国法学教育,法律高职高专、法学本科、法律硕士(非法学)、法律硕士(法学)、法学硕士、法学博士、法律博士教育共同构成法治人才培养体系。在种类繁多的法学教育体系中,各层次的培养目标并不清晰,缺乏对法律职业能力的关注和发力,一定程度上呈现法学教育千校一面、培养目标与社会需求脱节的共同问题。

法律类高职院校的大专近些年不断探索"应用型"教育改革,大幅压缩课程学习时间,更多课时被安排实验式实践教学、知识含量不高的体力型专业实习,学生习得的法学基础知识有限,甚至欠缺基本的法治理念和法律思维,要求学生具有高超的职业能力简直就是无本之木。

法学本科教育,历来注重理论灌输,对实践教学的强调不够、教学效果也比较有限,造成毕业生的职业技能不足,导致学生难以满足社会需要。2023 年年初《中国政法大学发布公告:本科生就业163 人,就业率居然不到10% ?》一文引起社会的广泛关注。该事件或许可以看作法学本科就业难的这一社会性焦虑的一次颇为直观的体现。

法律硕士近些年持续热招,成为一些考生提高价值、谋求"转身"的途径包括法律硕士(非法学)、法律硕士(法学)两类四种(各有全日制、非全日制),考生来源各异,培养过程复杂。陡增的培养压力,使不少高校对法律硕士的培养无奈"放养":有些高校在教学内容上大面积重复法学本科教育,但在教学管理上却不如本科教学那般重视和严格;有些高校表现为其培养过程基本与法学硕士差别不大,授课教授采取所谓"研讨式"教学(学生主讲、教师点评),毕业论文的写作要求与法学硕士相同;等等。虽然,法律硕士教育主管部门近年来一再要求强化实践教学,但不少高校在实际操作中的效果并不乐观。

近年增设的法律博士专业学位点备受瞩目,截至 2024 年年底,已有 19 所高校增设了法律博士专业学位授权点。

(四)法学教育忽视法律职业能力培养

法学教育与法律职业有着天然的密切联系,法学院校作为法治人才培养的主要承担者,能否满足社会的法治人才需求,是检验其成功与否的基本标准。如果法学教育与法律职业严重脱节,法学教育忽视法律职业能力的培养,过分注重理论知识的灌输,忽视社会对法治人才的实际需求,则法科学生将无法学以致用。正如苏力

---

[1] 廖永安:《促进法学教育供需平衡》,载《人民日报》2016 年 6 月 6 日,第 20 版。

教授所言,"法学是世俗的学问,甚至很多是实践性的、技术性的,因此单靠课堂讲授是不够的"[1]。

法律职业能力与法律技能不同,前者是综合素质、综合能力的培养,后者是运用法律的技巧,前者包括后者。法律职业能力不仅要求法学理论知识、实务操作技能,还要求具备严谨的法律思维、坚定的法律信仰、崇高的职业伦理。法学教育的目的不应局限于培养法律工匠,亦不应致力于培养法学大师,而应更加注重培养能够将法学知识应用于实践、解决实际问题的应用型法治人才。

综上所述,法学教育应当重视法律职业能力的培养,肩负起为法治建设保驾护航的重任,将培养正规化、专业化和职业化的法治人才队伍作为法学教育的光荣使命。所以,必须积极推动法学教育的供给侧改革,实现其与法律职业能力需求的对接,关注法科学生的职业能力培养。

三、法律职业能力体系解析

基于多年来教学改革实践和思考、对法律人所需职业能力的系统梳理、对国外法学教育的考察借鉴,我们将法律职业能力分为职业准入、职业胜任、职业发展三大能力,每项能力包括五项内容,能力指标体系如表1-1所示。

表1-1 法律职业能力指标体系

职业准入能力	职业胜任能力	职业发展能力
正义感	法律检索与信息获取	法律思维与应变
责任心	真相发现与证据调查	协作博弈与竞争
是非观	业务谈判与沟通交流	游说推动与协调
抗压力	问题解决与对象说服	风险预判与防范
自信心	重点整理与文书制备	成果展示与演说

(一)职业准入能力

职业准入能力既是从事法律职业的前提和基础,也是从事法律职业的基本要求。法律职业不同于其他职业,法律是协调社会关系的规范,是解决社会纠纷的依据,法律职业群体,就是依据法律规定,按照法律程序,处理法律事务,解决社会纠纷,维护社会正义的人。所以,无论是对法律理论知识,还是个人品格都有特定的高

---

[1] 苏力:《当代中国法学教育的挑战与机遇》,载《法学》2006年第2期。

要求。在某种程度上,法律职业需要的人格品质甚至比法律知识更为重要。

正义感。荷兰法学家胡果·格劳秀斯认为,法学是"从正义而生活之学"[1]。法律职业以维护社会正义为己任,要进入这一职业,正义感是首要的品质,试想没有正义感的人进入法律职业,损害的不仅是法律的尊严,甚至是人的生命。或许可以说,对法律人而言,能力比知识重要,正义感比能力更重要。

责任心。责任感是法律人的基本素质。有责任感,是所有职业的共同要求,对法律人而言,责任感则是其断讼决狱、匡扶正义必不可少的基本素质。法律职业关乎他人的身家性命,正所谓法律人"办的不是案子,而是别人的人生",法律职业要求法律人必须具备更大的责任心。正如有学者所言"不能想象,假如没有了责任感,是否还配称法律人"[2]。

是非观。法律是判断是非的标准,是非观对法律职业者至关重要,拥有正确的是非观是对法律职业从业者最基本的要求。无论在法律职业中扮演什么角色,都有一个共同的出发点,就是依据法律的规定。不管站在谁的立场上,采取的手段都要有法律上的依据,正当的才可为,不正当的绝对不为,判断的标准和选择的底线只能是法律。

抗压力。法律职业者的压力巨大,案多人少的情况由来已久,很多法官、检察官都在超负荷工作,所以拥有强大的抗压能力是必要的,这是能否胜任法检工作的关键。此外,案件的复杂、社会影响等因素,也使法律职业者必须拥有巨大的抗压力。

自信心。打铁必须自身硬,自信源于实力,法律职业者首先需要有过硬的专业知识,熟练掌握法律的基础知识、熟悉案件相关领域法律规范、具备运用法律解决问题的能力,才能在工作中满怀自信地处理遇到的各种法律问题。

(二) 职业胜任能力

职业胜任能力,即法律职业技能,是从事法律职业的关键,一个具备职业准入能力的人并不必然能够胜任法律职业,法学是世俗的学问,是实践性、技术性很强的学科,学法的目的不在于侃侃而谈,而在于解决具体的社会纠纷,这必然需要高超的职业技能。

法律检索与信息获取。遇到纠纷、处理法律实务,需要从纷繁复杂的事实争议中明确所属法律关系、提炼出争议焦点,从浩瀚法律法规中找到相应法律规范,收集法律适用所需信息。

---

[1] 曾庆敏主编:《法学大辞典》,上海辞书出版社1998年版,第1093页。
[2] 陈雯雯:《法律人的责任感有何特殊》,载《人民法院报》2016年4月24日,第7版。

真相发现与证据调查。证据调查的能力是法律从业者职业能力的关键,也是评价一个优秀法律工作者的重要参照。[1] 任何争讼都处于事实真伪不明的状态,只有通过调查收集证据,才能还原真相,在诉讼或非诉的准备阶段收集更多、更有利于己方的证据,就能占据主动、赢得未来。

业务谈判与沟通交流。丹宁勋爵有言:"要想在与法律有关的职业中取得成功,你必须尽力培养自己掌握语言的能力。"[2]法律是调整社会关系的规范,法律面向社会大众,要把法律精神和意思有效传递给当事人,就需要良好的业务谈判和沟通表达能力,否则,极难胜任法律职业。

问题解决与对象说服。法律职业旨在解决社会冲突、化解社会矛盾,只有合理合法地把各种纠纷放在法律框架下解决,做到案结事了,才能完成法律职业的使命,在化解纠纷的过程中,与对方的协商谈判必不可少,最理想的莫过于通过协商解决纠纷,避免漫长诉讼过程。法律职业从业者必须具有出众的沟通技能和说服能力。

重点整理与文书制备。能准确快速地发现案件争议焦点,并找到支持己方观点的法律依据,是解决纠纷的关键。法律职业从业者必然要与大量法律文书打交道,文书制备能力是一个法律人必备的技能,也是法律规定的程序要求[3]。

(三)职业发展能力

职业发展能力是高素质法律人的职业要求,是职业胜任能力之上的更高要求,指具备法律职业素养的法律人,能够适应社会变迁和职业发展要求,不断获取新知识、更新专业理论、及时掌握新技能、适应岗位调整,并能够不断提升其法律职业素养的能力。

法律思维与应变。英美法系和英美法学教育普遍强调"像法律人那样思考",法律思维是法律职业从业者特有的思维模式,指法律人应该具备的逻辑、逆向、程序、规则、证据、公平、民主等思维模式。面对纷繁复杂的社会现象、面对各说各有理的法律纠纷,高素质法律人不能只是牢记法律术语,还需通过法律行为重新界定和塑造法律规则[4]。

协作博弈与竞争。法律实务是一种特殊的博弈,随时随地充斥着利益博弈,法律人时刻处于"战争与和平"状态。法律职业同行间充满竞争,也无时不在合作中,

---

[1] 何家弘:《刑事诉讼中证据调查的实证研究》,载《中外法学》2012年第1期。

[2] [英]丹宁勋爵:《法律的训诫》,杨百揆等译,群众出版社1985年版,第2页。

[3] 彭中礼:《司法判决说服性的修辞学审视——围绕听众的初步分析》,载《法制与社会发展》2011年第1期。

[4] 苏力:《法律人思维?》,载《北大法律评论》2013年第2期。

不进行团队合作的单打独斗,无法处理复杂法律纠纷;法律职业共同体内,法官、检察官、律师也构成独特的竞争与协作关系。

游说推动与协调。沟通与表达能力是法律职业者的基本能力,出色的游说和协调组织能力对高端法律人来说必不可少,寻找职业发展机会、争夺话语权、推动谈判、促成和解、寻找共赢等,都离不开高水平的游说推动和协调能力。

风险预判与防范。无论是传统的刑民诉讼领域,还是新生的企业并购、资产重组等非诉领域,高素质法律人都需要敏锐的职业眼光与洞察力,如果能准确地预见风险,把矛盾扼杀在萌芽状态,做到防患于未然,既能避免不必要的司法资源浪费,又能及时地化解社会冲突。

成果展示与演说。精彩的口头表达和能够公开演讲是成为优秀法律人的必备能力。无论是法官、检察官、律师,还是其他法律职业从业者,都离不开与人打交道,都需要展示自己提炼事实、进行法律分析、调查取证等的成果,都以说服对方接受己方主张为日常工作。

四、法律职业能力的培养路径

改变"重理论轻实践、重知识轻技能"的传统培养模式,实践教学从"实验式"走向"实战"式,构建多层次实践教学体系,实施基础型、综合型、创新型实践教学,以职业准入能力、职业胜任能力、职业发展能力培养为中心组成递进式教学方案。

(一)培养目标强调职业能力

传统的法学教育模式过于注重培养学生的理论思辨能力,而不太关注职业能力方面的培养,在道德情操方面习惯于简单的道德说教,效果并不好,导致毕业生往往不能适应工作岗位要求。法学教育应该以法律职业能力为基本的目标导向,[1]改变实务部门承担职业技能培训的现状,正如有学者所言:"法学教育的职业教育属性已经成为法学教育工作者的共识,职业化也已经成为法律实务界与法律理论界的共同的期待。"[2]

法学教育注重职业技能的培养是国际通行做法。考察美国、德国、日本等国的法学教育,它们都把法律职业技能的培养作为课程设置的主要考虑因素。重视理论学习,忽视职业技能训练,必然造成法学毕业生纸上谈兵、进入实践束手无策的现象,进而招致实务界的失望和不满。

---

[1] 贾宇:《改革开放三十年法学教育的发展及其当前改革》,载《法律科学》2008年第6期。
[2] 徐显明:《中国法学教育的发展趋势与改革任务》,载《中国大学教学》2009年第12期。

法学实践教学需要与法治最新实践相衔接,法学院校理应提供法科学生认知司法实务、习得实务技能的有效路径,全方位培养学生的法律职业能力,改变重理论、轻实践的教学理念,把实践教学作为法学教育的重点,加大实践教学的力度与投入。应广泛开展模拟审判、法律诊所(法律援助)、案例研讨等实践教学活动,与法律实务部门合作,安排学生到办案一线顶岗实习,使学生接受一线实务专家的指导,熟悉办案流程,参与真实案件办理,通过制作法律文书、接待当事人、参与业务谈判等实务操作,学会像法官、检察官、律师一样思考,养成法律职业所需的思维方式。

(二)倡导"实战"式实践教学

法学教育必须立足新时代的法治中国建设的现实需要,全面回应建设新法科背景下法学教育领域强化实践教学、加强法律职业能力培养的普遍共识。"重实践"既是教育主管部门的宏观要求,也是法律教育领域的共识。2017年5月,习近平总书记在中国政法大学考察时强调:"……法学教育要处理好知识教学和实践教学的关系。要打破高校和社会之间的体制壁垒,将实际工作部门的优质实践教学资源引进高校……"2019年1月,习近平总书记在中央政法工作会议上强调:"……加快推进政法队伍革命化、正规化、专业化、职业化建设……"

要回应社会对法律职业人才的实际需求,就需要开展法治人才培养的供给侧改革,努力输送符合法律职业能力需求的高素质人才。重视实践教学,已成为法学教育的基本共识,但在操作上,实践教学尚存诸多认识误区:把职业能力培养等同于实务技巧教育,将通才教育等同于传授法律内容最大化,把专才教育等同于专业知识教育,实践教学在课程设置上表现为"实验式"特征。

为了有效突破这些认识误区,需要倡导"实战式"教学改革思路。通过构建深度融合的高校与法治工作部门合作模式,建立长期稳定且紧密的合作关系,定期安排学生深入这些机构进行沉浸式体验教学,让学生全程观察真实案件的办理、法律事务的处理,全方位接触实战场景。在课程设置中增加"实战演练"类课程的比重。例如开设"实战式"模拟法庭课程,推动学生办理"实案",通过"做中学"的教学过程,培养法律职业能力。此外,还应倡导法学教师积极参与法律实务工作,提升自身的实战经验,并将其融入教学过程,将法律实务工作中的经验教训、最新法律适用问题等带回课堂,通过生动的案例讲解和互动讨论,让学生深刻理解法律知识在实际场景中的运用逻辑。

通过以上"实战式"实践教学,不仅能够有效提升学生的法律职业能力,使他们在毕业后迅速适应法律职业的岗位需求,还能为法治中国建设输送一批兼具扎实理论基础与丰富实践经验的高素质法治人才,推动我国法学教育事业迈向新的高度,更好地服务于新时代法治社会的建设需求。

(三)加强涉外职业能力培养

党的十八届四中全会明确要求:"建设通晓国际法律规则、善于处理涉外法律事务的涉外法治人才队伍。"党的十九届四中全会强调"加强涉外法治工作,建立涉外工作法务制度,加强国际法研究和运用,提高涉外工作法治化水平"。党的二十届三中全会要求"建立一体推进涉外立法、执法、司法、守法和法律服务、法治人才培养的工作机制"。2015年8月20日,时任中共中央政治局委员、中央政法委书记孟建柱在全国律师工作会议上指出:随着"引进来"和"走出去"战略深入实施,涉外法律事务不断增多,迫切需要一大批通晓国际规则、善于处理涉外法律业务的律师。但目前,全国能够熟练办理涉外法律业务的律师不到3000名,能够办理"双反双保"(反倾销、反补贴、保障措施和特别保障措施)业务的律师不到50名,能够在WTO上诉机构独立办理业务的律师只有数名。[1]

2016年12月30日,司法部等公布了《关于发展涉外法律服务业的意见》,鼓励法学院系大力加强涉外法治人才的培养。2021年2月4日,教育部、司法部联合下发《关于实施法律硕士专业学位(涉外律师)研究生培养项目的通知》(教研司〔2021〕1号),选取15所高校探索实施法律硕士专业学位(涉外律师)研究生培养项目。

法学教育的国际化,可以从如下途径入手。一是构建国际化培养模式,可以通过中外高校间的国际合作、联合培养等机制,加强与境外法学院系、法律实务机构的交流互动,形成国际视野。二是打造国际化师资。依托"双一流"建设契机,继续深入推进"卓越计划",加大涉外法治人才培养力度,推动法学教师到海外访问交流、引进海外力量充实教学团队,打造国际化师资。三是适度扩大法律硕士专业学位(涉外律师)研究生培养项目,2021年15所院校首次招生共计500名,京内5所高校各招生40名,京外10所高校各招生30名,查阅2025年招生情况可知,招生院校和数量基本未发生大的变化,可以考虑允许有条件的高校招收涉外律师方向法律硕士研究生,进一步扩充涉外法治人才培养力量。

此外,基于加强涉外法治人才培养的考虑,法学界近年热议国际法学专业单独设置问题,这"导致国家学位和教育主管部门对国际法学的学科设置问题极为谨

---

[1] 孟建柱:《依法保障执业权利　切实规范执业行为　充分发挥律师队伍在全面依法治国中的重要作用》,载《民主与法制时报》2015年9月17日,第2版。

慎"[1]。对于人大代表提出的"关于将国际法学列为一级学科,加强涉外法治人才培养的建议",教育部答复称支持有条件的高校在法学一级学科下自主设置国际公法、国际私法、国际经济法二级学科,支持学位授权自主审核高校探索设置相关一级学科。[2] 2023 年,中共中央办公厅、国务院办公厅印发《关于加强新时代法学教育和法学理论研究的意见》,明确支持学位授权自主审核高校设置国际法学相关一级学科。独立设置国际法学一级学科的目标事实上已实现,2024 年 10 月,西安交通大学获批开设全国首家国际法学一级学科博士点。在国家不断强调并支持涉外法治人才培养的背景下,强化涉外法治人才培养的一系列改革举措不断落地,越来越多的高校不断推动涉外法治人才的培养机制改革。相信不远的将来,涉外法治人才培养机制必将更为完善,涉外法治人才培养能力必将大幅提升。

五、法学实践教学的目标重构

法学专业毕业生的就业现状和就业后不经较长岗前培训基本无法上岗的现实,表明了现有实践教学的不甚理想,也进一步证明现有法学实践教学亟待创新。法学专业实践教学的深化改革并非全盘否定过去,而是在重视理论教学的基础上,让法学教育从"学术派"走向"务实派"。

我国法学专业的就业面临一定挑战,"潜藏在表象背后的制约因素除了诸多社会外部条件外,法学教育自身的发展理念与目标定位不能不说是一个值得格外关注的问题"[3]。法学教育的功能和目标应是多元的,法学教育承担着培养法治人才、传播法律思想、培养社会法律意识、推动法学科学研究等功能,大学法学教育既要培养法律专门人才(法律职业教育),也要致力于社会民众法律素质的培塑(法律素质教育)。[4] 为此,我国法学专业实践教学的深化改革,必须根据法学本科教育、法学类研究生教育、法律职业入职教育的不同特点,进行差异化设置。

(一)法学本科教育强化职业教育导向

关于我国法学教育的培养目标,简单地将其定位于"素质教育"或"职业教育",均非妥当。教育部明确的表态是"法学类专业教育是素质教育和专业教育基础上的

---

[1] 王健:《学科目录调整与法学学科建设》,载《新文科理论与实践》2022 年第 3 期。

[2] 教育部:《对十三届全国人大四次会议第 8342 号建议的答复》(教高建议〔2021〕120 号),2021 年 8 月 10 日。

[3] 汪习根:《论中国法学教育改革的目标模式、机制与方法——基于"研究性学习"新视角的分析》,载《法学杂志》2011 年第 5 期。

[4] 朱立恒:《西方国家法学教育比较分析及其启示》,载《比较法研究》2009 年第 3 期。

职业教育"[1]。从法学教育是法律职业的必经之路;我国法律实务部门面临人才困境,法学毕业生职业能力偏低,难以适应法律职业需要的现实等角度而言,职业教育确有必要。但是,考虑到我国已经进入高等教育大众化阶段、法学类研究生教育的高速发展、法学教育应具有的多元化特征,将法学教育定位为"职业教育",对法律硕士教育而言是适当的,但对法学本科教育而言要求过高,对学术型研究生而言显属不当。因此,我国法学本科教育应当将培养目标定位于"素质教育",适当兼顾"职业教育",具体到实践教学领域,则是在坚持素质教育的前提下,兼顾法律职业基本能力的培养。

自我国高等教育跨越式发展以来,高考录取率屡创新高,2011年达到72.3%[2],高等教育毛入学率不断提升,2010年为26.5%[3],《国家中长期教育改革和发展规划纲要(2010—2020年)》提出,2020年高等教育毛入学率达到40%,《中国教育现代化2035》提出,2035年高等教育毛入学率达到65%。事实上,2023年高等教育毛入学率已达到60.2%[4]。显而易见,在"全民大学生"的时代,大学本科教育渐将成为一个合格公民必经的基本教育,作为高等教育起点的本科教育与职业的关联早已渐行渐远,高等教育机构的功能绝不是简单的职业分配和入职前培训,其更应该担负整体提高国民素质的重任。在如今这个高速发展、一日千里的大变革时代,大学教育更应该关注学生成熟人格培塑、整体素质培养。

无独有偶,德国和日本都将其法学本科教育定位为素质教育。在德国,大学本科法学教育一直着眼于传授知识,造就全面发展的人才。在日本,法学本科教育的目的并非培养法律职业人才,法学本科教育是一种为普及法学思维方式而开设的普通素质教育,"只是为即将步入社会的学生养成法律思维"[5]。日本于2011年正式实施了"第三次司法考试改革",建立了法科大学院,只有修读法科大学院才能取得司法考试资格,由此实现法治人才培养从选拔型司法考试走向教育培养型司法考试,通过法学教育、司法考试、司法研修的有机结合,确保法律职业人才的素质[6]。

---

[1] 教育部:《法学类教学质量国家标准(2021年版)》(教高厅函[2021]17号),2021年5月19日。
[2] 郭磊:《1977年—2011年高考录取率》,载《人民日报海外版》2011年6月8日,第5版。
[3] 董洪亮、肖思圆:《我国高等教育毛入学率达26.5%》,载《人民日报》2011年3月29日,第4版。
[4] 林焕新、于珍:《透过数据看教育新跨越》,载《中国教育报》2024年3月2日,第1版。
[5] 丁相顺:《日本法科大学院构想与司法考试制度改革》,载《法制与社会发展》2001年第5期。
[6] 何东:《日本司法改革的最前沿——日本新司法考试制度及法科大学院述评》,载《浙江社会科学》2008年第8期。

我国有600余所高校开展法学教育,四年制法学本科[1]毕业生不可能也不应该都从事法律工作,淡化素质教育,不顾一切地冲向职业教育,显然不是明智的选择。事实上,有相当多的法学教育专家反对法学教育过多融入法律职业知识,认为"职业教育是学历教育后的训练过程,不能更多地占用学生在校学习时间。中国法学教育侧重系统知识训练的传统优势要坚持与发扬"[2]。"法学教育对社会的贡献,并不表现为向社会直接地输出完全符合法律职业需要的毕业生,而是培养具备基本法学素质、能够形成法律职业素养或者具备研究能力的人才。"[3]党的二十届三中全会部署了"完善以实践为导向的法学院校教育培养机制"的改革任务,有学者将其解读为,未来法学教育以强化应用型法治人才培养为主,培养目标将从素质教育向职业教育转变。[4]尽管这种观点可能过于绝对,但对强调职业教育导向的判断显然具有其合理性。

素质教育要求本科教育在传授专业理论知识的同时,担负起提升实践能力、培养综合素质的任务。考虑到法学毕业生从事法律相关职业的重大可能,围绕法律职业的相关技能开展实践教学,既能满足素质教育的要求,还能为法学毕业生的职业规划提供帮助,也能为学生从事法律职业、接受研究生层次的职业教育打下坚实的基础。基于此,法学本科的实践教学应以"体验式""认知型"为主,尽可能全面提供对法律相关职业的认可机会,具体方式可采用模拟法庭、庭审观摩、专业见习、社会调查、学术活动等,实践平台应以校内实践为主、校外实践为辅。在高校教育自主权日渐扩大的背景下,基于实现法学本科教育和法学研究生教育的有效对接,实现法学教育资源优化配置的考虑,法学本科的实践教学实施机制尚需勇敢尝试大胆创设,如中国政法大学"六年制法学人才培养模式实验班"实施10余年,已成为中国政法大学法治人才培养改革的一个主窗口[5];上海交通大学凯原法学院的"三年制法科特班"、"法学+经济学"双主修学士学位项目,山东大学法学院的"国际型卓越法律人才实验班""中日经贸法律特色班"等,效果均不错,颇值推广。

(二)法律硕士教育强化职业能力培养

法治社会需要高素质法治人才,培养高素质法治人才已成为当今世界主要国家

---

[1] 鉴于高职高专法学教育与社会对法治人才的需求严重脱节,与法律职业的距离太过遥远的现实,法学教育界普遍主张尽早分流,故不将其纳入本书的讨论范围。
[2] 徐卫东:《中国高等法学教育三十年发展回顾》,载《当代法学》2008年第1期。
[3] 黄晓亮:《论我国法律教育的分层》,载《教育学报》2009年第4期。
[4] 李响:《对我国法学专业毕业生就业难问题的思考》,载《河北法律职业教育》2024年第12期。
[5] 张滢:《中国政法大学法学院"六年制法学人才培养模式实验班"10年探索,打造卓越法律人才2.0版》,载《中国教育报》2021年2月22日,第3版。

法学教育的基本趋向[1]。美国法学教育的典型特征可归结为研究生教育和职业教育;日本、韩国为强化法律职业教育,专设了研究生层次的法科大学院。我国教育主管部门近年来大刀阔斧推动法学研究生教育改革,实务型、研究型两轮驱动的整体格局日益清晰:法律硕士教育力求与法律职业深度融合,培养"复合型实务人才",逐步发展为我国法学职业教育的主流阵地;法学硕士[2]、法学博士定位于培养"精英型学术人才"。

根据职业特点,可将法治人才分为实务型人才和学术型人才,实务型人才以投身法律实务、从事具体法律事务为职业,学术型人才以研究法律问题为职业。[3] 我国法学类研究生教育长期以学术型培养为基本模式,在偏重学术研究的强大惯性下,法学博士如此,法学硕士如此,即便是以"高层次的复合型、实务法治人才"为培养目标的法律硕士亦如此。法律硕士深陷"法律硕士研究化"桎梏20余年,与法学研究生培养方式雷同、培养目标不清晰[4]。法律的运行主要依靠法官、检察官、律师等法律实务人才,学术型法学专家是法学理论的供给者。正如"需要临床医生要比基础医学家多一样"[5],"我们需要大量的学以致用的人才,而不是只能从理论到理论的屠龙术士,更何况没有高深的法律适用技艺是成不了法学大师的"[6]。

法律硕士的实践教学应当以提升法律职业能力认知为导向,立足法学专业的刚性社会需求,紧贴法律职业能力,以培养实际应用能力为主线,强化法律实务技能培养。培养内容应包括法律职业不可或缺的法律职业思维、职业语言、法律方法、职业技术等从业技能,[7]使法律硕士毕业生具有独立从事法律职业实务工作的能力。应以"介入式""实战型"为主,全面训练法官、检察官和律师三大法律职业技能,具体方式可以法律诊所、顶岗实习为主,实践平台应以校外实践基地为主,校内实践为辅。考虑到法律实务部门越来越强调基层工作经验的用人要求,以及加强基层法治

---

[1] 曹义孙:《中国法学教育的主要问题及其改革研究》,载《国家教育行政学院学报》2009年第11期。
[2] 从我国法学研究生教育的基本布局来看,法学硕士面临"高不成、低不就"的尴尬局面,在职业教育方面不如法律硕士,在研究能力上不如法学博士。长远来看,其消亡似乎不可避免。
[3] 杨清望:《卓越法律人才的基本类型与培养路径探析》,载《现代大学教育》2012年第3期。
[4] 胡加祥:《法学硕士研究化 法律硕士专门化——我国法学专业研究生培养模式刍议》,载《学位与研究生教育》2008年第2期。
[5] 何美欢:《论当代中国的普通法教育》,中国政法大学出版社2005年版,第196页。
[6] 申卫星:《时代发展呼唤"临床法学"——兼谈中国法学教育的三大转变》,载《比较法研究》2008年第3期。
[7] 钱大军:《新建还是复制——我国法学职业教育改革的困境与前景》,载《当代法学》2011年第6期。

的迫切性的现实,"基层法治"可能是法律硕士就业的主战场[1],法律硕士的实践教学亦应及时跟进,围绕"基层政法""基层司法""基层法务"积极开展有针对性的实践教学。

(三)入职前教育应重点培养实务技能

法律职业教育与法学教育存在本质区别,法学教育本身并不能提供完善和全面的法律职业培训[2],纵观世界主要法治国家的法学教育可知:法学教育的主体是多元的,大学并非法学教育的全部,许多其他机构分担着法学教育的使命,法治人才培养模式普遍采用大学法学教育和法律职业培训教育结合的二元结构[3],法律实务界承担职业培训及指导实习的任务[4]。例如,英国法学教育包括基础教育、职业训练和实习三阶段,职业训练由律师学院负责,实习则通常在律师事务所进行[5];德国法学教育的职业技能培训任务由职业预备承担;日本和韩国的司法研修正是服务于职业培训的。

随着法治进程的不断推进,法学毕业生的职业领域必将越来越宽,立足于法律职业共性的大学法学专业教育不可能培养"通吃"所有职业的"万金油"式实用人才,围绕职业道德、职业技能、职业适应性的职前培训极为必要。只有通过入职前培训,才能将"纸上谈兵"的法律人才锻造成符合工作需求的法治人才,才能实现与用人单位的有效"磨合",才能真正发挥法治人才的战斗力。

法治人才的入职前培训,以职业道德、职业能力培训为主要内容。对于实行法律职业资格准入制度的三大法律职业,从长远来看,宜进一步改革法律职业资格考试制度,确立全国统一标准的法律职业研修制度;在此之前,对于法官、检察官、律师三大法律职业,可由省级主管部门组织全系统的集中入职前教育,对于三大法律职业之外的其他法律职业,可由用人单位(或系统)组织入职教育。入职前教育的内容,除法律职业道德、法律职业实务技能外,还应包括用人单位(或系统)特需的实务技能。

六、结语

我国法学教育还面临新的困难,不仅有宏观上的,也有微观上的,法治人才难以

---

[1] 汪习根、汪沛:《我国高校法学专业毕业生就业对策研究——构建面向基层法治改革的就业新模式》,载《武汉大学学报(哲学社会科学版)》2011年第1期。
[2] 黄晓亮:《论我国法律教育的分层》,载《教育学报》2009年第4期。
[3] 朱立恒:《西方国家法学教育比较分析及其启示》,载《比较法研究》2009年第3期。
[4] 曹义孙:《中国法学教育的主要问题及其改革研究》,载《国家教育行政学院学报》2009年第11期。
[5] 洪浩:《法治理想与精英教育:中外法学教育制度比较研究》,北京大学出版社2005年版,第32页。

满足新时代的法治建设需求,法治人才培养机制创新改革还需深化,以法学教育的优质"产品",回应法治社会建设对法治人才的全新需求,是新时代赋予法学教育的责任和使命。法学专业的实践教学改革是一项系统工程,既关涉教育管理、学位制度、人事制度等宏观层面的改革,也离不开教学方法、教学经费、教学组织等微观层面的进步。面对高层次法治人才不足的现实,法学教育必须回应法律职业能力的需要,把培塑法律职业能力纳入人才培养目标,不断强化实践教学,加大法律职业能力培养力度。

第二章 实战式模拟法庭之教学改革

> 数字法学时代来临,以大数据、人工智能等数字技术为支撑的智慧法治建设对法学实践教学提出了新的要求,模拟法庭作为法学实践教学的常规手段,必须直面时代潮流,勇立教学改革潮头。传统的"实验"式模拟法庭教学越来越不能适应社会对卓越法治人才的需求。应推动模拟法庭的教学改革,革除传统模拟法庭教学之弊,切实提高模拟法庭的教学质量,可行思路是从"实验"到"实战"的转变。

从全国整体情况看,法学教育质量不高、法学毕业生职业能力不够的问题仍然突出,相当数量的法科学生毕业后从事着非法学职业。法学教育与法律职业之间存在割裂,法学教育偏重理论教学,缺乏职业能力培养意识,在实践教学方面投入不足,忽视法律职业能力培养,正如有论者所言:"我国法学专业学生就业难的问题主要归因于其实践能力不足,深层次的原因是教育定位偏位、教学模式僵化以及实践培养不充分等。"[1]中共中央办公厅、国务院办公厅印发的《关于加强新时代法学教育和法学理论研究的意见》,以及党的二十届三中全会以实践为导向培养法治人才的要求,为法学实践教学的改革指明了方向。在此背景下,模拟法庭类课程的教学改革正迎来前所未有的机遇。

一、法学实践教学改革的时代机遇

"新文科"教育理念促进多学科交叉与深度融合,强调人才培养过程的科技与人文双向赋能,对法学教育发展提出了数字化转型的新要求。信息革命以其强大的变革力量,不断重塑着知识传播途径,大幅拓展了法学实践教学的空间,智慧法治实践

---

[1] 张翅、夏妍:《法学专业实践教育开展的问题与对策》,载《教育理论与实践》2019年第21期。

蓬勃发展,诸多新兴法律问题与实践场景应运而生。党的二十届三中全会明确要求"完善以实践为导向的法学院校教育培养机制",强调法学知识教学和法学实践教学的融合,显著提升了法学实践教学在法治人才培养体系中的地位。

(一)新法科建设:开启法学教育新征程

随着国家教育决策层充分关注社会高速发展,不断强调法学实践教学,部署推动新文科建设,法学教育进入新法科时代,法学教育面临全新的机遇和挑战。

新文科之"新"主要体现在人文精神的主题更迭、多学科交叉共融以及信息技术深度渗透等维度,[1]新法科作为新文科的关键学科门类,同样应当把新方向、新模式、新课程的建设作为重点内容。[2] 新法科建设已经成为建设高等教育强国的迫切需要,以培养"兼具创新创业能力和跨界整合能力的复合型人才"[3]为目标,将法科生培养成面向未来的数字法治人才,使其成为全社会、各行业的未来引领者[4],将法科生培养成"新的思想的创造者,社会共识的维护者,社会正义的捍卫者,以及多元化创新的实践者"[5]。可以说,新法科建设要求法学教育既要坚持传统,又要寻求创新,要求法学教育切实回应新时代法治的伟大实践,直面新时代法治建设面临的新课题。

在新法科建设背景下,新时代创新型、复合型、应用型法治人才培养目标,给传统法学教育尤其是实践教学带来了职业化、实践化的挑战,同时也为法学教育注入了全新的制度活力、形成了全新的制度激励。"与时俱进"应当成为新法科教育改革的基本基因,"要逐步将校内实践教学前置到和理论教学平行的位置"[6],充分发挥实践教学在知识传授、能力养成和价值引领等方面的多重功能。模拟法庭教学环节是有效提高法学实践教学水平的关键措施,[7]"模拟法庭"课程理应有所担当,应积极推动新法科建设,积极融入新一轮法学教育教学改革,努力探索科学合理、切实可行的法学专业模拟法庭教学模式。

(二)以实践为导向:重塑法学实践教学

信息革命改变了知识的传播途径,推动大学实现从"围墙内的大学"到"平台上

---

[1] 张俊宗:《新文科:四个维度的解读》,载《西北师范大学报(社会科学版)》2019年第5期。
[2] 樊丽明:《"新文科":时代需求与建设重点》,载《中国大学教学》2020年第5期。
[3] 黄兰松:《新法科视野下法学案例教学法的开展研究》,载《北方论丛》2023年第1期。
[4] 胡铭:《数字法学:定位、范畴与方法——兼论面向数智未来的法学教育》,载《政法论坛》2022年第3期。
[5] 徐显明等:《改革开放四十年的中国法学教育》,载《中国法律评论》2018年第3期。
[6] 刘坤轮:《〈新文科建设宣言〉语境中的新法科建设》,载《新文科教育研究》2021年第2期。
[7] 黄兰松:《新法科视野下法学案例教学法的开展研究》,载《北方论丛》2023年第1期。

的大学"的转变,大学将成为知识集中与广播的"开源"平台[1]。程式化的信息处理工作渐次被人工智能接管,法律职业者的角色定位与工作方式随之发生深刻变化。信息获取的便捷化宣告了传统教与学单向传输模式的式微,未来实体学校将转型为类似"会议室"的多元社交场域[2],知识教学的简易化反过来为实践教学开辟出广阔天地,使其重要性越发凸显,情境式学习、个性化研习以及师生间的深度互动也将成为教学常态。情境式学习能够让学生仿若置身真实法律场景,真切感受法律条文在实际案例中的运用;个性化研习则充分尊重每个学生的独特学习节奏与兴趣焦点,挖掘其最大潜能;师生间的深度互动更是成为知识升华与能力培养的关键催化剂。

在众多法学实践教学环节中,模拟法庭教学是培养学生法律职业能力的重要阵地。传统模拟法庭教学往往存在案例陈旧、流程僵化、学生参与度不均衡等诸多不足。在"以实践为导向"的法学教育改革时代背景下,模拟法庭教学改革迎来全新机遇。一方面,可以依托海量的数字化案例资源库,筛选出紧跟时代脉搏、贴合社会热点的真实或模拟案例,让学生接触到前沿且复杂的法律问题,激发他们深入探究的热情。例如,引入涉及人工智能侵权责任认定、大数据隐私保护等新兴领域的案例,使学生提前适应未来法律实务挑战。另一方面,利用虚拟现实(VR)、增强现实(AR)等前沿技术,逼真模拟法庭场景,从庄严的法庭布置到激烈的庭审对抗氛围,全方位提升学生的沉浸感,让他们仿佛身临其境,切实锻炼庭审实战能力。另外,借助智能化教学辅助平台,精准记录学生在模拟法庭中的表现,从法律文书撰写能力、口头辩论技巧、团队协作默契度、法律条文运用熟练度等多维度进行数据分析,为每个学生提供个性化的反馈与改进建议,真正实现因材施教,推动模拟法庭教学迈向更高质量、更具实效的新阶段,为重塑法学实践教学注入磅礴动力。

(三)智慧法治建设:驱动实践教学创新

因为人工智能的全面渗透,人类社会已然步入"万物皆互联、无处不计算"[3]环境下的精准生活新纪元,人工智能全方位渗透至法学教育产生了重大影响,"校内实践和校外实践因人工智能的崛起可能会出现结构性坍塌"[4],甚至可能出现如有论者所担心的"危及现代法学教育赖以存续的根本"[5]之虞。

---

[1] 任羽中、曹宇:《"第四次工业革命"背景下的高等教育变革》,载《中国高等教育》2019年第5期。
[2] 徐飞:《人工智能时代,大学应转向"学为中心"》,载《文汇报》2018年6月24日,第6版。
[3] 吴汉东:《人工智能时代的制度安排与法律规制》,载《法律科学》2017年第5期。
[4] 刘坤轮:《何以固本:法学教育如何回应人工智能时代?》,载《山东社会科学》2020年第11期。
[5] 刘坤轮:《何以固本:法学教育如何回应人工智能时代?》,载《山东社会科学》2020年第11期。

然而，危机并存之处必有生机，智慧法治实践作为数字时代法治建设的鲜明旗帜，极大地拓宽了法学实践教学的边界，提供了诸多创新的可能性。一方面，智能技术赋能法律实践，催生海量新型案例与实践场景，它们成为法学实践教学的鲜活素材；另一方面，数字化工具的普及为模拟法庭、法律诊所等实践教学形式带来质的飞跃，实现教学过程的精准化、个性化与高效化。法学教育必须牢牢把握这一时代脉搏，将智慧法治元素深度融入实践教学体系，借助技术之力优化教学流程、丰富教学手段、提升教学质量，方能培育出适应数字智能时代需求的高素质法治人才，为法治中国建设输送源源不断的智慧支持力量。

作为法学教育的重要环节，实践教学的地位不断被强调，并日渐成为业界共识。作为法治人才培养之需求端的法治实践，在数字法学时代正在发生着翻天覆地的变化[1]，以大数据、人工智能等数字技术为支撑的智慧法治不断迭代升级，智能应用不断推陈出新，智慧法治实践"正在以前所未有的形态改变着传统的法律行业"[2]，对深谙"法律规则"和精通"人工智能技术"的复合型高素质法治人才产生迫切需求[3]。智慧法治实践极大地丰富了法学实践教学资源，为法学实践教学提供诸多新的可能，法学实践教学的内容与形式都将随之发生变化；法学教育者也需要迎接新的挑战，法学专业教师不能因循守旧，固守"知识传授的拐杖"角色[4]，必须积极应对数字化、智能化转型带来的重大变革，主动拥抱人工智能时代，深度融入智慧法治建设进程，敏锐洞察中国数字法治实践和动向，及时捕捉社会数字化、智能化巨大变革催生的新兴法律问题，以数字法学思维研究法律问题，思考并重构适应数字智能时代变革的法学人才培养方案[5]。

二、模拟法庭课程设置解读

模拟法庭源于美国法学院的"Moot Court"课程，引入我国后呈现出百花争艳的状态。我国司法实务部门也将其作为必要的职业训练手段，如在全国检察系统定期举办的十佳公诉人暨优秀公诉人业务竞赛中，"模拟法庭辩论"一直被视为"巅峰对决"。模拟法庭也"被部分律师事务所引进作为培养训练律师专业能力的手段，或针

---

[1] 周江洪：《智能司法的发展与法学教育的未来》，载《中国大学教学》2019 年第 6 期。
[2] 陈京春：《人工智能时代法学实践教学的变革》，载《山东社会科学》2020 年第 11 期。
[3] 刘艳红：《从学科交叉到交叉学科：法学教育的新文科发展之路》，载《中国高教研究》2022 年第 10 期。
[4] 陈京春：《人工智能时代法学实践教学的变革》，载《山东社会科学》2020 年第 11 期。
[5] 胡铭：《数字法学：定位、范畴与方法——兼论面向数智未来的法学教育》，载《政法论坛》2022 年第 3 期。

对疑难案件进行实战预演布局"[1]。在义务教育领域,模拟法庭也是中小学"校园普法"的常规形式。在高等法学教育领域,模拟法庭早已成为实践教学的常规手段,国家、省级模拟法庭大赛和国际模拟法庭大赛不断推出,如"理律杯"全国高校模拟法庭竞赛已成为全国具有较大影响力的高校模拟法庭赛事之一,筹备开展"全国法律专业学位研究生模拟法庭大赛"已被第六届全国法律专业学位研究生教育指导委员会列入重点工作之一。

(一)课程定位的多重考量

《法律教育》是民国时期著名法学家、法学教育家孙晓楼先生的代表作,也是民国时期关于法律教育问题研究的经典名著,被誉为"研究法律教育的开路先锋"之作。在《法律教育》中,孙晓楼先生提出"法律学校应有之设备"不仅包括"法学图书馆""讨论室",还须有"模型法庭""法律救助社",并认为"法学图书馆""讨论室"是"研究学问"的需要,而"模型法庭"与"法律救助社",是法律课程"实用化"的必需。[2]

模拟法庭是法学专业实践教学的常规形式,在教育主管部门"以评促建""以评促改"的学科评估、本科教学评估中,模拟法庭类课程也是课程建设、教材建设的重要观测点。

全国本科法学类专业教学质量的基本标准,即《法学类教学质量国家标准(2021年版)》明确规定:法学类专业课程包括理论教学课程和实践教学课程,实践教学累计学分不少于总学分的15%。并在"教学设施要求"部分明确要求"各高校应为法学类专业教学提供数量足够和功能齐全的教学设施",排在最前面的教学设施就是"模拟法庭";在"实践教学课程"部分明确要求各专业应"独立设置实验、实训课程",同样将"模拟法庭"排在最前。放眼全国法学教育,作为法学专业实践教学的常规课程、核心环节的模拟法庭课程,被绝大多数高校的法学本科专业培养方案规定为必修课程。

在全国法律专业学位研究生教育指导委员会制定、国务院学位委员会发布的《法律硕士专业学位研究生指导性培养方案》中,同样将"模拟法庭、模拟仲裁、模拟调解"课程规定为必修"实践教学与训练"环节,作为法律硕士研究生的必修课程。在国务院学位委员会公布的"新增博士硕士学位授权审核申请基本条件"中,在"支撑条件"部分明确要求有专用模拟法庭教室,将模拟法庭类课程开展情况作为法律

---

[1] 刘积灿:《模拟法庭:成败在于事前准备》,载《中国律师》2020年第8期。
[2] 孙晓楼:《法律教育》,商务印书馆2015年版,第89-93页。

硕士专业学位授权点合规评估的重要观测点。

通过模拟法庭课程的教学，可以将理论知识运用于实践，能够广泛调动学生的主动性、积极性，进而激发学生的创造性，因而深受学生欢迎，也被认为是"法学实践教学的中心环节"[1]，是法学教育中培养复合型、应用型法治人才不可缺少的重要环节。

作为一门课程，其核心内容实为模拟审判，法学教育实践中其多被称为"模拟法庭"，该词也被用于指代法学实践教学的常规场所。早有学者提出区别使用"模拟审判""模拟法庭"两种称谓，作为法学实践教学环节，"模拟审判"指代更为准确[2]。笔者赞同这一主张，但考虑到法学教育界"模拟法庭"称谓的约定俗成，以"模拟法庭"指代课程亦无太大障碍，故本书继续沿用"模拟法庭"，必要时采用"模拟审判"，以凸显课程的核心内容。

法学教育界就模拟法庭课程的定位，其实也存在认识上的差异。有些高校尚不认同模拟法庭的课程地位，相关教师还在为争取课程体系中的一个"名分"而努力；虽然有些高校赋予其课程地位，但其被设置为"专业选修课"或"专业限选课"[3]，综观教育主管部门相关要求，模拟法庭作为法学实践教学的核心课程，并不存在争议。事实上我国约有600所法学院系开设了模拟法庭类课程。[4]

(二)课程内容的多元建构

法学实践教学的本质是课程的实践化，以问题解决能力培养为导向，以法律实践过程为手段，使学生理解法律原理、法律规则，体验法学知识与方法的可能应用，养成法律职业素养，培养学生的"法律头脑"[5]。开设模拟法庭课程，能够引导学生直面司法实践，培塑法治理念，养成法律职业伦理[6]。

模拟法庭教学在国外已经发展近百年，在众多国家的高等院校得到了广泛的认

---

[1] 李梅容、孙孝福：《模拟审判是法学专业实践教学的重要环节》，载《中国大学生就业》2012年第6期。

[2] 廖永安、唐东楚：《模拟审判：原理、剧本与技巧》(第3版)，北京大学出版社2015年版，第1页。

[3] 如有高校将"模拟法庭"列为2学分的选修课，要求学生从全部24学分的选修课中至少选修4学分，选课者达全体同学的20%才开课，虽然都是下限要求，但学生往往只选4学分，能否开课并无保障。也有高校将"模拟法庭"作为诉讼法学相关课程的一个教学环节，其作为隐性课程而存在，并未作为一门课程被对待。

[4] 刘鹏：《高校模拟法庭教学质量提升实践探究》，载《黑龙江教育(高教研究与评估)》2021年第2期。

[5] 蔡立东、刘晓林：《新时代法学实践教学的性质及其实现方式》，载《法制与社会发展》2018年第5期。

[6] 陈京春：《人工智能时代法学实践教学的变革》，载《山东社会科学》2020年第11期。

可和普及,也早已成为我国高校法学专业实践教学的常规模式。考察国外法学院系的模拟审判活动可见,职业教育的培养目标使模拟法庭课程往往介于案例研讨和法律诊所之间,而且更注重法律诊所的相关训练,教学方法也有明显的差异性[1]。

由于法学专业培养目标的特点和教学资源的限制,我国法学教育实践中更倾向于模拟审判课程教学。课程的教学内容主要是组织法科学生感受给定案件的诉讼流程,其重点在于对审判程序中诉辩/原被告与裁判者的职业体验;以案例为载体,以法庭为平台,学生作为主体全程参与其中,严格依照诉讼程序模拟法庭审判活动的教学形式。学生在教师的指导下,充分发挥其主观能动性,案例选择和案例事实分析、法律文书的制作、开庭审理和裁判等各环节都由学生完成,从而使学生得到多方面的实践和锻炼,实现法律文书写作、庭审辩论技巧、团队协作技能、法律检索与信息整合技能等法律职业能力的多元化训练。毋庸置疑,模拟法庭课程的设置为法学专业的学生运用法律知识分析法律现象、解决法律纠纷,培养实践能力提供了一个良好的平台,为学生提供了系统的、全过程的综合训练。

(三)课程功能的多维赋能

模拟法庭教学需要改变传统课堂灌输式理论教学,实现了从平面到立体、从消极吸收到主动汲取的转变,重视学生在教学活动中主体作用的发挥,通过辩论沟通、调查取证、语言表达、团队协作等方面的演练,强化学生的法律思维、法律职业伦理和法律职业技能的培养,具有常规教学方式无法比拟的优越性,必然极大提高法学教学质量。

开展模拟法庭教学,可以加强学生对法律规范的理解和适用、培养学生的法律职业能力,能够加深学生对法律精神的理解,有利于学生体会法律职业的魅力。

模拟法庭教学在法学教育体系中占据着举足轻重的地位,其对学生专业素养提升的多维度价值正日益凸显。在模拟法庭教学过程中,学生需要对抽象的法律条文进行精准解读,依据案件事实进行严密的法律推理,进而作出合理的判断,能够切实加强学生对法律规范的理解与适用能力。在法律职业能力培养方面,全方位锻炼学生的法律文书撰写、法庭辩论以及证据收集与质证等职业技能,不仅有助于提升其职业能力,还能培养其批判性思维与问题解决能力。尤其重要的是,模拟法庭教学过程还能使学生深度领会法律精神,站在法官、检察官、律师等不同法律职业角色的视角研判案例,这种体验式学习能够极大地增强学生对法律职业的认同感与使命感,让他们真正领略到法律职业的独特魅力。

---

[1] 夏利民:《模拟法庭课程教学模式与方法改革之探索》,载《中国大学教学》2015年第12期。

模拟法庭课程的核心功能在于培塑学生的法律职业能力[1],具体而言,模拟法庭有助于法律职业亟须的三方面能力的训练:其一,庭审准备及攻防技能。诉辩角色通过阅卷、调查取证等方式形成证据,形成并强化己方的制胜"法宝",适时地举证、辩论,预估对方可能的"杀手锏"并审慎应对;法官角色熟悉案件涉及的相关实体、程序法律规范,完成开庭准备工作组织开庭,预估庭审中可能出现的突发因素并稳妥推进庭审。其二,运用法律技能。分析案情提炼法律事实,寻找适用于案件的法律规范,使法律规范与法律事实相互对应。其三,诉讼文书技能。制作案件所涉的各种诉讼文书。

教学相长,模拟法庭环节的教学还有助于提升师资水平、加强与司法实务部门的沟通交流。模拟法庭教学是指导教师学养、能力、智慧的全面展示,必将引导指导教师在增强理论素养的同时,更为关注司法实践,积极与司法实务部门交流互动,进而提升法学专业教师的实践教学能力,也会拉近法学教育与司法实践的距离,实现高校与法律实务部门的深度合作与良性互动。

三、"实验"式模拟法庭教学反思

中国法学教育经历了一个从抽象的教条和原则到具体的规范,从认知规范到探寻法治精神的过程[2]。中国倡导法学实践教学已近30年,但对法学实践教学的内涵认识并不清晰,没有厘清法学实践教学与理工科实验的区别与联系[3]。模拟法庭(审判)被认为是与实验最相近的"实验"式教学,传统的模拟法庭教学关注的重点是流程的完整性,故而在实践教学过程中很容易变成对照剧本朗读的表演,毫无新意与生气[4]。正如有论者所言,高校模拟法庭"教学表演性质明显"[5]。

观察法学实践教学中常见的"实验"式模拟法庭教学模式,可将其特点归结为:依托既判案件或教辅资料给定的案例,这种案例往往已经加工处理,难以营造出结果难以预知的职业氛围,学生往往重视"表演";模拟法庭课程的教学形式多为法学专任教师担当主讲;模拟案例多为教学案例,难以全面呈现实际审判过程。

---

[1] 有关法律职业能力的论述,可参见陈海平:《法学教育应当强化法律职业能力培养——兼记燕山大学的改革与探索》,载《教学研究》2019年第1期。
[2] 何志鹏:《论改革开放40年法学教育的观念演进》,载《中国大学教学》2018年第11期。
[3] 蔡立东、刘晓林:《新时代法学实践教学的性质及其实现方式》,载《法制与社会发展》2018年第5期。
[4] 李胜利、杨雯:《结合"理律杯"模式完善模拟法庭教学法的若干思考》,载《高教论坛》2014年第10期。
[5] 翟业虎:《关于规范我国高校模拟法庭教学的思考》,载《高等教育研究》2015年第9期。

(一)模拟审判沦为法庭表演

观察各高校的模拟法庭教学实践,尚未形成一个统一且有效的模式,指导教师主要由专职法学教师担任,他们可能欠缺司法实践操作经验,偏重理论推演和应然程序,因此提供的指导多基于周延的理论推演和应然的程序运行。模拟审判所采用的案例通常源于已判决案件或教辅资料,这些案例往往经过加工处理,难以真实反映复杂多变的司法实践。偏重理论的指导、答案已知的案例使模拟审判自然走向预定剧本的角色扮演,缺乏司法实践中真实的对抗性和不确定性,难以有效提升学生的法律职业能力。此外,课程考核评价多偏重流程的规范性而非解决法律问题的能力,这进一步加剧了模拟审判的表演性。

在"实验"式教学模式下,模拟法庭的教学过程往往是"表演"的过程,模拟庭审更像一场"话剧表演",学生只需要把握好审判的流程,学生围绕案例的程序问题的争论和研讨有限,无法在模拟法庭中获得实战经验[1]。模拟审判的过程主要靠预设的"剧本"推动,教师扮演"导演"的角色,而学生则是"演员"。这可能导致模拟审判过程仅停留在程序呈现层面,模拟审判极易流于形式,学生往往更关注"表演"本身,对案件事实缺乏完整的认识和感受,对社会冲突缺乏完整认识,对法律争议的梳理缺乏深度。此外,表演性模拟法庭容易使学生忽视对案件争议点的深入分析,也难以营造出实际审判过程与结果难以预知的职业氛围,有违模拟法庭教学环节的设立初衷。

"实验"式模拟法庭教学模式,在培养学生解决复杂法律问题的能力方面存在局限性,也难以激发学生的积极性,导致学生对模拟审判教学过程的参与度、配合度不高,进而对教学效果产生影响。此外,该教学模式在培养批判性思维、法律语言表达、沟通辩论技巧、证据调查能力、法律文书写作撰写以及团队协作等能力方面,更是难以有效发挥预期作用。

(二)教学过程依靠剧本推动

在"实验"式教学模式下,教学过程重在"实验",强调"模拟"。模拟审判的案例往往来自既判案件或教辅资料,并被改编成模拟审判的"剧本",案件裁判结果基本没有悬念,而且多已经过加工处理,学生习惯于按"剧本"表演,诉辩双方早已知晓对方的诉辩思路、争议焦点,并且已预先拟定了相应的应对措施;裁判方大概率"先定后审",裁判结论甚至早已确定且为各方知悉。模拟审判前的准备过程更多是完善"剧本"的过程,诉辩双方可能会互相出谋划策,不仅完善己方材料,还会帮助"对

---

[1] 张婷、林亚男:《模拟法庭传统教学的反思和线上教学模式的初探》,载《高教学刊》2021年第18期。

手"完善,目的只在于让"剧本"更加丰富、更为曲折、更为吸睛,以达到官司打得更为漂亮,庭审过程更为精彩的目的。

依靠剧本推动的"实验"式模拟法庭课程教学,将程序流程以剧本的形式固定下来,仅仅将实体法问题作为训练的重点,学生仅在实体问题上有发挥空间,即所谓"法律分析型"的模拟法庭。虽然这种"实验"式模拟法庭教学在检验学生掌握的刑事实体法知识方面有一定意义,但将实体和程序法割裂的做法是完全脱离司法实践的,司法实践中并不存在纯粹的刑事实体法问题,也不存在纯粹的刑事程序法问题,司法实务中往往难以截然区分特定案件涉及的实体法、程序法问题,只有同步实现实体公正和程序公正,才能提高司法裁判的正当性和可接受性。

(三)法律职业能力培养有限

法律职业能力不仅包括法学理论知识与实务操作技能,还包括严谨的法律逻辑思维、坚定的法律信仰及高尚的职业伦理。法学教育的目标并非培养法律行业的技术工匠,亦不应仅专注于培养法学理论大师,社会更需要能够将所学知识有效运用于实践的应用型法治人才。正如苏力教授所言"法学是世俗的学问,甚至很多是实践性的、技术性的,因此单靠课堂讲授是不够的"[1]。

苏力教授还提到:"法律从开始就是平凡的、琐细的,甚至是很俗气的,说穿了就是要争鸣于朝,争利于市……法律强调常人的理性,强调实践的理性。"[2]"争鸣于朝"也好,"争利于市"也罢,都要求法学教育注重法科学生法律职业能力的锻造和提升[3]。反思我们的法学教育,始终未能妥善处理法学教育与法律职业之间的关系,法学教育存在偏重理论教学,轻视实践教学的问题,法学教育与法律职业脱节、法律职业能力培养不足的问题仍然突出。由此造成的结果是,相当比例的法学专业毕业生未能进入法律职业领域。

法律实践不存在"彩排",每个人都应当为自己的行为买单[4]。传统的"实验"式模拟法庭教学过程,在依托现成案例、依靠剧本推动的情况下,更多注重对普通庭审程序的规范性,对实体法运用、法律适用疑难问题要求并不高,难以训练学生的临

---

[1] 苏力:《当代中国法学教育的挑战与机遇》,载《法学》2006年第2期。
[2] 苏力:《法学前沿(代序)》,载《法学前沿》编辑委员会编:《法学前沿》第5辑,法律出版社2003年版,第1页。
[3] 谭世贵等:《以法律职业能力培养为目标的法学教育改革——以浙江省大学生法律职业能力竞赛为实例》,载《中国大学教学》2014年第11期。
[4] 曹锦秋、郭金良:《高等学校法学实践教育创新研究——从实训课程与模拟法庭的关系视角切入》,载《辽宁大学学报(哲学社会科学版)》2018年第4期。

场应变能力。即便模拟审判的流程再完整、过程再顺畅，只要欠缺对实案办理所需的法律解释、法律推理、证据运用、庭审攻防、法律文书写作等法律职业技能的训练，就无法实现模拟法庭课程的教学目标。

四、"实战"式模拟法庭教学改革

模拟审判是推动我国卓越法治人才培养的有效途径之一，其质量的提升对法学教育具有深刻的现实意义。[1] 模拟法庭的一个重要目标就是锻炼学生的临场应变能力，越来越多的高校认识到"表演式""走秀式"模拟法庭教学的固有局限，开始尝试"实战"式模拟法庭教学改革，强化模拟审判的对抗性，模拟法庭课程教学改革势在必行。

模拟法庭教学改革，必须植根网络时代，拥抱司法大数据，积极吸收智慧法治建设的最新成果，充分调动数字法院建设供给的数字教学资源，推动法科生认知智慧法治、融入数字法学时代，熟悉智慧司法辅助系统，[2] "重视法律思维训练的强化、类案技术的习得、人工智能理论和技术知识的获取、职业伦理和技术伦理的养成"。[3]

模拟法庭课程的教学改革的核心是完成从"实验"式教学模式到"实战"式教学模式的转变，关键是让"流于形式的正确或完美"走向"深思熟虑后的错误或缺憾"。改变现行"实验"式教学模式，走向"实战"式模拟法庭教学，需要从模拟审判的案例选择、模拟审判的程序流程、模拟审判的指导等方面进行改革。

可将"实战"式模拟法庭教学模式的特点归结为：以法律职业能力需求为纽带，通过拓展教学内容、做实实践环节，推动学生办理"实案"，实现"做中学"，改变灌输式教学理念，变平面为立体，变消极吸收为主动汲取，加深学生对法律职业能力的认知，着力培养学生的法律职业能力；发动学生群策群力找"案件"、调查取证固"证据"、深入细致备"庭审"、举证质证打"攻防"、殚精竭虑促"调解"，如此法庭"走秀"自然变庭审"实战"。

实战式模拟审判能够在潜移默化中强化学生的法律思维、法律职业伦理、法律职业技能，具有常规实践教学无法比拟的优越性。事实证明，研究再多案例，背诵再多法条，观摩再多庭审，也不过是纸上谈兵，只有亲力亲为解决"案件"，才能体会法

---

[1] 刘鹏：《高校模拟法庭教学质量提升实践探究》，载《黑龙江教育（高教研究与评估）》2021 年第 2 期。

[2] 陈京春：《人工智能时代法学实践教学的变革》，载《山东社会科学》2020 年第 11 期。

[3] 周江洪：《智能司法的发展与法学教育的未来》，载《中国大学教学》2019 年第 6 期。

律的力量。

（一）编写可辩性案例

无论何种模式的模拟法庭课程教学，案例都是开展教学活动的基础。传统的"走秀式"模拟法庭，立足既判案例或者教辅案例的现成材料制作"剧本"，不但难以调动学生的积极性，事实上还强化了学生被动地接纳理论和信息的习惯，模拟案例结论已知的特点也浇灭了学生"办案"的热情，庭审攻防的重点和难点也并非由学生研讨确定的，使之无法在自己擅长的程序中发挥优势和特长；因为不存在司法实务必须面对的庭审不确定性，所有可能发生的情况全部有"预案"，难以检验和培养学生的临场应变能力，也不会使学生因为不够努力甚至"犯错"而收获成长。事实上，"容错"并"化错"，推动学生由此成长，也是模拟法庭实践教学的独特魅力之一。

"实战"式模拟法庭，旨在强化模拟审判的对抗性，教学内容从庭审模拟走向全程模拟，推动学生体验刑事案件从侦查到审判的全过程。案例的选定也是"实战"式模拟法庭教学的内容之一，推动学生发挥集体智慧、亲手编写案例也是教学的重要环节。

"实战"式模拟法庭的案例编写是教学组织过程中的首要"任务"，必须放弃既判案件或者教辅案例，可以根据社会热点事件虚拟案例。在完成分组后的任务驱动教学过程中，将案例编写作为首项任务，指导教师可通过组委会推动全体同学参与案例编写过程，在坚持适当的开放性、同等的可辩性、一定的新颖性[1]三项原则的基础上，指导教师还可对案例编写提出更明确、更具体的要求。在具体操作过程中，可以发动学生群策群力找"案件"，然后由学生集体研讨选定。以兰州大学法学院模拟法庭课程为例，同学们集思广益，虚拟了"女辅警诈骗案""酒托女诈骗案""一只狗引发的血案"等诸多特别生动有趣的案例[2]。

"实战"式模拟法庭课程的教学将教学内容从传统的庭审环节拓展到审前程序，案例的编写将是一个动态且逐步完善的过程，需要在模拟审前程序的过程中不断优化。以刑事案件模拟审判为例，需要模拟立案、侦查程序的运行过程，不断修改案例内容，不断扩充案例信息量，持续检视案例编写三原则，使案例更加丰满，更加符合教学需要。例如，在确定基本案情后，组织学生立足程序法构建"案件时间线"，并推动学生进行类案检索，研究确定该案可能的"证据类型及目录""侦查卷文书目录"。

---

[1] 详见本书第三章"选案原则"部分。
[2] 详见本书第三章"案例示例"部分。

考虑到"整理案卷本身就是司法实务中必不可少又十分基础的技能"[1]，组织学生动手制作案件卷宗材料，侦查卷宗制备过程不仅是完善案例的过程，也是证据法知识应用的过程，同时也是对学生"办案能力"的训练。

（二）模拟办案全流程

常规的"实验"式模拟法庭课程，往往按部就班地模拟一审或二审的庭审程序，学生难以体验庭审之外的其他程序，如在刑事案件中排除了侦查、起诉、证据收集、庭前准备等重要程序的程序模拟，学生发挥主动性的空间被大大压缩，学生的努力在庭审及裁判结果中难以体现，学生也难以理解所模拟的庭审程序设置的目的和意义。

在"实战"式模拟法庭课程教学中，需要大幅度拓展模拟程序，尽可能兼顾案件办理的主要程序。以刑事模拟审判为例：案件选定环节，要求学生掌握从发案到报案再到受案的全过程，制备相应的法律文书；证据准备环节，要求学生根据案情安排适当的侦查措施"调查取证"，收集、固定所有可能的证据，形成侦查文书、证据卷宗，写出结案报告、移送起诉书；起诉环节，要求学生执行审查起诉的所有程序，如办理换押手续、提审在押犯罪嫌疑人、询问被害人等，必要时还可以启动退补侦查程序，形成审查报告、起诉卷宗，制备起诉书和公诉预案；庭审环节，要求学生落实庭前会议、法庭审判，深挖案件焦点准备"庭审"、庭审攻防"举证质证"、纷繁法海"找法用法"，准备庭审方案，临场处置庭审突发情况，形成庭审笔录，撰写裁判文书（或主文）；在学生人数较多的情况下，还可考虑安排同一案件的二审、再审的程序模拟，通过程序启动、开庭审理、法庭辩论等环节，模拟二审、再审案件的审理过程，使学生深入理解案件审理的法律逻辑和司法实践的复杂性，并训练相关法律文书的制备能力。

通过"实战"式模拟法庭，学生不仅能深刻认知庭审程序，还能熟知案件办理需要的所有程序；不仅能够熟悉庭审流程，还能就法律文书从理论学习走向深度实操；不仅能认识到庭审攻防技能之关键，还能体会到庭外努力的重要性。全程"实战"式模拟审判教学还能推动学生切身体会法律人的相处之道，即法律人之间不只有博弈与竞争，还需要合作与协商。

（三）任务驱动式指导

"实战"式模拟法庭教学深度融合了基于产出的教育（Outcomes-based Education，OBE）理念。OBE 理念由威廉·G. 斯巴迪（William G. Spady）提出，OBE 源于"成功的教育应评估学生学了什么，而非教师教他们什么"的概念，其基本原理为

---

[1] 陆侃怡：《模拟法庭教学质量提升问题探究》，载《教育教学论坛》2021 年第 27 期。

"清楚聚焦于结果、扩展机会与教学支持、对成功学习的高度期望"[1],将教育的目标精准聚焦于学生最终取得的学习成果,重点关注学生"能做什么",彻底扭转了传统教育过程单纯考量学生"学了什么"的片面视角。

基于OBE理念的指导,"实战"式模拟法庭教学贯彻任务驱动式教学策略,遵循"任务主线、教师引导、学生主导"的原则,推动学生设定任务、研究任务、完成任务成为本课程教学过程的鲜明主线。将指导教师定位成引导者,教师全程观察、及时发现任务推进中遇到的知识瓶颈、思维困境,并提供点到为止的专业指导,推动学生突破难关。鼓励学生成为主导者,充分激发学生的主观能动性,针对模拟法庭教学的核心环节如案例设定、案件事实构建、证据材料制作、诉讼准备、模拟审判等分段设定任务,并通过任务分解和组织管理策略,确保所有学生全程参与,培养学生分析和解决复杂法律问题的能力。

在全国法律专业学位研究生教育指导委员会制定、国务院学位委员会发布的《法律硕士专业学位研究生指导性培养方案》中,对法律硕士研究生"模拟法庭、模拟仲裁、模拟调解"课程提出了明确的教学要求,即"由培养单位教师负责组织,法律实务专家辅助指导"。为了更好地实现模拟法庭教学的"实战"化,在条件允许的情况下,可以考虑借力校外实践教学资源,整合校内外师资力量,开展联合授课。教学过程中引入实务指导,教学过程由校内教师负责组织推动,在前期准备和模拟审判时可按需邀请法官、检察官、律师等到场指导,由此给学生提供学术和实务两方面的指导,使学生对理论知识和法治实践都有更清楚的认识。兰州大学法学院模拟法庭类课程,由学有所长、业有所精的校内专任教师、校外实务专家共8人共同组成教学团队。

模拟法庭指导可以分为分组训练、模拟审判、庭后总结三个板块:(1)分组训练环节,可以根据课程的修读人数,选定模拟审判(涵盖民事、刑事、行政等类别)的一审或二审程序,并依据选定的模拟程序对学生进行分组,并分配相应的教学团队,各组还可以根据模拟审判的任务内容再行分组[2],指导教师分组指导庭前准备、材料制备情况。(2)模拟审判阶段,以引导学生的积极性、主动性为重点,推动学生深入细致备"庭审",举证质证打"攻防",重点训练学生的法律解释、法律推理、证据运用、庭审攻防、法律文书写作等技能。在具体训练方法上,对于共性问题可以安排集中的课堂讲授[3],对于模拟审判过程中各组遇到的个性问题,可以制作并下发指导

---

[1] 李坤崇、王晓典、柏定国:《成果导向教育与工程教育认证》,哈尔滨工程大学出版社2018年版。
[2] 详见本书第三章"任务驱动"部分。
[3] 如"模拟审判的知识准备""刑事卷宗制作实务""刑事案件证据类型和取证规范""刑事判决书写作的规范与技艺""刑事庭审基本流程"等。

资料[1],并提供背对背的咨询和指导。(3)庭后总结环节,可以采取两种模式:一是和模拟审判相结合,引入多案件办理小组间的竞争机制,邀请实务专家到场观摩、庭后点评。这种方式适用于修读学生较少、法庭空间足够大的情况。二是由多案件办理小组分别开展模拟审判并录像,对庭审录像进行适当剪辑后,邀请实务专家到场,与所有参与同学一起阅看庭审录像,复盘庭审,后由实务专家进行现场点评,在引入竞争机制的情况下,所有同学还可以作为大众评委参与评价。

笔者承担的模拟法庭类课程的修读人数较多,即本科生 50 余人,法律硕士研究生 200 余人,故选择了按 25 人分组的模式,各组分别准备一个案件的模拟审判,组内再进一步分工。以刑事模拟审判为例,可以分为审判组(书记员、法官助理)、起诉组(公诉人、被害人)、辩护组(辩护人、被告人)、侦查组、证鉴组(证人、鉴定人)、后勤保障组、文宣组等,各小组共同组成组委会,负责协商、调整、确定模拟准备环节的争议性问题。近四年的教学实践证明,该分组模式是比较顺畅的。

在"实战"式模拟法庭教学过程中,还可以推动学生通过海报、公众号、在线直播、新闻采写等途径留下精彩瞬间,能够极大提高实践教学的吸引力,增强学生的积极性和责任心,还可以丰富普法宣传、繁荣校园文化建设。

五、课程思政建设方案

2016 年 12 月,习近平总书记在全国高校思想政治工作会议上指出:"……其他各门课都要守好一段渠、种好责任田,使各类课程与思想政治理论课同向同行,形成协同效应。"习近平法治思想深刻回答了新时代为什么实行全面依法治国、怎样实行全面依法治国等一系列重大问题,是一个内涵丰富、论述深刻、逻辑严密、体系完备、博大精深的法治思想理论体系。法学专业建设中贯彻落实习近平法治思想就是要坚持立德树人,德法兼修,努力培养造就一大批高素质法治人才。

作为法科生的实践教学环节,模拟法庭类课程的综合应用性特征明显,蕴含着丰富的思政元素,要坚持"育人"先"育德",实践课与思政课同向同行、协同育人,力求实现知识传授、价值塑造和能力培养的多元统一,努力拓宽思政建设的多重维度。课程建设上坚持两个导向,即课程内容知识性与趣味性的平衡,实操过程坚持互动性和合作的统一;课程内容上尽可能发挥课程的时政性、实践性和跨学科(部门法)性。课程教学过程要坚持三全育人的理念,注重学生的政治认同、国家意识、文化自信、人格养成,加强对学生的世界观、人生观和价值观教育,注重学以致用,追求重

---

[1] 如"庭上讯/发问技巧""值庭法警行为规范""庭前会议基本流程"等。

智、重德的平衡。

（一）教学目标中体现思政元素

本课程在目标设定上以问题解决能力培养为导向，以法律实践过程为教学手段，推动学生理解法律原理、法律规则，亲身体验法学理论知识的实践应用，培养学生的"法律头脑"，引导学生关注司法实践，提升学生的实践能力和创新能力，培塑学生的法治理念，帮助学生养成法律职业伦理、职业精神和团队协作意识，培养学生尊重法律、信仰法律的法律职业归属感、责任感和使命感。

（二）教学内容上深挖思政元素

本课程推动学生感受给定虚拟案例的诉讼流程，教学重点在于体验案件办理主体的职业，以虚拟案例为载体，以模拟法庭为平台，推动学生全程参与、主导进程，严格依照刑事法规定推动虚拟案例的办理进程。充分发挥学生的主观能动性，从虚拟案例的编写和确定，到案件法律事实的构建，再到案件的侦查、起诉、辩护、审判，全部由学生主导进行，使学生得到多方面的实践和锻炼。本课程为法科生运用法律知识分析法律现象、解决法律纠纷，培养法律职业能力，提供了一个良好的平台，可实现系统、全程的综合性实践训练。

本课程在教学内容上深入挖掘专业知识中融合的思政元素，在专业知识教学中有机融入思政元素（见表2-1），借助恰当的教学方法和载体，将课程思政元素融入课程教学，强调通过案例训练和培养学生理顺案涉法律关系，使学生能够运用法律知识和原理分析案件所涉及的各种法律问题，提升学生的法律应用技能。

表2-1 专业知识与思政元素的融合

课程板块	思政主题
从专业到职业：法律职业能力体系	法治新时代；法律人有担当；良法善治；让法律更深入人心
模拟审判：从"实验"到"实战"	立足法治现实；注目法治未来
庭审礼仪与表达规范	角色认知与法律职业意识
青年律师的成长之路	法律人的职业规划与终身教育
模拟审判	法律职业道德与司法责任制；司法公开；让正义看得见
模拟调解	当事人意思自治与社会治理；司法解民忧；调解止纷争

(三)教学方法上强化思政元素

本课程在实践板块运用了任务驱动法、小组合作法、情境模拟法等教学方法,在教学的过程中营造和谐、民主的氛围,加强与学生的经常性沟通,有针对性地解决学生的思想困境和认知难题。将专业教学和课程思政融为一体,在开展教学的过程中融入更多思想政治元素,最大限度地培养学生的综合素质,更有效地发挥法学育人功能,推动"智德合一"和"知行合一",使学生在未来就业与发展的过程中能够拥有良好的思想政治基础。

运用任务驱动法、小组合作法最大限度地提升学生的学习积极性、训练团队合作能力。坚持"任务主线、教师引导、学生主导"的原则,在任务分配时尽可能细化到每位同学,推动学生开展自主研究和合作研讨,优化各小组同学的分工协作。学生围绕共同的任务,广泛收集与案例相关的文献资料、法律法规等,协作解决案例实操遇到的法律问题、技术问题,共同完成一个案例的办案流程模拟。通过任务推动法,改变学生的学习状态,使学生主动思考、运用所学法律知识,这有利于培养学生团队协作、有效沟通、人际交往方面的能力。

通过生动具体的程序模拟,对学生产生潜移默化的影响。通过案例编写及庭前准备,推动学生加强对实体法规范、程序法规则的认知,了解法律职业道德规范和执业纪律,熟悉法庭礼仪;通过程序模拟,让学生身临其境,亲身体会"您办的不是案子,是别人的人生",清晰认识个案公平正义的重大意义;通过任务分工,使学生深度体验各法律职业,培养学生的法律职业伦理以及团队协作意识。

(四)课程考核中强调思政元素

本课程力求做到全方位考核法律职业伦理、法律知识、职业技能,采用开放性、多元化的考核评价体系。特别将思想政治教育融入法学专业课程教学当中,着眼于纠正学生信仰取向功利化、价值目标短期化、价值主体自我化等诸多不良倾向,从意识形态的角度对学生进行持续引导,以此达到"润物细无声"的目的。

课程考核整体上分为两大板块:程序模拟的实操表现、结课心得的总结汇报。(1)程序模拟实操部分关注每一位同学承担的任务及其完成度,以及对任务外事务的主动性、积极性、精致利己、短期功利表现等都会成为扣分项。(2)结课心得报告特别强调"坚决反对抄袭,如有会挂科或加重扣分",内容有三:一是"本课程实操过程中自己的任务和努力","要求各组提交小组任务承担一览表,并会与之进行对照";二是"本课程实操过程中自己的收获和反思",要求"围绕本小组模拟的案例和本人承担的任务展开";三是"对本课程的改革建议和方案",鼓励同学们提出积极、可行的建议。

通过开放性、多元化考核体系,改变单纯考核知识掌握程度的惯例,建构了以创新价值、人格成长为目标的课程考核体系。该体系既能避免一般实践类课程缺乏评价体系导致的评价随意现象,也能强化学生的主体意识、责任意识,尤其能够加强诚信意识的培塑;实现了课程考核从单一的专业知识技能维度,向人文素质培育、社会责任感培养等多维度的转变。

六、结语

模拟法庭课程的教学改革,既要改变轻视实践教学的错误观念,更要形成重视实践教学的积极导向。推动"实战"式模拟法庭教学改革,能够革除传统模拟法庭教学之弊,实现从"实验"到"实战"的转变,让指导教师从"导演"变身为"教练",推动学生从"演员"走向"法律人",模拟法庭自然就会从"表演"走向"实战"。通过"实战"式实践教学培养的法治人才,更能适应法治建设的需要。

第三章 实战式模拟法庭之教学过程

> "实战"式模拟法庭,恰似法学实践教学的一场精彩华章,开启了一段别开生面、扣人心弦的法律实践之旅。这一独具魅力的教学过程绝非松散随意、毫无章法的流程堆砌,而是环环相扣、层层递进,犹如精密运转的法律引擎。从任务分组、确定案例的静态准备,到庭前准备的排兵布阵,再到庭审实战的短兵相接,这一系列紧密相连的训练环节,旨在通过全流程办案,实现学生对法律职业能力的认知。

在法学专业实践教学体系中,模拟法庭起着举足轻重的作用,其相当于连接法学理论与司法实务的桥梁,为法科生们提供了一个将所学知识具象化、实践化的仿真平台。顾名思义,"实战"式模拟法庭绝非一场简单的角色扮演,而是通过虚拟案例对真实司法场景进行高度还原,旨在引导法科生在实战氛围中磨砺法律思维、锤炼辩论技巧,进而培养其法律职业能力。"实战"式模拟法庭的教学过程,需要指导教师的有效引导和有力推动,需要学生的积极参与和积极行动,包括虚拟案例的精心编写、侦查卷宗的协同制作、案件事实的深入研究、在案证据的精准分析、法律文书的字斟句酌、庭前准备的殚精竭虑、庭审对抗的唇枪舌剑,每一步骤都蕴含着法律职业素养的孕育与养成,每一个环节都体现着真实法庭上的正义之问与法理之辩。

本章将依托多年模拟法庭课程的教学实践,立足于课程教学改革的思考与探索,以刑事案件的模拟审判为例,对"实战"式模拟法庭课程的教学过程进行尝试性总结,以期抛砖引玉,与法学教育的同仁进行交流,共同致力于构建更为科学、更为合理的模拟法庭课程教学模式。

一、任务驱动

在美国、澳大利亚的教育领域,"基于产出的教育模式",即 OBE 教学理念颇为流行,尤其在职业导向的教育领域流布甚广。美国学者威廉·斯巴迪在其著作《基于产出的教育模式:争议与答案》中,对 OBE 的定义是"清晰地聚焦和组织教育系统,使之围绕确保学生获得在未来生活中获得实质性成功的经验"[1]。与传统的内容驱动教育理念不同,OBE 教育理念更注重教育的产出,更关注学生的培养目标(产出),通过学习产出驱动整个教育过程和学习评价,通过清晰地预设教学的目标,并设计适宜的教学过程,确保学生达到预设目标。21 世纪以来,OBE 教育理念传入我国,受到高等教育同行的重视,OBE 教育理念逐渐成为高等教育领域教学改革的常见关键词,越来越多的实践类课程开始推动基于 OBE 理念的教学改革。

"实战"式模拟法庭教学模式背后的教学理念正是 OBE 教育理念,即将培养学生的法律职业能力(职业准入、职业胜任、职业发展能力)贯穿于课程教学的全过程,将培养法律职业能力作为课程教学的预设目标,将法律职业能力提升作为检验实践教学效果的标尺。

"实战"式模拟法庭教学模式,坚持"任务主线、教师引导、学生主导"的原则,将选课学生作为模拟法庭课程的"主导者",指导教师仅承担"引导者""辅助者"甚至"观察者"的角色。通过任务驱动(项目式)的教学组织过程,对模拟法庭教学的"实战"过程进行分解、化整为零,并通过任务到组、任务到人的组织管理策略,确保所有选课学生全程参与,充分发挥学生的积极性、能动性,培塑学生解决复杂法律问题的创造性。从案例编写、案例选定到证据、文书等卷宗制备,再到庭前准备、开庭审理等,全部环节均贯彻"实战"原则,均由学生主导完成,使学生主动思考、运用所学法律知识,切身体会"您办的不是案子,是别人的人生",培养学生运用法律知识分析法律现象、解决法律纠纷的能力。

(一)优化分组

任务驱动法、小组合作法是"实战"式模拟法庭教学模式的常用组织方法。通过任务驱动,推动学生开展自主研究、合作研讨,最大限度地提升学生的学习积极性、改变学生的学习状态,使学生主动探究、思考、运用所学法律知识;通过小组合作,明确小组的任务清单,优化各小组内部的分工协作,推动小组同学围绕共同任务积极行动,充分训练学生在团队合作、有效沟通、人际交往方面的能力。

"实战"式模拟法庭教学模式强调小组同学的"做中学",要关注每一位同学的成长,就需要避免人员过多导致的"划水""摸鱼",也要避免人员不足出现"过劳",进而导致任务过重、压力过大,对教学过程产生负面影响。基于对我国刑事审判实

---

[1] 吴智泉:《美国高等院校学生学习成果评价研究》,知识产权出版社 2019 年版,第 69 页。

践的观察和以往的教学经验,完整开展一个案件的"实战"式模拟审判,至少需要 20 位同学参与,人数上限因案而异,最多不宜超过 30 人。笔者在既往的教学实践中,对于 30 人以内的行政班,以班容量为组,开展一个案件的模拟审判;对于超过 50 人的行政班,一分为二,由两个大组平行开展两个案件的模拟审判;对于其他人数的行政班,可以按照 25 人左右的容量进行分组。

基于培养学生团队合作、沟通交流等能力的考虑,在多组平行开展模拟审判的情况下,对选课学生的分组,有必要突破既有的行政班、宿舍等关联,可采用随机分组原则,有效减少选择偏倚,保证各组的差异性相对均匀,避免出现社牛同学抱团、社恐同学难融入的情形。在分组方法上,可以利用智能移动学习软件"学习通",在"班级列表"的学生管理模块,通过"分组管理"可以"一键分组",实现随机分为多组;也可以通过 EXCEL 表格的随机函数[=RAND( )],在学生花名册中实现随机分组;或者推动学生采取社交软件"摇色子"[1]、游戏分组等创意性、趣味性分组方法,在轻松活泼的氛围中完成分组。随机分组完成后,对于手动干预(调整分组)诉求,宜坚持不调整原则。

(二)任务到组

在"实战"式模拟法庭教学组织过程中,指导教师要发挥管理者的作用,推动大组同学明晰课程任务,并且围绕给定任务,开展相关训练、完成既定任务,这就需要多任务条线同时推进,因此有必要对学生进行再分组管理,以发挥整体效能,提高工作效率,强化团队协作。

开展刑事案件的"实战"式模拟审判,涉及案例选定、卷宗制备、文书制作、庭审模拟等多项任务,牵涉到(职务犯罪案件)监察委调查、侦查、公诉、审判、辩护与代理等多个流程。一般而言,学生分组、任务设定可以按照表 3-1 进行,必要时可根据模拟案例的具体情况进行局部调整。

表 3-1　刑事一审案件模拟审判的任务分组及任务描述示例

序号	组别	模拟主体	任务描述	人员构成
1	侦查组	公安、监察、检察人员	案件事实固定、卷宗电子化	组长 1 人+成员 4~6 人
2	审判组	合议庭(3/7 人)、书记员	庭前会议、庭审并作出裁判	组长 1 人+成员 2~8 人
3	控诉组	公诉人、被害方及代理人	准确起诉、庭审指控	组长 1 人+成员 1~5 人

---

[1] 组建群聊,待分组人员分别摇一次色子,最后按单双数进行分组。

续表

序号	组别	模拟主体	任务描述	人员构成
4	辩护组	被告人、辩护人	准备辩护、庭审激辩	组长1人+成员1~5人
5	备勤组	值庭法警、机动团队	庭审值庭、机动任务执行	组长1人+成员4~8人
6	证鉴组	证人、鉴定人等	根据需要参与取证、出庭	组长1人+成员1~5人
7	文宣组	法律新闻媒体	海报制作、光影记录、新闻编发	组长1人+成员1~3人

注：上述各组的组长共同组成组委会，负责编写案例、协调冲突、推动任务。

以上分组中，人员构成因模拟案例、选课人数而异，可以通过以下策略进行分组：第一，先根据选课学生数，确定人员构成中的成员数，如确定审判组织采取独任庭、3人合议庭、7人合议庭等；第二，备勤组、审判组中3/7人陪审合议庭的人民陪审员可以采用主—副分组制，即以其他任务（如侦查）为本职，以备勤、陪审为兼职；第三，案例确定后，以任务量基本平衡为原则，对各组成员进行微调，如案例系多人多次共犯的，可以考虑增加侦查组、控诉组人数，同步增加辩护组（被告人、辩护人）人数。

基于顺利推进任务、有效沟通的考虑，在前述各小组自主选出组长后，由各组组长共同组成模拟法庭组委会，并推举1人担任组委会会长，组委会负责案例的编写与优化，并负责协调各小组间的冲突，还要与指导教师及时有效沟通，推动本组的模拟审判活动顺利进行。

在"实战"式模拟法庭教学组织过程中，指导教师需要采取有效措施推动组委会、各组明确任务目标、制订任务计划，同时兼顾团队协作能力的培养。要推动学生认真考虑本组、本人所承担的任务内容以及可利用资源、进度要求、预期成果等因素，制订出任务进展计划和时间表，组委会负责制订的本组"实战"式模拟审判的整体任务计划和时间表，如表3－2所示。在明确整体任务的基础上，各小组再制订本小组的任务计划和时间表，可以由组长与组内同学共同确定任务分配，形成任务清单，并向组委会备案。通过制订任务计划和时间表，使全体同学能够充分认识其任务和目标，使其更好地了解工作的方向和目标、价值和意义，从而提高其积极性和动力。

表3－2　刑事一审案件模拟审判的任务到组安排示例

时间	核心任务	核心任务主体	任务描述
第1周	编写案例	组委会	群策群力，编写案例；确定模拟审判时间表

续表

时间	核心任务	核心任务主体	任务描述
第1周	确定案例	组委会 侦查组、控诉组、辩护组、审判组	整合各方诉求,固定案件事实
第2周	卷宗制备	侦查组	制备案件卷宗(证据卷、文书卷)
第3周	卷宗优化	组委会 侦查组、控诉组、辩护组、审判组	各组审阅卷宗,提出卷宗优化诉求; 组委会裁决后,由侦查组优化卷宗
第4周	庭前准备1	控诉组、辩护组、审判组	分头阅卷,背对背准备庭审材料
第5周	庭前会议	控诉组、辩护组、审判组	梳理诉辩审的事实认定、法律适用争点; 明确各方任务,处理对抗与协作的矛盾; 协调各方参与主体及代理律师间的关系
第6周	庭前准备2	控诉组、辩护组、审判组	控辩审各方优化庭审准备; 指导教师提供背对背咨询; 各组可模拟开庭自行检查
第7周	现场开庭	全体同学	现场开庭、模拟审判
第7周	庭后复盘	全体同学	法学教师、实务专家点评; 学生撰写课后总结材料

需要说明的是,表3-2不包括理论授课安排。以兰州大学法学院的模拟法庭类课程为例,本科生模拟法庭课程共计36学时,每周3学时,前三周进行理论讲授,第四周开始进入分组、训练、实操阶段,因为学时不足,往往会安排3~4学时/周的线下集中答疑,并提供随时的线上答疑条件;法律硕士研究生的模拟法庭类课程共计54学时,每周4学时,前三周进行理论讲授,第四周开始进入分组、训练、实操阶段,基于训练研究生自主学习、创造性学习能力的考虑,不另行安排线下集中答疑学时,仅提供线上的随时答疑条件。

(三)任务到人

"实战"式模拟法庭是团队行动,为保障模拟审判工作的顺利进行,在组委会制订任务计划和时间表,实现任务到组的基础上,还需要各小组进一步细化工作任务,并将工作任务分配到具体个人,即任务到人。只有如此,才能使组内成员明确工作任务、清晰工作目标,也便于组委会、组长及时了解任务进展。

流程越清晰,关系越简单,做事的边界感和逻辑就会越强。任务到人的分配过程,在很大程度上是一个对本组任务从混沌到清晰的过程,亦即各组最大限度提升其任务清晰度的过程,是一个将工作任务具体化、准确化的过程。由此可以推动学生思考、明确、分解工作任务。各小组的任务分配可以推动学生使用先进的团队任务管理软件,如利用免费的"敬业签"软件创建小组便签并邀请小组成员加入,组长通过指派功能,精准分配任务,形成任务清单,如表3-3所示。在任务进展过程中,可以通过在线软件管理任务进展,小组成员都可以编辑、标记任务动态,由此也便于组委会、组长、指导教师实时关注任务的进展情况。

表3-3 刑事一审案件侦查组任务清单示例

序号	任务	任务描述	任务人	时间要求
1	类案检索报告	通过裁判文书网、威科先行等平台,检索类案50例		
2	梳理证据类型	立足案例,结合类案,全面列举本案可能涉及的证据类型		
3	案件发展时间线	立足事实和立法,明确(补充)犯罪发展时间节点		
4	案件侦办流程图	立足事实和立法,明确案件侦查各流程及时间节点		
5	确定侦查文书	立足侦办流程,结合类案,全面列举本案的侦查文书		
6	侦查讯问技巧	研读相关文献,形成报告"侦查讯问要求与技巧"		
7	侦查询问技巧	研读相关文献,形成报告"侦查询问要求与技巧"		
8	权利义务告知书	查阅资料,形成犯罪嫌疑人、证人权利义务告知书		
A	立案类文书	接处警登记表、到案经过、受案登记表、呈请立案报告书、立案决定书、受案回执等	根据需要再细分;文书类单人制作;证据类二人成组	
B	强制措施文书	拘留证、拘留通知书、提请批准逮捕书、提请逮捕决定书、逮捕证、逮捕通知书、提讯提解证等		
C	各类证据材料	物证、书证、讯问笔录、询问笔录、勘验笔录、检查笔录、鉴定意见书、视听资料、电子数据等		
D	起诉意见书	研读文献、查阅立法、熟悉方法,制作起诉意见书		

注:任务1~8是进一步明确取证任务的过程,可以分组/人开展;任务A~D是调查取证的过程,可以进一步细分并任务到人;任务1~8与任务A~D分步实施,人员会重合。

"实战"式模拟法庭特别强调的"做中学"的教学方法,是欧美高等教育领域广泛流行的"任务型教学法",强调以学生为中心,注重学生的体验和探索,鼓励学生创造性地运用法律知识。通过任务到组、任务到人进行任务驱动,提高学生的参与度,引导学生打开视野、增强信心,并通过定期检查、自然观察等方法随时关注任务进展,及时发现和解决问题,推动学生高效率、高质量地完成目标任务。

二、确定案例

在开展模拟法庭课程教学的前提下,无论采取何种教学模式,案例都是开展教学活动的基础。观察国内模拟法庭开展教学实践和模拟法庭类比赛,案例来源途径多样,有的从司法实务部门调取真实案件,并对案件进行适当技术处理、修改或整合;有的源于法学教育同行编写的模拟法庭类教材[1],其中提供了完整的案例脚本。源于司法实务部门的案例具有极高的真实性,还有现成的全套证据材料,源于法学教育同行所编教材的案例,大多配有模拟审判的全套资料,操作起来相对简单。

本书倡导的"实战"式模拟法庭教学,旨在强化模拟审判的对抗性,实现从"实验"到"实战"的模式转变,摒除"走秀式""表演式"模拟审判,教学内容从庭审模拟走向全程模拟,推动学生体验刑事案件从侦查到审判的全过程。易言之,案例的选定过程也是"实战"式模拟法庭教学的重要组成部分,有必要回避司法已判案例、给定答案的教辅案例。强烈建议学生发挥集体智慧、亲手编写案例。

(一)选案原则

模拟审判案例的编写,可以说是"实战"式模拟法庭教学组织过程的首要"任务",在完成分组、组建组委会后,就进入模拟案例的编写环节。在任务驱动体系中,案例编写是组委会的首项任务,指导教师要发挥组委会的作用,交由组委会推动全体同学参与案例编写,可在下列三项原则的基础上提出更明确、更具体的案例编写要求。

1.适当的开放性

案例编写过程绝非简单的文本创作,而是激发学生创新思维活力,引导其发现法律问题、深入思考背后法理问题,进而创造性地进行法律解释、尝试理论创新的过程。司法实践中犯罪行为千姿百态,成文法治理有其稳定性优势,但也存在一定的

---

[1] 如廖永安、唐东楚:《模拟审判:原理、剧本与技巧》(第3版),北京大学出版社2015年版;樊学勇主编:《刑事案件模拟法庭审判讲义及案例脚本》,中国人民公安大学出版社2019年版;赵杰主编:《模拟法庭实验教程》,北京大学出版社2020年版;陈学权编著:《模拟法庭实验教程》(第4版),高等教育出版社2022年版;等等。

滞后性,当既有立法与法律问题冲突时,在立法完善之外,法律解释就显得极为必要、格外重要。

基于此,"实战"式模拟法庭教学对模拟案例编写提出了严格要求。所编写的模拟案例要贴近生活实际,要兼具生动性与复杂性,能够高度还原现实生活中的法律纠纷场景,让学生真切地感受到法律在生活中的具体应用。同时,案例还应紧密结合社会热点、时代需求,如围绕新兴科技领域的法律规制、社会民生保障方面的法律争议等热点话题编写案例。这类案例能够引发学生对相关法律问题的深入思考,让理论之光照进现实,使抽象的理论深入浅出,推动学生思考法学素养的广泛适应性,启发对未来职业成长的思考。

2. 同等的可辩性

"实战"式模拟审判是一个教学过程,理应模拟最严格、最完整的刑事司法程序,理应以刑事诉讼程序的"天花板"为努力方向。因此,"实战"式模拟法庭对模拟案例提出了"可辩性"要求,即案例不能一眼看到结果,难以预测裁判走向和结果,诉辩双方均有充分的发挥空间。既要避免案件事实太过简单,如果一眼看到答案,显然无法达到训练法律思维、法律解释能力的目的,模拟审判必然走向表演;也要避免案件事实设计过于复杂,在有限时间内无法保质保量完成模拟审判的相关任务,可能打击学生的积极性、自信心。

案例编写过程中增加可辩性的方法,既可以在犯罪构成、故意犯罪停止形态、共同犯罪、罪数形态、排除犯罪事由等方面发力,也可从此罪与彼罪、复杂犯罪动机、数罪并罚等角度着墨。兰州大学法学院的同学们编写的案例涉及的"赌博型诈骗还是诈骗型赌博""持玩具枪抢劫是不是持枪抢劫"等争议辩点,使模拟审判对抗更激烈,又不失生动有趣。

3. 一定的新颖性

随着依法治国进程的不断推进,我国法治建设不断取得重大进展,法治实践不断开启新篇章。作为教学活动的"实战"式模拟法庭,理应立足于中国法治的最前沿,关注社会发展和法治民生,引导学生把握司法最新动态。

案例编写要注重新颖性,要么案例背后的法律问题属于法治建设的新情况、新内容,要么案例提出的法律问题属于新的学理争议,能够引发对既有立法合理性、未来调整的深入思考。

增加案例新颖性的具体方法包括改编引发社会关注的真实案例,以及立足社会热点事件编写虚拟案例。例如,曾经轰动一时的"四川泸州继承案",被认为是运用民法原则进行判决的先行者,但该判决以公序良俗推翻意思自治的做法,被认为权力触手过长,受到广泛批判。此案引发了广泛的社会关注,也有多所大学的法科生以该案为基础编写案例,开展模拟审判,也曾作出过完全相反的判决。兰州大学法学院的同学们编写的模拟案例中,既有改编自真实案件的"女辅警敲诈勒索案",也有围绕近年来备受关注的"帮信罪"渐成口袋罪、危险驾驶罪打击面过大等热点问题编写的虚拟案例,它们都曾脱颖而出成为模拟审判的案例。

(二)编写案例

团队行动、多人参与决策,往往会有意外的收获。亚里士多德曾言,众多平凡之人如果齐心合力,所作的集体判断往往比伟大的个人更为出色。对于合作学习小组中的集体智慧问题,有学者做过深入的专题研究,其得出的结论是:合作学习小组的多重任务表现中存在集体智慧,在解决困难问题的判断与决策中,集体智慧发挥着更为明显的作用,更不容易受到个别成员的主观自信、实力和多数人意见的影响[1]。在"实战"式模拟法庭教学活动中,案例编写是"合作学习小组"需要完成的首要任务,有必要通过策略选择和规则设置促进集体智慧发挥作用,动员所有同学积极参与,调动集体智慧,协同创新案例编写。

在案例编写任务的推动策略上,指导教师要明确组委会对案例编写的集体责任,公开宣布组委会会长为案例编写的第一责任人,授权组委会全权组织本组案例编写,释放年轻人的活力和能动优势,发动本组同学参与,群策群力编写案例,并采取科学、民主的方式集体决策、选定模拟审判的案例。

为避免集体行动易出现的责任分散效应、旁观者效应、社会惰化效应,指导教师和组委会要关注机制建设,尽可能消除不公平感。例如,优化课程评价体系,将任务承担和完成情况纳入评价指标,对同批选课学生采取多组间竞争性评分机制,对被选中案例的编写者设置奖励性评分,在评价体系中设置一定比例的组内互评打分,既能调动学生的参与度和积极性,也能确保案例编写的高质量、高效率。笔者承担的兰州大学法学院模拟法庭课程评价体系将100分切分为两个板块,即模拟审判表现占50分、结课材料占50分。对于模拟审判中的表现,通过组委会提交的分工明细表、本组模拟案例全套存档资料,以及每位同学提交的结课报告中"本次模拟审判中本人的任务和努力"部分等三方面的材料,综合判断进行评分,课程评价中始终坚守严守公平、奖勤罚懒、奖优罚劣等基本原则,同时对于弄虚作假、虚报冒领者给予严厉的评分惩戒。

在任务分配上,本着理智、宽容、开放的态度,明确案例编写的责任主体,在推动

---

[1] 周详:《集体智慧在合作创新中的生成与应用》,人民出版社2020年版,第73页。

案例编写任务的同时,训练学生的团队管理能力和责任意识。关于具体做法,可以由组委会成员亲自编写案例,也可以由组委会组建专门的案例编写组,还可以由组委会发动全组同学每人提交一份案例,可要求案例编写者填写表3-4,在阐明案件基本事实的基础上,对案例的开放性、可辩性、新颖性作出说明,以此作为选择案例的依据。通过公开答辩或匿名评选的方式评选出最合要求、最受欢迎的案例,而后采取头脑风暴方式,发挥集体智慧,进一步修改完善案例,并将其作为本组的模拟案例。

表3-4 模拟审判案例编写及论证简表

编写人员信息	
案件名称	涉案罪名
基本事实	(简要阐述案件的基本事实,300字左右)
特色说明	(简要说明案例的开放性,100字左右)
	(简要说明案例的可辩性,100字左右)
	(简要说明案例的新颖性,100字左右)
	(如有其他补充性说明,请简要列出)

(三)案例示例[1]

自2012年以来,笔者一直承担模拟法庭类课程的教学任务,在10余年的模拟法庭课程教学过程中,受益于同行师生的理解和支持,"实战"式模拟法庭教学改革思路得以萌芽、生根。回顾过往10余年的模拟法庭课程教学,同学们"办理"了诸多虚拟案件,演绎了人世间的诸般"爱恨情仇",展现了对当下社会热点案件的思考。

模拟案例不完全列举如下:

1."女辅警诈骗案":许愿(女)为光明县公安局的一名辅警,在职期间为实现转正,与公安局局长刘镇宁,公安局副局长寇宵,光明县公安局和风路派出所所长朱元亨发生不正当关系,三名被害人分别给许愿人民币108万元、10万元和20万元。许愿为孙世美前女友,因男方父母不同意二人婚事,在许愿流产后孙世美给许愿人民币20万元。(2021学年春学期,兰州大学2018级法学本科班第1组模拟审判案例)

2."酒托女诈骗案":蓝玉是蓝凉酒吧经理,贺怡以谈恋爱的名义邀约齐峰到蓝凉酒吧消费,2018年5月,蓝玉和贺怡合谋,两次引诱齐峰消费高档酒水,消费金额高达27万元。在齐峰不愿意再去蓝凉酒吧消费的情况下,贺怡提出分手,齐峰始觉遭遇"酒托女"诈骗而报警。经查,齐峰两次消费的高档酒水"人头马大窖"实为普通大窖酒,市场价格仅100元。(2021学年春学期,兰州大学2018级法学本科班第2组模拟审判案例)

3."一只狗引发的血案":19:40,杨国华带其女儿外出遛狗,途经罗水市场时,狗挣脱狗绳,将迎面走来的一位老人绊倒,老人头部着地,失去意识。杨国华看四下无人,趁天黑把老人转了个方向,放到了路中间,然后迅速离开现场。5分钟后,向钧宇饮酒后驾车路过,发现了躺在路中间的老人,但因错踩油门,致使老人被碾压身亡。(2021学年春学期,兰州大学2020级法律硕士研究生至公班模拟审判案例)

4."李志伟非法吸收公众存款案":2019年5月,应戴某某(同案已决犯)之邀,李志伟入职某养老公司。因资金短缺,在不具备吸收资金资质的前提下,公司通过宣讲会、上门拜访等方式,以养老金、床位补贴券等形式变相承诺8%~19%的年收益率,以免费午餐、礼品、红包吸引老年人投资牙山养老公寓项目,签订《养老服务合同书》。2019年6~7月,李志伟任该公司市场部负责人,主要负责市场部业务团队的管理,以及协调下属业务人员向社会公开宣传、吸收资金。2021年1月,该公司出现无法兑付到期本息情况。2021年5月27日,多名被害人向公安机关报案。2021

---

[1] 为了表达清晰,将模拟案例中各主体姓名、地名改编为虚构姓名、地名,如有雷同,实属巧合,下同。

年5月28日,公安机关对本案立案侦查。2021年9月12日,检察机关以非法吸收公众存款罪提起公诉。李志伟辞职后,赴海外就业,因疫情短期内无法回国,公安机关决定对其另案处理。2022年4月28日,李志伟回国,次日被抓捕归案。[2022学年春学期,兰州大学2021级法律硕研(非全日制)班A组模拟审判案例]

5."李某交通肇事案":2021年1月1日,李某参加朋友聚会,席间喝了三瓶啤酒、一杯红酒。21时30分,李某驾驶本人所有的牌照为滨KEJ191的黑色本田SUV轿车回家;21时42分,途经洪山区常青藤路与关山大道交叉口时未及时避让,撞到过斑马线的何某(男,1956年生)。李某因过于惊慌,未下车查看便驾车逃走,何某因衣服被卡到车的右保险杠被拖行,李某听到车身右侧有异响,也未下车查看。在继续前行约90米后,于21时44分到达梳子桥路与常青藤路交叉口,在等红灯期间,过往路人提醒李某车下有人被拖行并报警,李某下车后发现此情况立刻拨打了120并在车边等候,21点52分,120急救车到达现场,确认何某已经死亡。后经血液酒精定量检测,李某血液中检出了乙醇成分,含量为124毫克/100毫升。经法医尸检鉴定,何某符合全身多处严重损伤导致创伤性休克死亡。2021年8月17日,李某自行向昌武市公安局洪山分局投案。同日,公安机关对本案立案侦查。[2022学年春学期,兰州大学2021级法律硕研(非全日制)班B组模拟审判案例]

6."马莉抢劫案":马莉与黄伟事先预谋,用"猜瓜子"方式摆摊设置赌局,赚取参赌人的钱财,并事先商定如遇事主戳穿骗局、索还钱财,便以暴力威胁或殴打的方式胁迫事主就范。2021年5月8日上午,马莉伙同黄伟于京阳县王家街道城西便民早市摆摊设局,由黄伟扮演参与者赢取钱财吸引王秀芝参与赌局,马莉控制赌具致使王秀芝输局并收走其金耳环首饰,王秀芝要求马莉退还首饰被拒,并遭到马莉殴打致轻伤。(2023学年春学期,兰州大学2020级法学本科班第1组模拟审判案例)

7."范茹故意伤害案":2023年3月16日13时许,范茹在沙坦市海浪区仙人掌路青华理工大学6号楼6层608号宿舍跟室友贝卿发生冲突,继而激烈打斗,范茹挥刀捅刺致贝卿右侧腹部中刀,后贝卿被送医,因被刺中脾脏贝卿最终大出血身亡。经鉴定,贝卿腹部右侧创口深达胸腹腔,肝脏、膈肌破裂,腹腔积血,致其失血性休克死亡,同时贝卿身体各处均存在不同程度淤青。(2023学年春学期,兰州大学2020级法学本科班第2组模拟审判案例)

8."于丽华诈骗案":于丽华(女)系天南省春田市圆蛤镇农村信用联社储蓄所职员,多年来与孙振国(退休干部)邻里关系不错。2018年12月6日,于丽华找到孙振国让其将钱存到自己所在的储蓄所来帮助自己完成吸引居民储蓄的任务,自己可以保证利息比正常存款要高很多,孙振国有些退休金便想着帮邻居一个忙自己也能多赚一些利息，索性就答应了。12月8日，孙振国给于丽华5万元现金，二人未办理正规存款手续。自此，于丽华按年结算，以理财收益好为由，在3年内每年9月29日付给孙振国利息3000元，本金5万元仍存于丽华处，截至案发，于丽华给孙振国9000元。而事实是，于丽华自始至终从未将这5万元存入储蓄所，而是以年息15%放高利贷给徐金鹏，自己从中赚取差价。2019年1月25日，经家人提醒，孙振国要求于丽华出具正规存款手续。26日，于丽华使用已作废的储蓄存单，伪造存蓄信息，给孙振国开具了一张存款5万元的存单。2021年12月10日，该存单上显示的存款到期后，孙振国便来找于丽华要钱，于丽华因为徐金鹏非法吸收存款的事情败露在逃，资金出现问题，对孙振国避而不见。孙振国无奈带着存单到储蓄所取款时才得知于丽华给其提供的是假存单，根本取不到钱，遂向公安机关报案。公安机关从于丽华处追回5万元，已发还孙振国。[2023学年春学期，兰州大学2022级法律硕研（非全日制）班模拟审判案例]

9. "程振贤过失致人死亡案"：2022年3月24日22时许，程振贤与张龙在小石镇潭头白云村一个烧烤店吃宵夜喝酒。25日凌晨2时许，程振贤无证驾驶一辆电动摩托车搭载被害人张龙回宿舍，其间两人均未戴头盔。在进入光明路东一街后，由于车速过快且未打开车灯，酒后驾驶的程振贤避让不及，二人撞到违章停放在路边的小货车，均摔倒在地。随后程振贤叫来刘海月帮忙，但由于张龙昏迷不醒无法扶起，二人又叫来胡洋帮忙，三人共同将张龙送至兴旺美食店西侧旅馆208房间，安顿好张龙后离开。25日11时，发现张龙死亡。法医鉴定显示死亡原因系钝性暴力作用头部致严重颅脑损伤死亡。[2023学年春学期，兰州大学2022级法律（法学）硕研1班A组模拟审判案例]

10. "仝晴丹过失致人死亡案"：赵龙晨与仝晴丹系夫妻，婚后赵龙晨多次暴力殴打仝晴丹。2022年4月12日，仝晴丹与赵龙晨驾车到沙银镇天意农资超市购买农副产品，及农药"神农丹"1包。4月15日，二人发生口角。仝晴丹看到"神农丹"包装上写着"高毒"，决定偷带少量回家，若再次遭受赵龙晨殴打就服毒自杀，并将"神农丹"装到"虫茶"空罐后，放到次卧储物间地上。6月13日，赵龙晨回购一盒（3罐装）"虫茶"，并将其放到次卧储物间，赵龙晨发现储物间地上"虫茶"罐还有剩余，遂责骂仝晴丹浪费，仝晴丹未搭理。6月15日，赵龙晨醉酒后殴打仝晴丹，仝晴丹逃回娘家。6月16日早上，赵龙晨起床泡茶喝后出现头晕呕吐。当日下午，仝晴丹回家发现赵龙晨呼叫不应，遂拨打120急救电话，后赵龙晨经抢救无效死亡，法医鉴定赵龙晨系"有机磷药物中毒"。[2023学年春学期，兰州大学2022级法律（法学）硕研1班B组模拟审判案例]

11."姜玲、蔺灵儿故意杀人案":姜玲与蔺武系夫妻关系,婚后育有一女蔺灵儿。蔺武赌博、酗酒后动辄对姜玲施暴,姜玲起诉离婚未果。2021年8月1日17时,蔺武赌博后向姜玲索要钱财遭拒,遂在客厅对姜玲拳打脚踢,姜玲逃至厨房躲避。蔺武紧随进入厨房并使用擀面杖抡击姜玲头部。姜玲慌乱中抓起菜刀乱挥,砍中蔺武的脖子,蔺武大量出血并失去呼吸,蔺灵儿帮助姜玲用刀将蔺武分尸并放入冷冻冰柜。8月2日起连续5日,姜玲返回废弃的老宅挖好土坑。8月7日23时,蔺灵儿和姜玲一起将蔺武的尸体打包装入行李箱,乘坐出租车运至老宅土坑掩埋。[2023学年春学期,兰州大学2022级法律(法学)硕研2班A组模拟审判案例]

12."李铁柱、赵翠花抢劫案":2021年10月15日,李铁柱、赵翠花乘车前往淮安采购,下午4时,二人乘车回京海,司机语音通报了该车停靠站后出发。二人上车后双双睡着。7时许,客车到达终点站,刘司机叫醒二人让其下车,这时二人才发现坐过站了。二人以司机没有提醒为由要求退还部分车费,被司机拒绝。赵翠花示意李铁柱从包里拿出一支黑色的枪,李铁柱将枪对准刘司机,刘司机立即拿出钱包交给了赵翠花,赵翠花从中取出60元(车费的一半)后离开现场。案发后,警察收缴了该黑色枪支,经鉴定,该枪支系儿童玩具枪,不具有任何杀伤力。[2023学年春学期,兰州大学2022级法律(法学)硕研2班B组模拟审判案例]

13."二丫、小兰故意杀人案":二丫是雍州省金城市朔方区中医院的一名护士,下班回家途中需要经过一片荒郊野地。2023年3月1日、3月4日,二丫回家途中两次遭受同事大牛的尾随和强奸。二丫十分痛苦,在好友小兰的建议下,购买了氰化钾和硫代硫酸钠(解毒剂)以应对。2023年3月10日晚,二丫下班回家,在同路段又遇到大牛拦截,二丫表示愿意维持两性关系,且趁脱衣之机将氰化钾涂抹于胸部,并与大牛进行身体接触,致大牛中毒倒地,二丫迅速给自己注射了硫代硫酸钠后报警,大牛因抢救无效死亡。[2023学年春学期,兰州大学2022级法律(非法学)硕研1班A组模拟审判案例]

14."刘淮希、孙宝钏故意杀人案":刘淮希与王诗诗系情人关系,二人长期保持不正当男女关系。王诗诗沉迷赌博,欠高利贷200万元,遂以公开不正当关系要挟刘淮希为其偿还债务。刘淮希被逼无奈,只得向妻子孙宝钏坦白,夫妻合计利诱王诗诗让步。2019年8月17日,刘淮希、孙宝钏去王诗诗家面谈,二人商定孙宝钏主导谈判,刘淮希在外待机,如果谈判不成则由刘淮希给王诗诗点教训。孙宝钏下车时顺手将车内水晶摆件放入口袋,刘淮希看到后并未阻止。进入王诗诗家后,孙宝钏要求王诗诗断绝不正当关系,并提出补偿王诗诗50万元。王诗诗坚持200万元的要求,冲突逐渐升级至扭打,王诗诗扭打不过,欲去厨房拿刀,孙宝钏掏出水晶摆件砸向王诗诗头部,王诗诗被砸中后倒地抽搐。刘淮希听到动静进门,检查王诗诗已无呼吸,遂拉起孙宝钏离开,二人回家后自首。在侦查阶段,孙宝钏突发疾病死亡。[2023学年春学期,兰州大学2022级法律(非法学)硕研1班B组模拟审判案例]

15."张家村毒鼠强杀人案":2023年3月17日,张大壮在家中设宴为其母庆寿,未受邀请的张三牛自发到场,席间张大壮与张三牛发生口角,开始斗气斗酒。张大壮有意给张三牛难堪,在自家仓库用手指蘸取泻药,返回酒桌后,张大壮将蘸有泻药的手指伸入满杯啤酒搅拌后,对张三牛说"这是泻药,你敢不敢喝?不敢的话就从我裤裆下钻过去"。在现场的起哄怂恿下,张三牛端起酒杯一饮而尽。张三牛、张大壮当夜均出现中毒症状,送医后,张三牛抢救无效死亡,张大壮抢救成功。经查,张大壮蘸取"泻药"时忙中出错,手指蘸取的实为并排摆放的"毒鼠强",张三牛系"毒鼠强"中毒死亡。[2023学年春学期,兰州大学2022级法律(非法学)硕研2班A组模拟审判案例]

16."敬炎文故意伤害案":2017年5月20日,马东东向敬炎文借款10万元,约定2年后归还本息11.2万元。2年到期后马东东未如期归还。敬炎文多次索要,马东东拒不还钱。2019年6月15日,马东东以商量还款为由邀约敬炎文至家中见面,通过水杯投药迷晕敬炎文后,用绳子将敬炎文捆绑在椅子上,敬炎文苏醒后,马东东要求敬炎文交出借条,否则不让其离开,其间对敬炎文不断辱骂、殴打。在马东东出门取餐期间,敬炎文挣脱绳索,马东东返回发现,二人扭打,马东东身强力壮,将敬炎文压制在地,慌乱中敬炎文摸到桌上水果刀并捅向马东东大腿,马东东一拳将敬炎文打晕,刀掉落于地。数小时后,敬炎文苏醒,看到马东东背对着自己,腿边放有一根棒球棍,敬炎文怕马东东用棒球棍击打自己,遂摸起掉落在地的水果刀捅刺马东东背部数刀后逃离,马东东因无人施救,失血过多死亡。[2023学年春学期,兰州大学2022级法律(非法学)硕研2班B组模拟审判案例]

17."李红、李月故意伤害案":2024年3月4日,李建赌博输钱回家,迁怒于犯罪嫌疑人李红、李月并对其实施了辱骂。李月因恐惧哭泣后,李建将其拖拽至卧室,踹了其一脚后反锁了房间门,然后到厨房殴打正在做饭的李红。解气之后,李建从厨房离开,趁李建转身间隙李红抄起一口铁锅向李建头部砸去,李建当场被砸倒在地。之后李红将反锁的卧室门打开让李月出来,李月经过厨房看到倒地的李建,因心中恐惧和长期被家暴的愤怒拿起地上的铁锅再次击打李建头部。后李红、李月发觉李建一直未起身,便立即报警。120急救车赶到后李建尚有微弱生命体征,23时49分,李建被确认死亡。后经尸体解剖鉴定,李建遭击打造成颅脑开放性损伤,失血过

多死亡。(2024 学年秋学期,兰州大学 2021 级法学本科班模拟审判案例)

18."吴良交通肇事案":2024 年 1 月 2 日 18 时 42 分许,吴良(男,20 岁)驾驶一辆小型汽车行驶至昌江市金莱小区门口路段时,撞倒了正在过马路的三名行人(吴良从距红绿灯 400 米处加速,撞人时速度为 128.9km/h),辛琪(1 岁)当场死亡、宋兰(30 岁)经现场抢救无效死亡、辛鹏程(30 岁)受伤经送医抢救无效后死亡。经勘查、检验鉴定,排除了吴良酒驾毒驾的嫌疑,其负事故全部责任。1 月 3 日,吴良因涉嫌交通肇事罪被依法刑事拘留。[2024 学年秋学期,兰州大学 2023 级法律(非法学)硕研 1 班 A 组模拟审判案例]

19."张文亮过失致人死亡案":2024 年 8 月 11 日 5 时 40 分,张文亮驾驶本人所有的牌照的白色宝马牌轿车在汉东省东山市天心区人民路以 52km/h 的车速行驶。6 时 10 分,张文亮在道路中段因躲避不及时碾压到在对向车道骑行倒在道路中央的儿童马小明(男,11 岁),致马小明死亡。[2024 学年秋学期,兰州大学 2023 级法律(非法学)硕研 1 班 B 组模拟审判案例]

20."李小明故意伤害案":2023 年 10 月 5 日 19 时左右,李小明在南峰市鹿台区渤海路海滨城市公园的茶摊内,与陈大宇(男,殁年 54 岁)发生打斗,李小明使用凳子击打陈大宇头部并多次拳击陈大宇胸部、头部,后陈大宇自行回家,并于 2023 年 10 月 6 日凌晨 1 时 32 分被发现在工厂值班室中死亡,鉴定显示,陈大宇的死亡原因是在外力击打及高血压的共同作用下引发的颅内出血。[2024 学年秋学期,兰州大学 2023 级法律(非法学)硕研 2 班 A 组模拟审判案例]

三、实战模拟

"实战"式模拟法庭教学,需要突破传统"走秀式""表演式"模拟法庭教学存在的"重流程轻内容""重庭审轻庭外实务"等固有弊端,从模拟审判程序走向模拟案件办理的全过程,从"演好"剧本追求程序体验走向办理"实案"进而体验司法"实战",使学生通过模拟法庭教学完整体验办案过程、全方位训练法律实务技能,在潜移默化中培塑法律职业道德和职业精神。

"实战"式模拟法庭教学强调贴近司法实践的"实战",训练过程不局限于审判阶段,还要模拟审判前的立案、侦查、起诉等诉讼阶段,模拟案件办理过程的真实性、专业性,模拟训练对抗式诉讼模式下的控辩双方平等对抗。培养学生运用实体法分析案件的综合实践能力,增强其程序意识、证据意识及操作能力,锻炼其庭审语言表达能力与法律文书写作能力,提高学生的法律专业职业能力。

"实战"式模拟法庭教学在流程上可以分为四个重点阶段,即卷宗制备、庭前准备、庭审实战、庭后复盘。

（一）卷宗制备

在刑事案件"实战"式模拟法庭教学过程中，侦查卷宗扮演着至关重要的角色。侦查卷宗详细记录了案件从初步调查到侦查终结的整个过程，是案件侦查轨迹的记录，是刑事诉讼活动有序推进的关键文件支撑，为控诉组审查起诉和法院审判提供核心资料，也是辩护人全面了解案件事实的基础。"实战"式模拟法庭教学中的侦查卷宗，是各方开展控诉、辩护、审判的材料基础，侦查卷宗的完整性和准确性直接影响模拟审判的质量和效果。

侦查卷宗是侦查机关在办理刑事案件过程中形成的反映案件侦查全过程的文件材料集合，主要内容包括：(1)程序性文书。其是侦查过程中所产生的各种具有法律效力和规范格式的书面材料，如立案、拘留、逮捕等程序运行的相关材料，即立案决定书、拘留证、提请逮捕申请书、批准逮捕决定书等，体现侦查活动依程序开展，是证明侦查程序规范性、合法性的重要材料。(2)证据材料。查明案情、收集证据是侦查的核心任务，侦查过程中会采取如讯问犯罪嫌疑人、询问证人、勘验、检查、搜查、扣押、鉴定、辨认等一系列收集、固定、审查核实证据的行为，记录这些活动的材料，如证人证言笔录、辨认笔录、鉴定意见等，是认定犯罪事实和罪名的依据，为后续的起诉和审判提供坚实的证据基础。(3)案件线索。记录案件线索来源及追踪情况，协助侦查人员梳理案件事实脉络。(4)侦查报告。包括案件概况、侦破过程、结果及处理意见，总结侦查过程，为后续诉讼行为提供参考。

在"实战"式模拟法庭教学过程中，推动学生立足虚拟的案件事实，运用逆向思维，思考可能的证据类型，斟酌可能采取的强制措施和证据调查手段，在此基础上完成侦查卷宗的制作。该过程旨在训练学生区分生活事实和法律事实，塑造法律事实的能力；训练学生寻找证据、分析证据、运用证据的能力；训练学生讯问犯罪嫌疑人、询问证人、被害人的能力和技巧；训练学生信息收集、记录和整理的能力；训练学生通过谈判与博弈、竞争与协作共同推进任务进展的能力；训练学生制作证据材料、撰写法律文书的能力。

侦查卷宗制备任务的具体安排和执行，将在本书第四章展开。

（二）庭前准备

侦查卷宗制备后，"实战"式模拟法庭教学过程随即进入庭前准备环节。控诉组、辩护组、审判组的同学正式登场，积极展开各项准备工作，以确保后续模拟审判活动的顺利进行。

在"实战"式模拟法庭教学模式中，庭前准备工作占据着至关重要的地位。在庭前准备环节,指导教师引导、督促控诉组、辩护组、审判组三方的同学迅速进入状态,深入理解刑法、刑事诉讼法及相关司法解释、规范性文件对本组任务的具体要求。需要各组同学深度研读侦查卷宗,细致分析案件事实、整理整合证据材料、全面熟悉庭审流程,并制作庭审所需的各种材料,提前练习庭审推进所需的指控、辩护、诉讼指挥等技巧。同时推动学生深入体会法律职业的责任感,培养学生的团队合作精神和应对突发情况的预案设计能力,引导学生学习案件事实的分析方法、证据选择、书状写作、庭审辩论技巧等法律职业技能。

庭前准备工作,需要各组同学背对背准备。为了保证办理"实案"的"实战"效果,庭前准备环节要求控诉组、辩护组、审判组背对背开展准备工作。各组内部需要进一步明晰任务,并对任务进行分解,做到任务到人,承担任务的同学必须严格按照既定计划,扎实有效地推进各自负责的准备任务。为了确保庭前准备工作的顺利进行,各组应定期召开内部会议,交流准备进展,分享资料发现,共同解决遇到的问题,通过团队协作,不断完善证据体系、优化论证思路。

庭前准备环节,需要妥善解决各组争议较大的问题。在各组背对背推进本组任务过程中,如果出现争议性问题,则由组委会解释、协调。如果难以协调,或出现可能影响模拟审判顺利推进的案件事实认定、证据资格等重大争议问题,则由组委会召集侦查组、控诉组、辩护组、审判组四方代表集中研讨,各方应充分表达观点和立场,明确提出诉求及解决方案。通过共同研讨,可以达成一个各方都能接受的解决方案。如果共同研讨中无法达成一致意见,则可采用抽签、摇号、抓阄等随机方法确定解决方案,各方应遵守并依据该解决方案继续推进后续的庭前准备工作。

庭前准备环节,发现取证瑕疵的补正方法。如果控诉组、辩护组、审判组发现并提出侦查卷宗中的证据材料存在取证瑕疵,组委会应会同侦查组评估该证据瑕疵的性质、程度及其对案件整体的影响。对于可通过补充收集证据、重新调查取证、强化证据链等方式补正的,由侦查组负责补正瑕疵。对于难以直接补正的证据瑕疵,可提出采用替代性证据或利用逻辑推理、专家意见等手段降低瑕疵影响的方案。对于明显违反法定程序,立法明确要求不可补正的证据瑕疵,可由组委会评估其对后续模拟审判的不利影响,如果属于影响重大,足以打破控辩平衡的瑕疵,组委会可通过宣布该瑕疵不存在、各方不许争议该瑕疵的方法,推动庭前准备顺利进行。

庭前准备任务的具体安排和执行,将在本书第五章展开。

(三)庭审实战

庭前准备工作完成后,"实战"式模拟法庭教学将迎来高潮部分,堪称模拟法庭课程的"巅峰对决",即控诉组、辩护组正面交锋,审判组把控节奏的庭审实战环节,控诉组、辩护组、审判组的同学将充分展示自己的法律素养和辩论技巧。

在"实战"式模拟法庭教学的庭审实战环节中，控辩双方同学需要立足模拟案例事实，灵活运用刑事法律和司法解释，展开激烈的法庭辩论。控诉组精心构建指控体系，通过逻辑严密的论证，力图证明被告人的犯罪事实；辩护组细致剖析案情，寻找有利于被告人的证据与法律依据，以有效反驳控诉，维护被告人的合法权益。审判组则需秉持公正立场，审慎听取双方意见，依据法律规定与证据材料，作出公正的裁决。

庭审实战环节顺应"以审判为中心"的刑事诉讼制度改革潮流，通过对抗式庭审模式，强化控辩双方的能动性，为控辩双方的举证、质证和辩论留下更多的发挥空间。"实战"式庭审过程，不仅考验各组同学的法律知识掌握程度，还会锻炼他们的逻辑思维、语言表达及临场应变能力。通过模拟案例的庭审实战，同学们能够深入理解法庭审判的程序与规则，切身体会法庭审判的价值与意义，感受法律职业的严肃与神圣，为未来从事法律职业奠定坚实的基础。

当然，作为"实战"式模拟法庭教学的核心环节，庭审实战不仅呈现控诉组、辩护组、审判组同学的精彩表现，同样也是备勤组、证鉴组、文宣组同学工作成果的展示舞台。备勤组同学从庭前默默无闻的后勤保障转身为英姿飒爽的值庭法警，负责维护庭审秩序、庭上材料传递，确保庭审活动的顺利进行。证鉴组延续庭前接受询问、提供专家咨询的任务，出庭作证、发表鉴定意见，为案件的公正审理提供有力的证据支持。文宣组同学集中展示前期工作成果，通过张贴庭审海报、播放庭前光影记录、案情介绍等视频炒热现场气氛，以扣人心弦的主持开启紧张刺激的庭审序幕，在庭审过程中记录精彩瞬间，在庭审结束后撰写新闻报道、剪辑庭审视频，为全体同学留下极为珍贵的回忆。

作为"实战"式模拟法庭教学的"压轴大戏"，庭审实战环节具备与校内外普法、法检机构社会共建等活动有效衔接的潜力，通过校内外相关团体邀请群众到场旁听、邀请熟悉模拟案例的法官、检察官、律师到场点评。这不仅能够提升庭审实战的高度，还能够促进法学教育与司法实践的深度融合。借助普法活动的广泛传播，模拟法庭教学的成果展示范围将从校内扩大到社会，不仅能够有效提升法学院系的声誉，还能够激发公众对法律的关注与兴趣，推动法治社会的建设与发展。

庭审实战任务的具体安排和执行，将在本书第六章展开。

（四）庭后复盘

庭审结束后进行总结和复盘非常重要，能够及时归纳经验教训，避免下一轮教学中出现类似失误。对于身处校园的法科生来说，缺乏经验是必然的，在庭审程序、法言法语运用方面出现漏洞在所难免。如果通过庭审后的总结、复盘环节，由实务专家、专业教师现场指出闪光点及时鼓励，指出问题点及时解惑，将显著提升"实战"式模拟法庭教学的效果。

对于庭审结束后的总结与复盘，可以通过各组同学发表办案感受，回答旁听人员现场提问等方式开场，而后由实务专家、法学专业教师现场复盘，指出案件事实是否调查清楚、证据是否确实充分、法律适用是否准确、定罪量刑是否恰当等问题。各组同学也可就案件的实体与程序问题进行现场提问，由实务专家、法学专业教师现场释疑解惑，并结合庭审过程中出现的共性问题，提出完善建议。由此既能巩固模拟法庭教学的效果，也能为后续模拟法庭教学的创新和完善提供依据，从而有效提升课程教学的理论与实践效果。

在庭审复盘环节结束前，作为模拟法庭教学幕后推手的指导教师应走向台前，对本次模拟法庭课程教学进行简要总结，充分肯定同学们的努力，寄语同学们心向法治、努力走好未来的法律职业之路。

2024年11月1日，作为兰州大学组织的"精彩一课"系列活动之一，2021级法学本科生"模拟法庭实战演习"的最后一课，在诸多师生的见证下开展了"实战"式模拟审判，兰州大学教务处全程录音录像。庭审结束后，笔者进行了简要总结，摘录如下：

感谢各位同学的努力，感谢三位嘉宾的厚爱和鼓励，本次课程安排在第七学期，同学们面临考研、考公、就业面试等各种各样的压力，这个模拟法庭也是装修后的首次使用，设备还处于调试阶段，同学们克服了各种各样的困难，共同努力，才成就了今天的精彩。本课程是学校的教学改革示范课，教学内容从庭审模拟走向全程模拟，教学过程采取任务驱动策略，从案例编写、卷宗制备，到庭前准备、模拟审判，所有环节均由同学们主导推进，实现了全流程模拟案件办理、全方位训练法律职业能力的教学改革预期。

本次课程的教学过程让我更加坚信：大学教育的价值不在于使学生掌握已知的知识，而是培养学生探索未知知识的能力。在2019年东京大学的开学典礼上，上野千鹤子教授对新生说："世界上有即使努力了也无法得到回报的人、有想要努力却无法努力的人、有因为过于努力而身心崩溃的人，也有在努力之前先被浇一盆冷水的人。"大家作为高考的成功者，在985大学完成本科教育，你们取得的成功，离不开自己的不懈努力，但也无法否认所处环境的成全。在大学阶段的最后一堂课上，我想援引上野教授的话，与大家共勉，希望大家在未来的学习、职业成长道路上，永远保持初心、学会善待他人,不要把"努力只用于自己的输赢",不要"贬低那些不够幸运的人,而是尽力帮助他们"。

四、结语

美国大法官霍姆斯曾言:"法律的生命不在于逻辑而在于经验。不管你承认与否,对时代需要的感知,流行的道德和政治理论,对公共政策的直觉,甚至法官和他的同胞所共有的偏见,对人们决定是否遵守规则所起的作用都远远大于三段论。"[1]以OBE教学理念为指导思想的"实战"式模拟法庭教学模式,通过"做中学"的教学方法,能够充分调动学生的积极性和主动性,有效提高法学实践教学的精度和深度,同时兼顾法律职业伦理、法律职业技能的培养,推动学生深入理解法律的精髓、法治的要义,使学生亲身体验法律职业的内在魅力,并在每一位同学的心中点燃对法律职业的热爱之火,坚定学生对法律的信仰与对正义的追求。

---

[1] [美]斯蒂文·J.伯顿主编:《法律的道路及其影响:小奥利弗·温德尔·霍姆斯的遗产》,张芝梅、陈绪刚译,北京大学出版社2005年版,第2页。

第四章　实战式模拟法庭之卷宗制备

> 在刑事模拟法庭教学过程中,侦查卷宗无疑是最为关键的材料基础,对后续模拟审判环节有着决定性影响。高质量的侦查卷宗能够为模拟审判提供翔实、可靠的案件事实基础,是整个教学活动得以顺利、有效开展的坚实保障。从教学实践角度审视,贴近实战的侦查卷宗制备过程,不仅能够促进学生对刑事诉讼流程各个环节的深入理解,同时也是对学生的法律文书写作能力、证据收集与整理能力的重要锻炼。

"实战"式模拟法庭教学过程中的侦查卷宗制备,推动学生立足虚拟的案件事实,运用逆向思维,思考可能的证据类型,斟酌可能采取的强制措施和证据调查手段。侦查卷宗制备过程,要求细致审视案例事实,模拟实际侦查的逻辑链条,对虚拟案例的证据材料进行系统性梳理与评估;要求严格遵循法定程序,遵循比例原则斟酌强制措施、调查取证行为的必要性,并确保其合法性与合理性。

"实战"式模拟法庭教学中的侦查卷宗制备,是对法律知识与实践技能的综合考验,要求对虚拟案例涉及的证据材料进行关联性分析与证明力评估,要预判并防范模拟法庭审判中可能面临的针对证据有效性、合法性的质疑。通过侦查卷宗制备任务,不仅能推动学生深入理解虚拟案例的全貌,锤炼学生的法律文书撰写技巧,提升学生的案件事实分析和证据整理能力,锻炼其在复杂法律情境下的判断能力与决策能力,还能培养学生细致入微的法律思维和严谨的工作态度。

本章将以刑事公诉案件的模拟侦查为例,说明侦查卷宗制备的流程和注意事项。

一、侦查卷宗制备的流程

"实战"式模拟法庭教学过程中的侦查卷宗制备,是侦查组同学的核心任务,需要完成明晰案件事实、确定侦查行为、梳理证据类型、制作相应材料等一系列工作。同时，要求组委会的全程参与，组委会负责对虚拟案例进行解释与完善，必要时应侦查组的要求对案例事实进行适当调整。

侦查卷宗制备任务的推进过程，可以分为三个阶段。

（一）明晰任务、精心准备

为了确保侦查卷宗制备任务能够顺利进行，需要对任务的具体内容进一步明确和细化，需要挖掘虚拟案例给定的法律事实，围绕侦查卷宗制备进行知识准备，在此基础上形成明确的任务清单。

1. 深入剖析给定的法律事实

针对虚拟案例给定的案件事实，对其蕴含的法律事实进行抽丝剥茧般的深入剖析，该过程如同拆解精密仪器，不应放过任何一个关键细节，确保对虚拟案例的基础事实、关键要素都有透彻且精准的把握，为后续的侦查工作打好基础。

2. 开展系统的前期准备工作

对于没有法律实践经验的法科生来说，侦查卷宗制备任务的顺利开展，离不开全面且系统的前期准备工作。具体包括：

（1）检索类案并制作翔实的报告。通过中国裁判文书网、威科先行法律信息库、北大法宝数据库等案例平台，检索与给定虚拟案例类似的已判决案例，制作检索报告。对类案数量一般不做强制要求，但应有一定的数量，一般要求20个以上。阅读类案检索报告，研读类似案例的裁判文书，从中挖掘经验、汲取智慧。对照类案，梳理给定案例可能涉及的证据类型、调查取证行为。

（2）细致归纳取证技巧的知识图谱。围绕侦查取证行为查阅资料，归纳各类调查取证行为所需的能力与技巧，如收集、分析和整理证据的能力，与证人的沟通和询问技巧等，对零散的知识进行概括、提炼，只保留最核心、最实用的"干货"，形成具有指导意义的系列报告，如"侦查讯问要求与技巧""侦查询问要求与技巧"等。通过侦查组内部共享，使每位同学都能快速掌握和应用这些技巧。由此，可以显著提升侦查取证的专业性，提高侦查组的整体工作效率，能够确保后续侦查取证任务的顺利完成。

（3）严谨制定侦查工作的流程框架。结合所掌握的刑事实体法、程序法知识，查阅相关法律规范，围绕虚拟案例背后的法律事实，设定合法、合理的案件办理流程（强制措施、侦查措施等），确保每一个办案流程都符合法律规定和案件办理需要。

（4）精确设定案件侦办的时间节点。立足虚拟案例给定的法律事实，梳理案情发展的时间线索，为后续调查取证工作做好准备；围绕已设定办案流程的关键环节，严格按照法律规定设定案件办理进程的关键时间节点,为后续侦查文书制作、调查取证打好基础。

3. 明确侦查卷宗制备任务清单

在完成了前述案例研究和前期准备工作后,侦查卷宗制备工作第一阶段任务完成。侦查组需要召开组内会议,集体研讨、集思广益,进一步明确接下来侦查取证工作需要完成的任务,即侦查卷宗制备工作进入第二阶段,建议制定"侦查卷宗制备任务清单一览表"。翔实、清晰的任务清单,可以为后续侦查卷宗制备工作提供明确指引,能够确保每一项任务都能得到妥善执行。

(二)任务到人、高效推进

按照任务驱动(项目式)的教学组织策略,在明晰侦查卷宗制备任务之后,需要对侦查卷宗制备任务进一步细化分解,明确各项任务的具体要求及执行者,以实现任务的有效分配。侦查组要确保任务高质量完成,并严格遵守既定的时间节点要求。

1. 合理分配,明确任务归属

在明确第二阶段的侦查卷宗制备任务的基础上,需要将卷宗制作任务分配至个人,侦查组的同学在"侦查卷宗制备任务清单一览表"中认领本人承担的具体任务,确保每位同学都对自己所承担的任务和制作要求有明确且深刻的认知,要做到责任清晰、目标明确。本过程要求细致的规划和充分的沟通,任务分配应考虑个人能力和经验,并考虑各项任务的重要性、紧迫性,以实现制备力量的最优配置。

2. 多元协作,推进任务进展

侦查组同学在接受任务后,应当根据具体情况灵活安排工作方式,比如,分头推进或结对合作,充分发挥个体优势与团队协作效能。分头推进方式可以有效提升工作效率,结对合作方式则利于知识和技能的交流与共享。侦查组应当定期召开内部会议,以便掌握任务进度,分享交流任务推进的方法与技巧,并协商解决共性问题。鼓励侦查组组长发挥创造性思维,积极寻求合适的在线任务管理软件,以便实现对本组任务进展的动态监控,及时了解任务进展、提醒进度滞后的任务,并在必要时对任务分配进行适当调整。小组同学亦应及时编辑和标记任务进展情况,以便侦查组、组委会、指导教师实时掌握任务进展动态,确保侦查卷宗制备任务能够按照既定计划、时间节点顺利完成。

3. 凝聚智慧,确保任务质量

在侦查卷宗制备任务的推进过程中,侦查组同学必须展现出高度的责任感和团队协作精神,需要始终保持专注和细心。如果遇到个人难以解决的问题或难以克服的困难,应当及时与侦查组其他同学进行积极有效的沟通和交流,寻求快速解决问题的方案,发挥集体智慧迎接挑战。

在任务推进过程中,如果需要组委会介入,组委会应当迅速响应,全力协调各方资源,提供技术支持、信息支持以及其他必要的帮助,确保侦查组能够在最短的时间内解决问题,继续高效地推进卷宗制备任务。组委会成员也需要保持高度的警觉性和敏锐性,及时了解侦查组的需求和困难。组委会和侦查组应紧密合作、共同努力,确保卷宗制备任务能够顺利推进。

(三)任务汇总、精研细琢

侦查组精心制备的侦查卷宗,作为后续开展"实战"式模拟法庭教学的材料基础,对于教学流程的连贯性与严谨性起着举足轻重的作用,犹如高楼大厦之基石,其质量优劣直接关系到模拟法庭课程的教学效果。因此,在侦查组同学完成各自承担的侦查卷宗制备任务后,侦查组要及时汇总,发挥集体力量,全方位查缺补漏,以敬畏之心、严谨之态,对卷宗进行深度打磨,使其臻于完善。之后,适时提交组委会审阅,并根据组委会的反馈进行相应的修改和完善。

1. 侦查组汇总卷宗材料

侦查组同学完成各自承担的卷宗制备任务后,应当在规定时间内将卷宗材料提交侦查组进行汇总整合。基于后续教学过程中高效、便捷利用侦查卷宗的实际需求,建议侦查组安排专人负责汇总事宜,对卷宗材料的格式、排版、美化进行标准化操作,确保卷宗材料外观整齐、结构严谨,并参照司法实践通行的卷宗排列逻辑顺序,对卷宗材料进行有序排列,形成完整的侦查卷宗,使其从形式到内容都具备专业性与规范性,为后续教学活动打下坚实的材料基础。

2. 侦查组完善卷宗材料

对于汇总成形的侦查卷宗,侦查组应当采取交叉审阅、集体研读等方式查找问题,充分凝聚集体智慧,深入挖掘可能存在的瑕疵与疏漏,从内容的准确性到细节的完整性,从逻辑的严密性到表述的精准性,逐一核对,反复推敲,并及时进行修改完善。经过反复检查并确认无误后,将侦查卷宗提交至组委会审阅。如果组委会提出了具体的修改意见和建议,侦查组要迅速组织力量整改,以精益求精的态度持续优化卷宗,直至无可挑剔,最终定稿的侦查卷宗(PDF 文档)要经得起检验,能够真实、准确地反映案件侦办情况。

3. 组委会发放卷宗材料

对于经过侦查组反复修改与精心打磨的侦查卷宗,在确保文件完备无缺、内容精准清晰、排版规范统一后,将其正式提交组委会进行最终审核。组委会审核通过后,便将定稿的侦查卷宗(PDF 文档)发送给控诉组、辩护组、审判组,标志着侦查卷宗制备环节圆满收官,"实战"式模拟法庭教学的庭前准备阶段拉开序幕。侦查卷宗将在后续教学环节发挥关键作用,并显著提升模拟法庭教学的实战性与专业性。

二、侦查卷宗制备的准备

刑事侦查是刑事诉讼的核心阶段,是惩治犯罪、维护社会稳定的重要手段,通过刑事侦查过程,及时收集证据,查明犯罪事实,查获犯罪人,为刑事诉讼法的顺利进行提供坚实基础,直接关乎着刑事诉讼犯罪控制与人权保障目的的实现。

侦查卷宗,是刑事侦查机关在侦查过程中形成的、用以记录案件事实和侦查取证活动的材料集合,其内容涵盖了报案材料、现场勘验笔录、调查访问笔录、各类证据材料、侦查措施文书等。真实性、完整性、规范性、保密性,是刑事侦查机关对侦查卷宗制备的基本要求。

在以培养法律职业能力为导向的"实战"式模拟法庭教学中,侦查卷宗是材料基础,但考虑到模拟案例的虚拟特征,故对侦查卷宗的保密性不作要求。基于培养法科生法律职业能力、落实"实战"式模拟法庭教学全流程模拟的教学目标,应当推动学生最大限度地模拟刑事侦查实践,尽可能满足侦查卷宗的真实性、完整性、规范性要求。

为了满足侦查卷宗的真实性、完整性、规范性要求,在侦查卷宗制备任务正式启动之前,需要在研究给定虚拟案例犯罪事实的基础上,结合犯罪学一般原理和刑事实体法、程序法的规定,挖掘并塑造虚拟案例的法律事实,对案情发展设定合理的时间线;并结合所掌握的刑事实体法、程序法知识,查阅相关法律规范,围绕虚拟案例侦查设定合法、合理的案件侦办流程;在此基础上,围绕设定的办案流程,严格按照法律规定设定案件办理进程的关键时间节点。唯有如此,法科生作为侦查"素人"制备的侦查卷宗,才能从形式上满足侦查卷宗的真实性、完整性、规范性要求。至于如何从内容上保证侦查卷宗真实性、完整性、规范性的问题,将在本章"侦查文书卷宗制作示例""侦查证据卷宗制作示例"部分进一步展开。

除此之外,还需要掌握侦查卷宗各类材料的固定样式。例如,与强制措施相关的拘留证、提请批捕申请书等,与侦查行为相关的现场勘查笔录、鉴定意见通知书等。侦查组在制备侦查卷宗时,应当严格按照这些固定样式来制作和整理材料,避免出现格式错误或遗漏重要信息的情况。

在"实战"式模拟法庭教学过程中,会涉及立案、侦查、公诉、审判等多个诉讼阶段的法律文书制作,均须严格遵循既定的法律文书样式和格式规范。获取途径有二是一是查阅新近出版的相关图书[1];二是查阅办案机关发布的相关规定[2]。

(一) 梳理虚拟案例的法律事实

在"实战"式模拟法庭教学过程中,虚拟案例的编写是组委会负责的任务之一,对案例编写的要求主要集中在开放性、可辩性、新颖性上,甚至包括受本组同学的欢迎度,并未从侦查卷宗制备的角度提出要求。易言之,对案例编写的要求更多基于生活事实,即未经法律评价和筛选的客观事件或行为以及背后的法律争议;而刑事侦查卷宗的制备要立足于法律事实基础。

在侦查卷宗制备任务启动之前,需要从虚拟案例描述的生活事实中提炼出"实战"式模拟法庭教学所需的法律事实,这就需要一个明确法律关系类型、梳理生活事实细节、排除无关信息干扰、筛选关键事实、固定法律事实的过程。

1. 补充必要的生活事实

对于组委会组织编写、确定的虚拟案例,首先需要立足虚拟案例描述的犯罪事实,结合犯罪产生及其发展的一般原理,补充必要的生活事实。如需要确定相关人员信息、梳理事件发生过程、收集环境与背景信息、获取相关证据材料、调查周边关联信息。下面以一起网络交友诈骗案件为例,分别进行说明。

(1) 确定相关人员信息。被害人信息:需要形成完整的个人身份信息,包括姓名、年龄、职业、联系方式、家庭住址、经济状况等,还要了解被害人的日常行为习惯,

---

[1] 如胡云腾、黄祥青主编:《最新刑事诉讼文书样式(参考样本)》(第2版),人民法院出版社2024年版;张建忠主编:《刑事检察重点文书撰写技巧及范例》,中国检察出版社2024年版;唐学文编著:《刑事辩护文书范例与实务要点》,法律出版社2023年版;马宏俊主编:《法律文书写作与训练》,中国人民大学出版社2023年版;陈卫东、刘计划编著:《法律文书写作》(第5版),中国人民大学出版社2022年版;人民法院出版社编:《公检法办案标准与实务指引·刑事诉讼卷》(上下),人民法院出版社2022年版;孙茂利主编:《公安机关刑事法律文书制作指南与范例》,中国长安出版传媒有限公司2021年版;孙茂利主编:《公安机关刑事案件示范案卷指南》,中国民主法制出版社2021年版;樊学勇、王燕编著:《公安机关刑事法律文书制作规范与法律依据》,中国法制出版社2021年版;《中华人民共和国刑事诉讼法及司法解释全书》(第8版),中国法制出版社2021年版;杨鸿雁:《诉讼文书一本通》,法律出版社2020年版;等等。

[2] 如公安部:《公安机关刑事法律文书式样(2012版)》(公通字[2012]62号),2012年12月19日实施;公安部:《关于修改和补充部分刑事法律文书式样的通知》,2020年8月21日发布实施;最高人民检察院:《关于加强检察法律文书说理工作的意见》,2017年7月20日发布实施;最高人民检察院:《人民检察院工作文书格式样本(2020年版)》(高检发办字[2020]36号),2020年5月20日发布;最高人民法院:《关于印发〈公益诉讼文书样式(试行)〉的通知》(法[2020]71号),2020年4月1日实施;最高人民法院:《关于印发〈法院刑事诉讼文书样式〉(样本)的通知》(法发[1999]12号),1999年4月30日发布实施;最高人民法院:《关于实施〈法院刑事诉讼文书样式〉若干问题的解答》(法办[2001]155号),2001年6月15日发布实施;最高人民法院:《关于深入推进社会主义核心价值观融入裁判文书释法说理的指导意见》(法[2021]21号),2021年3月1日实施;等等。

如上网经历、网上交友经历、社交平台、网购平台使用习惯及记录。犯罪嫌疑人信息：已掌握的身份信息，如网名、社交账号、IP地址等，以及网络交友中被害人获悉的未必真实的其他身份线索，如姓名、性别、地址、职业、照片等信息。

（2）梳理事件发生过程。网络交友的经过：被害人与犯罪嫌疑人在网络平台相识、交往、确立网恋关系的过程。网络诈骗手段与经过：犯罪嫌疑人向被害人索财的借口，被害人陷入错误认识的过程，犯罪嫌疑人获取钱款的方式与经过，如网络打赏、微信红包、代为网购付款等。钱款流向与细节：被害人向犯罪嫌疑人转移钱款的所有过程与记录，如转账时间、金额，以及收款方的账号、银行信息等。

（3）收集环境与背景信息。网络环境：确定诈骗行为发生时段被害人的网络环境，如使用的网络设备、网络连接方式、是否存在网络异常情况（突然断网、异常弹窗）。社会背景：被害人近期生活状况，是否存在可能使其更容易被诈骗的因素，如感情纠纷、家庭矛盾、心理压力等。

（4）梳理相关证据信息。聊天记录与通信内容：被害人与犯罪嫌疑人之间的所有聊天记录、邮件往来、通话录音（如果有）等通信证据，其中可能包含犯罪嫌疑人的诈骗话术、承诺内容等关键证据。文件与资料：诈骗发生过程中被害人获悉的相关文件，如虚假的身份证照片、代为付款的记录和支付凭证等；以及案发后被害人的自力救济、寻求公力救济的行为记录。证人信息：被害人周边可能知悉案件事实的可能证人（如共同居住的家属、朋友、同事等）所了解的被害人案发前后的行为变化、情绪状态，以及是否提及网络交友、财产被骗等信息。

2. 确定关键的法律事实

根据刑事实体法、程序法的相关规定，从虚拟案例的事实描述中挖掘案件侦查所需的关键事实，不同类型的犯罪的关键法律事实不同，要围绕可能构成罪名的构成要件挖掘法律事实。例如，在盗窃犯罪案件中，要确定以非法占有为目的、秘密窃取公私财物的关键事实，以及被盗财物的存在及所有权权属证明、作案手段是否属于秘密窃取、犯罪嫌疑人是否具有非法占有意图等法律事实。又如，在故意伤害犯罪案件中，要确定伤害行为是否存在、伤害后果、伤害行为与伤害后果的因果关系、伤害行为与犯罪嫌疑人的关联等法律事实。

通过对给定的虚拟案例事实的挖掘，从繁杂的生活事实中筛选出侦查所需的法律事实。如果给定的虚拟案例蕴含的法律事实有限，足以影响对行为性质、行为人责任的认定，则侦查组可以进行必要信息的补充，补充的信息要经过组委会认可，必要时也可以向组委会提出事实补充要求，由组委会对案件事实再行加工，侦查组以组委会加工后的虚拟案例为基础确定法律事实。

3. 排除无关和干扰信息

编写虚拟案例时，为了增强案例的开放性、可辩性、新颖性，可能会在案件事实中添加一些可争议或完全与案件事实认定无关的干扰信息。侦查组在构建法律事实的过程中，应审视虚拟案例案件事实描述中的生活事实，如果可以确定其与案件法律事实认定无关，以及其是不能确定为法律事实的其他生活事实，则要将其及时排除在案件事实之外，避免给法律事实构建、侦查行为确定、侦查卷宗制备带来负面影响。如虚拟案例在事实描述中给出的被害人婚恋经历、财产状况，证人的任职经历等背景信息，除非与犯罪构成有直接关联，或者可能成为控辩双方争议之事实基础，否则都应作为干扰信息予以排除，在侦查卷宗制备中可以不予涉及。例如，盗窃犯罪案件中被害人当天的穿着打扮、出行计划，一般来说这些与盗窃犯罪无关，但如果能够确认正是因为被害人的穿着打扮（如牛仔裤宽松口袋露出钱包）诱发了街头扒窃，或被害人的出行计划暴露诱发了入室行窃，则不能予以排除。

此外，排除无关事实、干扰信息时，对于案例事实给定的虚假信息、误导信息也要注意排除，如被害人的虚假陈述、证人的不实证言、与案发现场无关的痕迹、物证等。在构建案件法律事实的过程中，要善用本课程教学倡导的逆向思维，大胆假设、小心求证，谨慎而准确地排除无关事实、干扰信息，确保进入侦查卷宗的法律事实全部都是真实的、可靠的。

4. 构建完整的法律事实体系

在补充必要的生活事实、确定关键的法律事实、排除无关和干扰信息后，对于虚拟案例的法律事实，还需要根据刑事实体法、程序法的相关规定，结合犯罪学一般原理，进行逻辑顺序、法律关系梳理，使虚拟案例的法律事实能够形成一个完整体系。

对于"实战"式模拟法庭教学所需的侦查卷宗制备任务来说，构建完整的法律事实体系，需要合理设定犯罪发生、发展过程及立案前后的时间节点。包括：(1)犯罪行为的具体时间，如盗窃案中要明确进入现场、实施盗窃、离开现场等的时间。(2)立案前后的时间节点，如报警时间、办案机关接处警时间、初步调查时间、立案程序运行（申报立案、决定立案）的时间。(3)其他关键时间节点，如犯罪嫌疑人到案（抓捕、自首）时间、初次询/讯问时间。(4)证据信息收集和固定时间，在对虚拟案例的生活事实进行补充，在对法律事实进行挖掘的过程中，对可能用作案件证据的信息要做好记录，作为下一步确定侦查行为的基础材料，因此也需要设定这些证据信息的收集、固定时间节点。

将经过构建的法律事实体系与相关时间节点结合，就能全面展示虚拟案例的犯罪事实发展过程，使虚拟案例更加真实、更为具体，为侦查卷宗制备奠定事实基础，也能为后续侦查过程提供重要的时间依据。

(二)梳理侦查取证技巧知识

在"实战"式模拟法庭教学中,侦查卷宗的质量直接影响整个教学流程的推进与成效,精准、高效的取证技巧是制备高质量侦查卷宗的关键。下文简要说明常规侦查取证技巧,教学过程中,需要侦查组同学立足给定案例的侦查取证需求,系统梳理给定案例需要的侦查取证技巧知识图谱。

1. 侦查讯问:策略构建与技巧运用

侦查讯问是获取口供的关键环节。需提前做足功课,全方位了解嫌疑人背景,为策略制定打好基础,做到知己知彼;讯问时,依嫌疑人状态营造氛围,灵活把控节奏,松紧适度给压力;巧用迂回、激将等策略,突破心理防线,还需注意语言规范,保障口供合法有效。

(1)充分准备,知己知彼。讯问前,侦查人员务必吃透案件现有材料,梳理案件脉络,明确侦查方向。详细了解嫌疑人基本信息,包括成长背景、职业经历、社交关系等,分析其性格特点与心理防线,为制定个性化讯问策略打好基础。当面对经济犯罪嫌疑人时,若其是职场精英,熟悉金融法规,讯问时需在专业知识层面精准应对,准备好应对其可能的狡辩话术。

(2)营造氛围,把控节奏。开场时,营造适宜氛围至关重要。可根据嫌疑人状态,选择严肃威慑或平和引导的开场方式。讯问过程中,要把握节奏,张弛有度,适时停顿,给嫌疑人思考压力;遇到抵触时,缓和气氛,以退为进,如果嫌疑人回避关键问题,侦查人员可暂停追问,转而闲聊几句缓解紧张,再出其不意回到正题,突破心理防线。

(3)巧用策略,突破防线。运用多种讯问策略,例如,迂回包抄,先从周边无关问题切入,让嫌疑人放松警惕,再逐步逼近核心;又如,激将法,针对自尊心强的嫌疑人,适当进行言语刺激,使其在冲动之下吐露实情。同时,注意语言技巧,避免诱导性提问,确保口供的合法性。

2. 侦查询问:精准导向与信息甄别

侦查询问旨在从证人、被害人处收集关键信息。精准选定知晓案情的询问对象,依事件逻辑规划提纲,确保问题全面且有条理;交流时亲和友善,亮明身份、承诺保密,化解对方顾虑;对多方信息进行交叉验证,仔细比对细节差异,核实还原最准确场景,为案件提供可靠言词证据支撑。

(1)选准对象,规划提纲。确定询问对象时,筛选与案件关联紧密、知晓关键信息之人,如现场目击者、被害人亲属等。制定详细询问提纲,按事件发展顺序、重要程度编排问题,避免遗漏关键细节。询问交通事故证人时,从事故发生瞬间、车辆行驶轨迹、人员伤亡情况依次设问。

(2)亲和沟通,消除顾虑。面对证人、被害人,侦查人员要亲和友善,表明身份并作出保密承诺,消除其顾虑。要用通俗易懂的语言交流,避免专业术语造成的理解障碍。若被害人因创伤不愿回忆,应耐心安抚,从情感共鸣入手,引导其慢慢打开心扉,如实陈述。

(3)交叉验证,核实信息。对不同询问对象提供的信息,及时进行交叉验证。对同一事件细节,应进行多方说法比对,查找矛盾点深入核实。如多人目睹盗窃过程,对嫌疑人外貌、逃跑方向描述各异,此时侦查人员需反复核实,还原最准确场景,确保证据可信度。

3. 物证收集:科学规范与精细化操作

物证收集是构建证据链的基石。现场物证收集要严谨规范,遵循"先静后动、先上后下、先重点后一般"的原则。要穿戴防护装备,防止污染;标记物证提取位置、时间、提取人,确保证据链完整。微小物证如毛发、纤维等,要用专业工具收集,妥善保存,避免损坏丢失。

(1)现场勘查精细化。抵达现场后,侦查人员应遵循科学有序的勘查流程,划分区域、逐步排查。对于室内犯罪现场,按照从入口到核心区域、再到周边角落的顺序,确保不遗漏任何蛛丝马迹。如勘查一起盗窃案件现场时,首先聚焦被撬门窗,运用专业工具和照明设备,仔细甄别门窗上的指纹、撬痕等工具痕迹;随后深入室内,对翻动的抽屉、柜子逐一排查,不放过任何可能遗留的毛发、纤维等微小物证。通过这些蛛丝马迹,逐步还原作案路径与嫌疑人在现场的活动轨迹,拼凑出完整的犯罪场景。

(2)保护与提取规范。发现物证后,立即采取保护措施,设立警示标识,防止无关人员触碰、破坏。提取时,根据物证特性选用合适工具,如易碎物证用镊子轻轻夹取,液体物证用专用容器盛装,避免物证受损变形。对于血迹物证,在提取前先拍照固定位置、形态,再用棉签蘸取适量样本,全程做好防护,防止样本污染,确保物证原始状态得以保存,为后续检验鉴定提供可靠依据。

(3)标记与保管严谨化。提取的物证务必当场做好标记,注明案件编号、提取位置、时间、提取人等关键信息,构建完整证据链追溯体系。随后,将物证妥善保管于专用物证袋、物证箱,并依据物证对环境的要求,如湿度、温度的敏感性,将其分类存放于适宜环境。对于易挥发、变质的物证,将其放入密封冷藏设备,定期检查保管状态,保证物证在移送、检验各环节不出现损毁、混淆的问题。

4.书证调取:合法合规与真实性核验

调取书证,要严格依照法定程序。调取前锁定来源,依法出具出示通知书,确保调取合法合规;获取后,从纸张外观、内容逻辑多维度核查真实性,必要时借助专业鉴定;整理时分类有序,编制清晰目录,注明关键信息,让书证与其他证据呼应,精准助力案件侦破。

(1)依法依规调取。启动书证调取程序前,侦查人员要精准锁定书证来源,向持有书证的单位或个人出示合法有效的调取通知书,明确告知调取目的、法律依据。在涉及商业机密泄露而需要调取企业内部文件时,严格依照法定流程,与企业法务部门沟通协同,确保书证调取合法合规,不侵犯企业正常经营权益,维护书证调取的权威性与严肃性。

(2)真实性核查。获取书证后,从多维度核验真实性。查看书证纸张质地、印刷格式、字迹特征等外观细节,判断有无涂改、伪造迹象;比对书证内容逻辑,判断是否存在前后矛盾、不合常理之处;必要时借助专业鉴定技术,如笔迹鉴定、印章鉴定,甄别书证真伪。如审查合同书证时,要仔细核对合同条款完整性、签名盖章真实性,以及合同变更记录的连贯性,保障书证能如实反映案件事实关联。

(3)整理与归档有序。对调取的书证要按照案件线索、时间顺序进行分类整理,编制详细目录清单,注明每份书证的关键信息、证明要点。将整理好的书证装入专用档案袋,标注清晰,与案件其他证据相互呼应,便于后续查阅、分析,使书证在整个侦查卷宗中发挥精准有力的证明作用。

5.勘验、检查、辨认、侦查实验等笔录:严谨记录与质量把控

勘验、检查、辨认、侦查实验等笔录承载着现场关键信息与重要侦查环节详情,其质量高低直接影响证据效力与案件走向。既要如实反映勘验、检查发现,精准定格辨认、侦查实验关键节点,还要严格遵循法定程序,保障合法性,为后续司法流程提供可靠依据,使笔录经得起法律检验。

(1)规范流程操作。开展勘验、检查等工作前,侦查人员务必严格依照法定程序,向相关人员出示证件、表明身份,清晰告知目的与流程,获取必要的许可。在勘验现场时,从进入现场边界起,记录时间、天气、周边环境等基础信息,按照既定路线有序推进,细致观察每一处细节,无论是物品摆放、痕迹留存还是现场整体布局,都要如实反映在笔录中,确保整个过程合法合规、有条不紊。

(2)精准记录细节。在进行辨认、侦查实验等环节时,侦查人员要以高度的专注力和精准度捕捉关键瞬间。辨认过程中,详细记录辨认对象的特征描述、辨认人当时的神态反应,以及辨认场所的环境因素,确保辨认结果可信度高。在进行侦查实

验时,精准记录实验目的、步骤、使用的器材与材料,以及实验得出的数据、现象等,使实验结果能切实服务于案件侦破,为案件提供有力的辅助证明。

(3)严格审核校对。笔录制作完成后,侦查人员须立即进行自行审核,检查内容是否完整、逻辑是否连贯、表述是否清晰。重点核对关键信息,如人员身份、时间节点、地点方位等有无差错。随后,与参与现场工作的其他同事交叉校对,利用不同视角查漏补缺,确保笔录准确无误。最后,让相关当事人仔细阅读笔录,在确认内容与自身经历相符后签字捺印,侦查人员同步签字,保障笔录在法律层面无懈可击。

6. 鉴定意见:专业遴选与科学运用

(1)选准鉴定机构与人员。依据案件性质、物证特性,挑选具备相应资质、专业权威的鉴定机构与鉴定人。涉及复杂生物物证的鉴定时,要委托拥有先进实验室设备、经验丰富专家团队的专业法医鉴定机构,确保鉴定技术水平过硬,能精准解析物证蕴含的关键信息。

(2)送检材料规范。需确保送检材料来源合法、样本充足且具备代表性。在向鉴定机构移送物证样本时,附带详细案件资料、送检说明,明确鉴定要求。如毒品鉴定,应精确提供毒品查获现场情况、疑似毒品外观特征等信息,配合足量纯净毒品样本,保障鉴定有的放矢,结果准确可靠。

(3)审查与运用科学。收到鉴定意见后,侦查人员从鉴定机构资质、鉴定过程合规性、鉴定方法科学性等多方面进行审查。对复杂鉴定意见,可请教专业领域顾问,核实无误后,结合案件其他证据综合运用,不孤立依赖鉴定意见,应构建严密证据体系,推动案件侦查向纵深发展。

7. 视听资料:合法采集与有效利用

(1)来源合法性确认。在调取视听资料前,要严格审查其来源合法性。无论是监控录像、录音设备记录,还是私人拍摄素材,都需追溯获取途径。对于公共场所监控,核实调取是否经正规审批流程,有无违反隐私规定;对于私人提供的视听资料,确认录制时是否处于合法场景,有无胁迫、偷拍偷录等违法情形。

(2)完整性核查。获取视听资料后,要核查其完整性。查看视频有无剪辑、删减痕迹,音频有无中断、拼接迹象,确保呈现的是原始、未经篡改的记录。运用专业软件工具,分析文件元数据,比对时间戳、录制设备信息等关键要素,还原视听资料"诞生"全貌,让其如实反映案件真实瞬间,成为可靠的"目击证人"。

(3)整理与标注清晰。对调取的视听资料,要按照案件时间线、地点等要素分类整理,编制详细目录清单。标注清晰拍摄时间、地点、拍摄人(设备)等关键信息,方便后续快速检索、精准运用,使视听资料在案件侦查中能"开口说话",助力案件真相查明。

8.电子数据:技术赋能与规范提取

电子数据提取需专业技术支持,使用合法取证软件,防止数据被损坏、篡改。对手机、电脑存储的信息,按规范流程备份、提取,记录操作步骤。涉及网络犯罪的,追踪网络日志、IP地址,还原电子数据轨迹,为案件侦破提供有力支撑。

(1)技术保障。鉴于电子数据易篡改、易灭失特性,提取前要准备专业取证设备与软件,搭建安全隔离环境,防止数据污染。如针对手机电子数据提取,应使用经认证的手机取证系统,断开手机网络连接,避免远程数据擦除或篡改,确保原始数据的完整获取。以手机电子数据提取场景为例,应当选用专业的手机取证软件,在启动提取流程之际,即刻断开手机的网络连接通道,杜绝远程恶意数据擦除或非法篡改行径,运用严谨的技术手段确保原始数据无损、完整。

(2)操作流程合规。严格依照电子数据提取操作规程,针对存储介质如电脑硬盘、U盘等,先制作镜像备份,再从备份中提取数据,并且全程记录操作步骤、时间、操作人员等信息。提取网络服务器等复杂领域的电子数据时,要遵循网络取证协议,要注意收集服务器日志、访问记录等关键资料,确保电子数据提取合法有效,可回溯复查。

(3)数据恢复与分析。遇到电子数据部分损坏、删除情况,要运用专业数据恢复工具与技术,尝试恢复关键数据。提取后,借助数据分析软件,挖掘电子数据隐藏信息,如从海量通信记录中筛选涉案关键联系人、通话时段,让电子数据从海量数字信息中"脱颖而出"。

(三)设定案件侦办的程序流程

刑事案件的侦查是一个系统且要求极为严谨的动态过程,其核心目的在于查明案件真相、查获犯罪嫌疑人、收集固定证据。案件侦查工作以刑事立案为前提,办案机关在接到报案、举报、控告或自首等案件来源信息后,就会启动初步调查程序,以确定是否满足立案的条件,对于有犯罪事实需要追究刑事责任的公诉案件,做出立案决定并启动侦查程序。在实施侦查行为之前,侦查机关需要组建侦查队伍,广泛收集案件相关信息,制订侦查计划,确定侦查方向和侦查措施。随后,侦查活动进入实施阶段,侦查机关会采取一系列侦查措施,如现场勘查、搜查、调查访问、询问被害人、询问证人、调取视听资料,以及对专门性问题进行鉴定等。实施一系列侦查行为后,当足以确定犯罪嫌疑人及其犯罪行为时,侦查活动就会进入破案阶段,将会对犯罪嫌疑人实施抓捕;犯罪嫌疑人到案后,会第一时间对犯罪嫌疑人进行讯问,根据需要采取辨认、人身检查等侦查措施,并根据犯罪事实和案件侦查需要,采取拘传、拘留、逮捕等强制措施。之后，案件进入侦查终结阶段，侦查机关将全面整理案件侦查材料，形成完整规范的侦查卷宗，并严格审查在案材料，在确认犯罪事实已经查清、证据确实充分后，作出侦查终结的决定，制作移送起诉意见书，将案件移送检察机关审查起诉。

侦查过程要严格按照法定程序进行。从立案、侦查措施的实施到侦查终结，每个环节都要严格遵守相应的法律规定。例如，在采取搜查措施时，必须出示搜查证，且搜查过程要有详细的记录，包括搜查的时间、地点、在场人员等信息。如果遇到紧急情况来不及办理搜查证，事后要及时补办相关手续，并在卷宗中注明实际情况。

事实上，不同刑事案件的侦查过程存在显著差异，个别变量可能对侦查流程产生根本性影响。例如，犯罪嫌疑人自首的案件与经过漫长侦破才查明犯罪嫌疑人的案件，在侦查流程的安排上就会有很大不同。在"实战"式模拟法庭教学过程中，侦查组同学需要立足虚拟案例给定的法律事实和证据信息，在参考一般侦查流程的基础上，运用逆向思维，慎重考虑后设定合法、合理的案件侦办程序流程，确保每一项侦查措施、强制措施的适用均符合法律规定和办案需要。在此基础上，有创造性地制作侦查卷宗。

下面以一起虚拟的盗窃案件[1]为例，说明案件侦办流程的设定方法。

王宏向黄明借钱4万元，黄明要求王宏打借条，王宏将车钥匙交给黄明称车子值30万元，先抵押给他，如果自己不能还黄明欠款，黄明可以将车子卖掉。从那之后，王宏又向黄明陆续借了26万元。但王宏发现自己不能还30万元的欠款，就将抵押给黄明的车开走了。之后，王宏向黄明还款4万元。但此后黄明多次催促王宏还剩余欠款未果，遂拿起电话向警方报警。（2024年12月21日第一届甘肃省大学生法律专题辩论赛 初赛1号赛题）

1. 案件受理与初步调查

受理报案：警方接到黄明的报警后，要详细记录黄明陈述的案件情况，包括借款的时间、金额、方式（借条、抵押等细节）、王宏开车离开的大致时间和经过，以及黄明所掌握的王宏的个人信息（如联系方式、家庭住址、工作单位等）、车辆信息（品牌、型号、车牌号等）。

初步调查核实信息：核实黄明提供的借条、转账记录等借款证据的真实性和完整性，确认借款事实的存在及具体金额。通过车辆管理部门查询涉案车辆的登记信

---

[1] 比赛组委会给出的辩论方向，控方：王宏的行为构成盗窃罪；辩方：王宏的行为不构成盗窃罪。

息,确认车辆所有权归属以及是否存在抵押登记等情况。调查王宏的基本身份信息,查阅其是否有犯罪前科记录。初步判断案件的性质和可能的侦查方向。

2. 立案与侦查计划制订

立案审批:经过初步调查,警方如果认为王宏的行为涉嫌诈骗等犯罪行为,且符合立案的法定条件,就会按照规定程序进行立案审批,正式启动侦查程序,并为案件分配专门的侦查人员,建立侦查卷宗,记录案件的关键信息和进展情况。

制订侦查计划:侦查人员根据案件实际情况制订详细的侦查计划。确定以查找王宏及其开走车辆的行踪为重点侦查方向,计划采取多种侦查措施。例如,通过技术手段追踪王宏的手机信号位置、车辆行驶轨迹(如果车辆安装有定位系统);在王宏的家庭住址、工作场所、经常出没的地点进行蹲守和调查访问;查询王宏的银行账户资金流动情况,看是否有异常的大额资金进出或转移资产的迹象;调查走访王宏的亲朋好友、同事等知情人,了解王宏近期的活动情况、经济状况和可能的藏匿地点,合理安排侦查人员的任务分工和时间,确保侦查工作高效、有序进行。

3. 证据收集与调查

调查访问:对黄明进行深入询问,获取关于借款过程、与王宏沟通情况、王宏开走车辆前后细节等更详细的信息,包括王宏在借款时的言语、神情、态度等表现是否有其他异常行为或暗示。同时,走访王宏的邻居、社区工作人员、单位同事等,了解王宏的日常行为习惯、社交关系、经济状况以及近期是否有异常举动或经济纠纷,收集相关证人证言,以进一步核实案件事实和王宏的行为动机。

收集书证物证:全面收集与案件相关的书证物证,除了借条、转账记录,还包括王宏与黄明之间的聊天记录、通话记录(如果有)。这些记录可能反映出双方关于借款和抵押的具体约定以及后续的沟通情况,有助于确定王宏的主观意图和行为性质。如果王宏在开走车辆过程中留下了相关物品(如遗落的个人物品、车辆上的痕迹等),也要进行妥善收集和保管,将其作为证据使用。

车辆追踪与调查:利用交通监控系统、车辆定位技术(如果可行)等手段,追踪涉案车辆的行驶路线和当前可能的停放位置。与交警部门协作,查看道路监控记录,获取车辆的行驶轨迹和可能经过的地点信息,同时调查车辆是否在其他地方出现过,是否有被转移、藏匿或交易的迹象,以及是否涉及其他(如车辆被盗)违法犯罪行为。

资金流向调查:进一步调查王宏的银行账户、第三方支付平台账户等显示的资金往来情况,不仅要查看与黄明之间的借款和还款记录,还要关注其是否有其他不明来源或去向的资金流动,是否存在转移资产以逃避债务的行为。例如,将资金转移给亲属、朋友或进行高消费、赌博等挥霍行为。通过对资金流向的深入调查，了解王宏的经济状况和资金运作情况，为案件的定性和处理提供依据。

4. 分析研判与线索整合

证据分析：对收集到的各类证据进行综合分析。分析聊天记录、通话记录等电子证据的真实性和完整性，判断其是否被篡改或伪造；对证人证言进行可信度评估，分析不同证人证言之间的一致性和矛盾点，结合其他证据进行核实和排除；对车辆追踪和资金流向调查结果进行梳理，确定王宏的行动轨迹和经济状况变化与案件的关联性，判断其开走车辆的行为是否具有非法占有的故意，以及是否存在其他未被发现的犯罪事实或线索。

线索整合与关联：将调查访问、书证物证收集、车辆追踪、资金流向调查等线索进行整合，建立线索之间的逻辑关联。例如，将王宏借款前后的经济状况变化与他开走车辆的行为联系起来，分析其是否因为经济困境而产生非法占有车辆以抵偿债务的动机；使证人证言中关于王宏的行为表现和行踪线索与车辆行驶轨迹、资金流向等信息相互印证，确定王宏的藏匿地点和可能的下一步行动方向。通过线索的整合与关联，形成完整的证据链条和案件事实框架，为下一步的侦查工作提供支持。

5. 抓捕与审讯

实施抓捕行动：根据前期侦查和分析研判的结果，一旦确定王宏的藏匿地点或行踪规律，就制定详细的抓捕方案，组织警力实施抓捕行动。在抓捕过程中，确保执法安全，避免王宏逃脱或发生拒捕等危险行为，同时要注意保护抓捕现场的证据，防止王宏销毁与案件相关的证据材料（如手机中的聊天记录、可能携带的其他书证等）。

审讯突破：王宏到案后，及时开展审讯工作。审讯人员根据案件的证据情况和王宏的心理特点，制定针对性的审讯策略。向王宏出示已掌握的证据，如借条、车辆追踪记录、证人证言等，突破其心理防线，促使其如实供述开走车辆的动机、目的和行为过程，以及与借款相关的其他情况（如是否有其他未交代的借款事实、资金去向等）。在审讯过程中，注意与前期收集的证据相互印证，对于王宏的供述中存在的疑点和矛盾点，要及时进行核实和调查，进一步完善案件证据链，确保王宏的供述真实、可靠、完整，为案件的定性和处理提供准确依据。

6. 案件终结与移送起诉

案件侦查终结报告：在完成所有侦查工作，收集到确实、充分的证据，确认王宏的犯罪事实清楚、法律手续完备后，侦查人员就会撰写案件侦查终结报告，详细阐述案件的来源、侦查过程、采取的侦查措施、收集的证据情况、王宏的基本情况和犯罪事实认定、案件的法律适用及处理意见等,对整个侦查工作进行全面总结和梳理,确保报告内容准确、翔实、逻辑清晰,能够完整反映案件的侦查过程和结果。

移送起诉:将案件侦查终结报告、全部案件证据材料与犯罪嫌疑人王宏一并移送至有管辖权的检察机关审查起诉。移送过程中要确保案件材料的完整性和规范性,并与检察机关的案件承办人进行充分的沟通和交接,配合检察机关的审查工作,根据检察机关的要求,补充完善相关的证据材料。

(四)设定案件侦办的时间节点

在"实战"式模拟法庭教学过程中,推动学生制备侦查卷宗,要求侦查组同学基于虚拟案例给定的法律事实和证据信息,构建案件发展的时间线,结合已设定侦办流程的关键环节,严格依照刑事程序法规定设定关键时间节点。此举旨在从形式上强化侦查卷宗的真实性、完整性、规范性,进而促进学生对刑事诉讼法知识的深入理解和应用,并强化其程序意识。

刑事案件的立案阶段。办案机关在接受案件材料来源后,要核实情况并进行初步调查,判断是否符合立案条件,并作出是否立案决定,这一过程一般在数小时至数天内完成。

侦查准备阶段。组建合适的侦查团队,依据案件初步情况制订侦查计划,确定侦查方向、范围及初步措施,收集案件相关的各类基础信息,这一阶段可能持续数天。

侦查实施阶段。现场(如果有)勘查至为关键,需尽快实施,通常在立案后的1~2天内完成;调查访问工作也要随即展开,对被害人、证人的询问要同时密集进行;如果涉及技术侦查手段的使用,如监控视频调取、通信追踪等,会在几天到一周左右集中实施;线索排查贯穿于整个侦查实施阶段,侦查人员不断整理、分析和筛选收集到的线索,对有价值的线索要进一步追踪调查,这一过程可能持续数周,其间要根据线索排查进展不断调整侦查方向和重点。

案件侦破、抓捕犯罪嫌疑人。在前期侦查行为实施的过程中,一旦能够确认犯罪嫌疑人及其犯罪行为,就要立即展开抓捕行动,可能需要数小时到数天时间。

侦查终结阶段。侦查人员需要一段时间整理材料、形成完整卷宗,审查案件事实,作出侦查终结决定,并将案件移送检察机关审查起诉。这个过程因案而异,一般需要一周时间。

对犯罪嫌疑人采取强制措施的,对各种强制措施、侦查羁押期限,以及期限的计算方法,刑事诉讼法及其司法解释都有非常明确的规定。

与刑事案件的侦查流程一样,不同刑事案件的侦办时间节点也会表现出明显差异。在"实战"式模拟法庭教学过程中，侦查组同学应基于虚拟案例给定的法律事实和证据信息，结合已设定的侦办流程关键环节，严格遵循刑事程序法的相关规定，运用逆向思维，经过慎重考虑后，设定合法且合理的案件侦办关键时间节点，以此作为在侦查卷宗中标注相关材料时间节点的依据。

下面以一起虚拟的诈骗案件[1]为例，说明案件侦办时间节点的设定过程。

白娜和马驰系朋友关系，2014年马驰通过白娜介绍与某木材加工厂经营者李涛签订借款协议，双方约定：由白娜作为保证人，将木材加工厂抵押给白娜，马驰向李涛出借40万元，用于木材厂经营。后李涛因经营不善无法归还借款躲往外地，委托白娜对木材加工厂进行看管。马驰为挽回损失与白娜商定：由白娜伪造转让协议虚构木材加工厂系自己所有，向张宜骈借款40万元，并向张宜骈说明其中部分款项将用于归还木材加工厂的借款。张宜骈实地考察后同意向白娜出借40万元。后马驰将40万元拿走。(2024年12月21日第一届甘肃省大学生法律专题辩论赛 初赛2号赛题)

1. 第1天

案件受理：张宜骈发现可能被骗后向警方报案，警方详细记录张宜骈陈述的借款过程，包括与白娜接触交往的细节、对木材加工厂的考察情况、资金交付方式等信息。同时，收集张宜骈手中的借款协议、转账记录等相关证据材料，并对其真实性进行初步核实。

初步调查启动：警方根据张宜骈提供的信息，初步核实白娜和马驰的身份信息、联系方式、家庭住址、工作单位等基本情况，通过公安信息系统和相关数据库进行查询。了解木材加工厂的工商登记信息、经营状况、法定代表人等背景资料，判断案件的基本性质和可能涉及的罪名，如诈骗罪或合同诈骗罪等。

2. 第2~3天

立案审批与侦查团队组建：经过初步调查，警方如果认为符合立案条件，即有犯罪事实需要追究刑事责任，则按照法定程序呈报立案审批，决定立案后启动侦查程序。同时，挑选具有经济犯罪侦查经验、熟悉合同诈骗案件特点的侦查人员组成专门的侦查小组，并制订初步侦查计划，明确侦查方向和重点，将调查白娜和马驰的行踪、资金流向以及伪造转让协议的相关情况作为首要任务。

深入调查准备：侦查人员对木材加工厂进行实地勘查，查看工厂的实际经营状

---

[1] 比赛组委会给出的辩论方向，控方：白娜的行为构成诈骗罪；辩方：白娜的行为不构成犯罪。

况、设备资产情况、是否有近期异常的资产变动迹象等,并收集现场的相关证据,如可能存在的伪造文件的痕迹、与借款相关的账目资料等。同时,与李涛取得联系(如果能够联系上),了解其与马驰的借款协议细节、委托白娜看管工厂的具体情况,以及对后续白娜和马驰行为的知晓程度等信息,制作详细的询问笔录。

3. 第 4~7 天

调查访问全面展开:对木材加工厂的员工、周边商户、邻居等进行广泛的调查访问,询问他们是否知晓白娜和马驰的借款行为、是否发现工厂在经营或所有权方面存在异常情况、是否掌握白娜和马驰近期的活动规律和行踪线索等,收集相关证人证言,并对证人证言进行整理和分析,寻找其中的关键信息和线索交叉点。

资金流向追踪启动:向银行等金融机构发出协查通知,调查白娜、马驰以及木材加工厂相关账户的资金流动情况,查看 40 万元借款的流向,是否存在资金转移、挥霍或与其他可疑账户的往来情况,追踪与案件相关的资金链,确定每一笔资金的进出路径和用途,分析是否存在洗钱或隐匿资产的行为迹象。

4. 第 8~12 天

证据收集与固定:根据前期调查获取的线索,进一步收集与伪造转让协议相关的证据,如协议的起草地点、是否有其他人知晓或参与伪造过程、协议上的签名和印章的真实性鉴定等。同时,对张宜骍与白娜之间的通信记录(包括短信、通话记录等)进行调取和分析,查看双方在借款过程中的沟通细节和承诺内容,固定相关电子证据,确保证据的完整性和合法性,防止证据被篡改或销毁。

犯罪嫌疑人行踪排查:通过技术手段(如手机定位、监控视频分析等)和调查访问获取的线索,对白娜和马驰可能的藏匿地点进行排查,包括他们的住所、常去的场所、亲戚朋友家等,制订详细的排查计划,组织警力进行秘密调查,避免引起犯罪嫌疑人的警觉,但同时要确保调查行动的合法性和规范性,防止侵犯公民的合法权益。

5. 第 13~18 天

抓捕行动准备与实施:如果通过前期侦查确定了白娜和马驰的藏身地点,且抓捕时机成熟,侦查人员应准备好相应的法律手续(如拘留证等),制定周密的抓捕方案,组织精干警力实施抓捕行动,确保抓捕过程安全、顺利,避免犯罪嫌疑人逃脱或发生拒捕等危险情况。在抓捕现场,要注意保护现场证据,防止犯罪嫌疑人销毁证据或干扰执法行动。

审讯突破与案件细节核实:白娜和马驰到案后,要及时进行审讯工作。审讯人员根据案件的证据情况和犯罪嫌疑人的心理特点,制定针对性的审讯策略,运用合法的审讯技巧,突破犯罪嫌疑人的心理防线,促使其如实供述犯罪事实,包括伪造转让协议的动机、目的、过程,从张宜骈处借款时的协商细节、40万元的去向和分配情况,以及与李涛之间的借款纠纷等案件关键细节。在审讯过程中,要注意与前期收集的证据相互印证,对于犯罪嫌疑人供述中存在的疑点和矛盾点,要及时进行核实和调查,进一步完善案件证据链,确保犯罪嫌疑人的供述真实、可靠、完整。

6. 第19~23天

案件材料整理与审查:对侦查过程中收集到的各类证据材料进行全面、细致的整理,包括立案材料、现场勘查笔录、证人证言、银行资金流水记录、通信记录、鉴定意见、审讯笔录等,并将其按照一定的逻辑顺序和规范要求进行分类归档,形成完整的侦查卷宗。侦查人员对案件进行深入审查,确认犯罪事实是否清楚,证据是否确实、充分,法律手续是否完备,罪名认定是否准确等关键问题,对案件的整体情况进行综合评估和分析,确保案件侦查质量符合移送起诉的标准要求。

补充侦查与完善证据(如果必要):如果在审查过程中发现证据存在不足之处或存在疑点需要进一步核实,则侦查人员应及时开展补充侦查工作,针对需要补充的证据和需要核实的问题,制订详细的补充侦查计划,采取相应的侦查措施,如重新询问证人、进一步调查资金流向、补充鉴定意见等,完善案件证据体系,消除证据瑕疵和疑点,确保案件能够在移送检察机关审查起诉后顺利通过审查,进入审判程序。

7. 第24~30天

侦查终结报告撰写与移送起诉准备:侦查人员撰写详细的案件侦查终结报告,报告内容包括案件的来源、侦查过程、采取的侦查措施、收集的证据情况、犯罪嫌疑人的基本情况和犯罪事实认定、案件的法律适用以及处理意见等方面,对整个侦查工作进行全面、系统的总结和梳理,为移送检察机关审查起诉提供翔实、准确的书面材料依据。同时,与检察机关的案件承办人员进行提前沟通,了解检察机关对案件移送的具体要求和标准,做好移送起诉的各项准备工作,确保案件能够顺利、及时地进入审查起诉阶段,依法追究犯罪嫌疑人的刑事责任,维护被害人的合法权益和社会公平正义。

8. 第31天

案件移送起诉:将案件侦查终结报告、全部案件证据材料以及犯罪嫌疑人白娜和马驰一并移送检察机关审查起诉,与检察机关进行正式的案件交接,办理好相关的移送手续,确保案件移送过程规范、严谨、无遗漏。在移送后,积极配合检察机关的审查工作,根据检察机关的要求,及时提供补充材料或协助调查核实相关问题,确保案件能够在检察环节顺利推进,最终实现对犯罪行为的公正审判和法律制裁,达到打击犯罪、维护社会秩序和法治尊严的目的。

需要注意的是,以上的案件侦办流程时间节点仅仅是一个大致的参考框架,在案件侦办过程中其可能会因为案件的复杂程度、证据收集的难易程度、犯罪嫌疑人的反侦查能力,以及其他各种不可预见的因素而发生变化。

三、侦查卷宗制备的要点

(一)总体要求

1. 法律手续文书的完整性

确保所有法律手续文书都严格按照法定程序填写和审批。例如,在采取传唤、拘传、拘留等强制措施时,不仅要有相应的文书,还要有内部的审批流程记录,如呈请拘传报告书、领导审批签字页等,以证明程序的合法性和严谨性。这些内部审批文件应与对外的法律文书相互印证,形成完整的程序链条,防止出现程序瑕疵导致证据无效或被质疑的情况。

对于搜查、扣押等侦查行为,除搜查证、扣押物品清单外,还应详细记录执行搜查和扣押的过程,包括参与人员、搜查时间、地点、搜查范围、扣押物品的当场封存情况等,如有见证人,要附上见证人的身份信息和签字确认页,保证这些侦查行为的合法性和所获取证据的可采性。

2. 证据关联与逻辑呈现

在文书卷中,各个证据相关的文书之间应清晰呈现出证据的关联性和逻辑关系。例如,对于在现场勘查笔录中提到的肇事车辆的痕迹和物证,应能在后续的鉴定意见文书中找到对应的鉴定分析,且鉴定意见所依据的检材来源应能追溯到现场勘查所提取的痕迹和物证;犯罪嫌疑人的供述内容应与证人证言、被害人陈述以及现场勘查、鉴定结果等证据相互印证或补充,如有矛盾之处,应在文书中体现出侦查人员对矛盾的核实和分析过程,使整个证据体系形成一个紧密的逻辑闭环,能够有力地支撑案件事实的认定。

在制作案件侦查终结报告和移送起诉意见书时,要对各类证据进行系统梳理和综合分析,详细阐述证据之间的相互关系,以及其如何共同证明犯罪嫌疑人的犯罪行为和犯罪情节,而不是简单地罗列证据,应让阅读者能够清晰地理解证据链条的完整性和连贯性,以及基于这些证据所认定的犯罪事实的准确性和可靠性。

3. 语言规范与准确性

侦查文书的制作要使用规范的语言。避免使用模糊、有歧义的词汇,文书中的法律术语要准确无误。例如,在制作讯问笔录时,要准确记录犯罪嫌疑人的供述,对于犯罪嫌疑人提到的法律概念,如"正当防卫""紧急避险"等,要记录清楚其具体的表述和理解。又如，在描述案件事实时，对时间、地点、人物、行为等关键要素的表述要精确无误。如在"赵瑞龙交通肇事案"中，记录可为"2019 年 11 月 25 日 20 时 50 分许，赵瑞龙驾驶车牌号为汉 A88888 的小型轿车从山水庄园出发，沿龙湖大道驶向望北楼三季酒店"，而不是使用大概、大约等模糊词汇。在引用法律法规和鉴定意见时，要确保条款引用准确、鉴定意见表述完整，不得随意篡改或曲解原文意思。

同时，注意语法和标点符号的正确使用，避免错别字和语病，使文书整体呈现出严谨、规范的文风，这不仅有助于提高文书的可读性和可信度，也是司法程序严肃性的体现，能够增强司法机关在案件处理过程中的公信力和权威性。

4. 时间线梳理与呈现

在文书卷中，应清晰梳理案件的时间线，并在相关文书中准确体现。如在"赵瑞龙交通肇事案"中，从赵瑞龙聚餐饮酒的时间开始，到驾车离开山庄、发生肇事事故、警方接警处警、对赵瑞龙及证人的询问、鉴定机构的鉴定过程、民事赔偿的协商与履行等各个环节，都要按照时间顺序详细记录，并在相应的文书中明确标注时间节点，如在询问笔录中注明询问的具体时间是事故发生后的第几天、第几个小时，在鉴定报告中说明检材接收时间和鉴定完成时间，以及与案件其他关键时间的关系，使整个案件的发展过程一目了然，这有助于侦查人员、检察官、法官以及其他相关人员快速了解案件全貌，把握案件的关键环节和时间节点，提高办案效率和准确性。

5. 格式符合规范性要求

侦查文书的格式要符合要求。公安部对侦查文书都有特定的格式要求，如卷宗的封面应包含案件编号、案件名称、犯罪嫌疑人姓名等基本信息，并且字体、字号等都要符合规定；立案决定书要有明确的文号、制作日期、批准人签名等内容。另外，文书中的文字表述要规范，字迹要清晰，最好使用打印文书，避免手写文书带来的辨认困难等问题。

卷宗内的文件排列顺序要有规范。一般来说，按照案件侦查的时间顺序或者证据的重要性等合理顺序排列文件。比如，在刑事案件卷宗中，最前是立案材料，然后是现场勘查材料、证人证言、物证鉴定报告等，最后是侦查终结报告。

6. 与其他卷宗的关联性标注

如果该案件存在其他相关卷宗，如补充侦查卷宗、另案处理人员的卷宗等，则在文书卷中应适当标注与这些卷宗的关联性。例如，在涉及某些需要补充侦查的事项时，应在相关文书中注明补充侦查的问题、方向以及与原卷宗证据的关联点，同时在后续补充侦查完成后的文书中，要体现出对原卷宗内容的补充、修正或进一步证实的情况；对于另案处理的人员，如果其与本案存在证据交叉或事实关联，应在文书中简要说明另案的基本情况和与本案的关联关系,方便查阅者在必要时查阅相关卷宗,全面了解案件的整体情况,避免因卷宗之间的割裂而对案件事实的理解出现偏差或遗漏。

(二)作为示例的虚拟案例

为了更为形象地阐释侦查卷宗的制作过程,下面以兰州大学法学院承办的"2024年甘肃省大学生法律文书写作比赛"的决赛赛题为例,分别说明侦查文书卷、侦查证据卷的制作注意事项。

2019年11月25日18时30分许,赵瑞龙与朋友五人聚餐。用餐期间,赵瑞龙饮用了大量白酒。当天20时50分,赵瑞龙离开饭店,独自一人驾驶一辆小型轿车离开。在途经学苑路高架桥时(该高架桥禁止行人通行),赵瑞龙超速行驶,连超数车,并将高架桥上行走的陈清泉撞倒在地。赵瑞龙未采取制动措施,继续前行。当赵瑞龙欲超前方被害人赵德汉驾驶的一辆小型轿车时,撞向该车尾部左侧,导致该轿车损伤和乘驾人欧阳菁受伤。赵瑞龙向左猛打一把方向,致车辆失控,冲向中间金属隔离带,驶入对面路段,后因右前轮爆胎,赵瑞龙所驾机动车停在了路边。21时18分,急救中心120电话受理了抢救伤者陈清泉的电话报案。赵德汉报警后,派出所民警在事故现场附近将赵瑞龙带走,之后将其转交给交警部门。

经鉴定,赵瑞龙血液中乙醇含量达250mg/100ml。被害人陈清泉身体所受损伤诊断为:(1)脾破裂;(2)腹腔积液;(3)闭合性胸部损伤;(4)闭合性颅脑损伤;(5)胸腔积液;(6)肺部感染;(7)贫血;(8)低钠、低氧、低钙血症;(9)全身多处软组织损伤,程度评定为重伤二级。被害人欧阳菁身体所受损伤诊断为:(1)腰T2椎体右侧横突裂纹骨折;(2)全身多处软组织损伤,程度评定为轻伤。

公安机关出具的道路交通事故认定书认定:对撞击赵德汉机动车,赵瑞龙负事故全部责任,赵德汉、欧阳菁不负事故责任;对撞击陈清泉,赵瑞龙负主要责任。

同时认定,2019年11月25日,陈清泉被送往日月潭人民医院住院治疗,12月18日出院,实际住院治疗23天,支付医疗费21,886.57元。出院医嘱:(1)多休息,适当运动,近期避免剧烈活动及重体力劳动;(2)加强营养,坚持服用抗凝药物阿司匹林片,1周后复查血常规;(3)1月后来院复查,半年后复查免疫系列,不适随诊。陈清泉的伤残等级经鉴定,结果为脾切除术属八级伤残,损伤后的误工期评定为120日,护理期评定为60日,营养期评定为90日。

肇事车辆登记的所有人为赵立春,投保了"机动车交通事故责任强制保险",保险期间为2019年8月24日至2020年8月23日。

在侦查阶段,赵瑞龙赔偿了被害人赵德汉经济损失 500 元、被害人欧阳菁经济损失 12,000 元,并获得了二被害人的谅解;赔偿了道路护栏经济损失 2000 元。

在检察机关审查起诉时,赵瑞龙的家人赔偿了陈清泉的经济损失并取得了谅解。

检察机关认为,赵瑞龙的行为,构成以危险方法危害公共安全罪。

证明以上事实的证据有:

1. 物证

(1)肇事车辆、事故车辆行驶证及机动车驾驶证。

(2)侦查机关"扣押物品清单"及肇事车辆照片。

2. 书证

(1)证明赵瑞龙身份信息的证据:赵瑞龙"常住人口基本信息表"。

(2)证明被害人身份信息的证据:①陈清泉的居民身份证复印件;②赵德汉的居民身份证复印件;③欧阳菁的居民身份证复印件。

(3)证明肇事车辆投保情况的证据:"机动车交通事故责任强制保险单"。

(4)证明肇事机动车所有权的证据:侦查机关出具的"机动车信息查询结果单"以及车辆行驶证,证明肇事小型轿车车主系赵立春。

3. 证人证言

(1)办案民警刘立刚等人的证言:①北城派出所民警出具的出警"情况说明";②办案民警刘立刚、田尚出具的"到案说明",主要内容:2019 年 11 月 25 日 21 时许,赵瑞龙驾驶小轿车,在高架桥上撞倒一名行人后未停车,继续向北行驶到高架桥北又撞在赵德汉驾驶的车尾部,随后又向左撞击路中隔离栏。赵德汉报警后,赵瑞龙被学苑路派出所民警带走。事故民警在勘查完事故现场后,到派出所将赵瑞龙带走。经呼气酒精测试,赵瑞龙为醉酒,抽取了其血样,经鉴定赵瑞龙血液中的酒精含量达 250mg/100ml,属醉酒驾驶。行人伤情经鉴定为重伤二级。2019 年 12 月 30 日,办案民警电话通知赵瑞龙到案后将其刑事拘留。

(2)2019 年 11 月 26 日,侦查人员对证人乐佳佳的陈述所做的"询问笔录",主要内容:2019 年 11 月 25 日 21 时许,我驾驶出租车,拉着客人从高架桥由南向北上坡,上高架桥的时候车挺多。一辆灰色轿车从我右侧超过了我,我快下桥时,看到一个人倒在桥边,距下桥口大概几十米,那会大概 21 时 05 分。刚下桥又看到一个白色的车已经被撞了,停在路中间,然后我就送客人去了目的地,那会是 21 时 08 分。后来我拨打了 120 急救电话。

(3)2020 年 4 月 17 日,侦查人员对证人蔡成功的陈述所做的"询问笔录",主要内容:赵瑞龙出事故那天下午6点半左右,我和赵瑞龙等5人在一个川菜馆吃饭。赵瑞龙怎么走的我不知道,因为他喝酒了,我们在走之前,还劝他不要开车。

4. 被害人陈述

(1)2019年11月30日,侦查人员对被害人陈清泉的陈述所做的"询问笔录",主要内容:2019年11月25日晚9点,我下班后准备步行回住所,当我在高架桥上走时,一辆灰色车撞到我身体左侧将我撞倒。

(2)2019年11月26日,侦查人员对被害人赵德汉的陈述所做的"询问笔录",主要内容:2019年11月25日晚上9点多,我驾驶轿车,车上坐着朋友孙连成和他妻子欧阳菁。我沿高架桥由南向北行驶至一巷口,一辆灰色轿车撞到我车左后方,我下车后,该车又撞到中间护栏才停下来。驾驶员下车后看到我的车被撞了,就说给我修车,我不同意,于是他就在我车上踹了两脚,还企图打人。我就报了警,还拨打了120,我车上的欧阳菁受伤了,后来派出所民警把撞人的司机带走了,我就在现场继续等交警。

5. 勘查笔录

侦查人员刘立刚、刘新建制作的"道路交通事故现场勘查笔录"、"车物痕迹勘验笔录"、"道路交通事故现场图"及事故车辆照片13张,主要内容:肇事轿车左前角有大面积撞击痕,撞击痕在前保险杠从左距右60厘米开始,左大灯破碎,右侧翼子板有105厘米×40厘米撞击痕,附着白色物质,右大灯破碎、右前轮胎爆胎,右翼子板转向灯脱出,前面附着3厘米×3厘米黑色物质,右后视镜脱落(右翼子板转向灯提取鉴定)。赵德汉的轿车左后侧(左后轮周边)有95厘米×50厘米由后向前的撞击痕,轮轴上附着黑色物质,撞击痕附着黑色物质。

6. 鉴定意见

(1)五道口大学司法鉴定中心〔2019〕73号酒精检验报告,检验结果为:赵瑞龙血液中乙醇含量达250毫克/100毫升;交警大队"检验鉴定委托书";司法鉴定中心"鉴定机构资格证书",鉴定人李达康、高育良"鉴定人资格证书"。

(2)五道口路路通车辆司法鉴定中心〔2019〕痕鉴字第640号司法鉴定意见书,鉴定意见:赵瑞龙驾驶的小型轿车右后视镜、右前门、右前翼子板上转向信号灯擦蹭、碰撞痕迹是与行人陈清泉碰撞擦蹭所形成的;司法鉴定中心"司法鉴定许可证",鉴定人侯亮平、沙瑞金"鉴定人资格证书"。

(3)五道口图龙司法鉴定中心〔2019〕法医学人体损伤程度鉴定书,鉴定意见:陈清泉身体所受损伤程度评定为重伤二级;司法鉴定中心"鉴定机构资格证书",鉴定人陆亦可、祁同伟"鉴定人资格证书"。

(4)五道口图龙司法鉴定中心〔2019〕法医学人体损伤程度鉴定书,鉴定意见:欧阳菁身体所受损伤程度评定为轻伤二级;司法鉴定中心"鉴定机构资格证书",鉴定人季昌明、赵东来"鉴定人资格证书"。

(5)交通警察大队〔2019〕第161198号道路交通事故认定书,向赵瑞龙等人送达道路交通事故认定书"送达回执"。主要内容:①对撞击赵德汉车辆,赵瑞龙负事故全部责任,赵德汉、欧阳菁不负事故责任;对撞击陈清泉,赵瑞龙负主要责任。②2019年12月16日,道路交通事故认定书送达情况。

7. 电子数据

交警监控图像截图,证明赵瑞龙驾驶车辆于2019年11月25日20时50分至21时20分的行驶及肇事情况。

8. 犯罪嫌疑人供述

2019年11月26日、12月2日、12月15日,民警对赵瑞龙所做的"询问笔录""讯问笔录",主要内容:2019年11月25日晚7点多,我和蔡成功等5人在一个川菜馆吃饭,喝了点白酒。晚上9点,我就一个人驾驶我爸赵立春的车上了高架桥,由南向北行驶去找我朋友。我从南边上的学苑路高架桥,上坡时从右侧超过一辆车,车速估计在80~100千米。下坡是在路中间行驶,下桥时我又从左侧超过前方一辆车,然后就撞到那辆车的右后保险杠。撞车以后,我向左打了一下方向,车辆就失控了,又撞了隔离栏,最后停到马路西边。我下车后,给被撞的车主说我负责把他的车修好,车上的一个女的说我喝酒了还这么横,我就有点生气,踹了他车保险杠两脚。后来,被我撞的车主就报警了。事故发生后的第二天,我知道桥上还伤了一个人,但我不知道伤者和我的车有没有关系,后来民警给我送达了相关的鉴定书,鉴定结果是我驾驶的小型轿车在高架桥上撞击了行人。

2019年11月26日,侦查人员第一次询问犯罪嫌疑人赵瑞龙,问:"从饭店出来你是否开车撞到其他车辆及行人?"赵瑞龙回答:"就在学苑路高架桥撞车了。"

2019年12月2日,侦查人员第二次讯问犯罪嫌疑人赵瑞龙,问:"2019年11月25日晚上,你驾驶的车,在学苑路高架桥与其他车辆发生碰撞,随后撞护栏,在这之前你车在高架桥上是否还发生了其他交通事故?"赵瑞龙回答:"应该没有。"

2019年12月15日,侦查人员在向犯罪嫌疑人赵瑞龙送达了4份"司法鉴定意见书"之后,第三次讯问赵瑞龙,问:"今天向你送达相关的鉴定书,已经证实你驾驶小型轿车在高架桥上撞击了行人,你解释一下,为什么你前面说'不知道撞人'。"赵瑞龙回答:"因为喝酒原因,记不清了。"

9.民事赔偿的证据

(1)赵瑞龙赔偿被害人赵德汉的证据:①赵瑞龙与赵德汉签订的"道路交通事故赔偿调解协议书",主要内容:赵瑞龙承担赵德汉的车辆维修费用并赔偿其损失500元。②赵德汉出具的"谅解书"。

(2)赵瑞龙赔偿被害人欧阳菁的证据:①赵瑞龙与欧阳菁签订的"调解协议书",主要内容:赵瑞龙赔偿欧阳菁的检查费、医药费,费用以实际票据为准;赵瑞龙一次性支付欧阳菁的误工费、护理费、营养费、住院伙食补助费、交通费等各种费用总计12,000元整。②"道路交通事故经济赔偿凭证",证明孙连成(欧阳菁的丈夫)已收到赵瑞龙的经济赔偿款人民币12,000元整。③孙连成、欧阳菁出具的"谅解书"。

(3)赵瑞龙赔偿撞损护栏的证据:"证明"及No.5592629工商服务业统一收款收据,证明赵瑞龙已赔偿该公司道路护栏经济损失人民币2000元。

(4)赵瑞龙家属赔偿陈清泉的证据:①日月潭人民医院出具的病历、出院证,证明陈清泉共住院23天。住院费用清单、住院收费票据,证明陈清泉的医疗费为21,886.57元。②鉴定意见书,鉴定意见为陈清泉的伤残等级系八级伤残,伤损后的误工期评定为120日,护理期评定为60日,营养期评定为90日。③陈清泉出具的收据,证明已收到赵瑞龙家属的经济赔偿人民币35,000元。④陈清泉出具的"谅解书"。⑤高小凤"个人购房借款/担保合同",高小凤、陈清泉、陈益发的常住人口登记卡,村民委员会出具的关于陈清泉被抚养人情况的"证明",证明陈清泉与高小凤系夫妻关系,陈清泉的抚养人为其子陈益发、其父陈仁礼、其母喀秋莎。

(三)侦查文书卷制作示例

1.封面与目录

(1)封面。应标注"侦查文书卷"以及案件名称"赵瑞龙以危险方法危害公共安全案",注明案件编号(依据公安机关案件编号规则填写)、制作单位(负责侦查的部门)及制作日期(精确到年月日)。封面设计应简洁、规范,文字信息醒目,便于识别和管理。

(2)目录。按照文书的类型和生成时间顺序,详细罗列卷内所有文书的名称、文号(如有)以及所在页码。例如,立案决定书([文号],P1~P3)、拘留证([文号],P4~P6)、询问笔录(赵瑞龙,2019年11月26日,P7~P10)、讯问笔录(赵瑞龙,2019年12月2日,P11~P14)、证人证言笔录(证人刘立刚,2019年11月27日,P51~P58)等。确保目录的完整性和准确性,方便查阅者快速定位所需文书,同时也有助于检查卷宗内容的完整性和编排的合理性。

2. 立案材料

(1)接处警登记表。准确记录报案人赵德汉的详细信息,包括姓名、性别、年龄、联系方式、公民身份号码、住址等,报案时间(精确到分钟,即 2019 年 11 月 25 日 21 时 22 分)、报案方式(电话报警),警情发生的具体地点(学苑路高架桥[具体位置描述]),简要案情(扼要叙述赵瑞龙驾车肇事,先后撞击行人陈清泉和赵德汉车辆的大致情况,包括肇事车辆特征、人员伤亡和车辆受损的初步状况)。接警人员签名并注明接警时间,确保信息的真实性和及时性,为案件的受理提供初始依据,其记录的准确性和完整性对后续侦查工作的开展具有重要指导意义。

(2)受案登记表。涵盖报案人情况(与接处警登记表一致)、案件来源(明确为报案,并简要说明报案人陈述的关键内容)、详细案情(进一步详细描述赵瑞龙醉酒驾车在高架桥的肇事经过,包括从饭店出发的时间、饮酒情况、驾车路线、在高架桥上的行驶状态如超速等)、撞击陈清泉和赵德汉车辆的先后顺序、具体位置、人员受伤和车辆受损的详细情况)、接警单位(派出所名称)、接警人员、受理时间(精确记录)等内容,加盖接警单位公章,正式启动案件初步调查程序。受案登记表是案件进入立案阶段的重要标志,其内容应完整、准确地反映案件的基本情况。

(3)立案决定书。明确立案机关(公安机关名称)、案件编号、犯罪嫌疑人赵瑞龙的基本信息(姓名、性别、年龄、住址、公民身份号码等)、案由(以危险方法危害公共安全罪)、立案的法律依据(引用《刑事诉讼法》中关于立案条件和该罪名的相关条款)、立案时间(具体日期和时间),由公安机关负责人签字批准并加盖公章。确保立案程序合法合规,标志着案件进入侦查阶段,侦查工作全面展开,其合法性和规范性是整个侦查工作的基石,对于后续侦查措施的实施和证据的收集具有重要的法律保障作用。

3. 强制措施文书

(1)呈请拘留报告书。详细阐述对赵瑞龙采取拘留措施的必要性和合法性理由,包括其醉酒驾车肇事行为的严重危险性(如在禁止行人通行的高架桥上超速行驶、连撞数车和行人,造成人员重伤和车辆损坏,对公共安全构成重大威胁),存在逃避侦查或毁灭证据的可能性(如酒后意识不清,可能干扰案件调查,且其行为表现出对法律后果的漠视)等。引用《刑事诉讼法》关于拘留的具体法律条款,明确建议拘留的期限,经公安机关法制部门审核,并由领导审批签字。确保拘留措施的适用符合法定程序,是依法对犯罪嫌疑人采取限制人身自由措施的关键环节,对于保障侦查工作的顺利进行和社会公共安全具有重要意义。

(2)拘留证。准确填写被拘留人赵瑞龙的姓名、性别、年龄、住址、公民身份号码等身份信息,拘留原因(涉嫌以危险方法危害公共安全罪)、拘留时间(精确到时分),执行拘留的侦查人员的姓名和单位,加盖公安机关公章。在执行拘留时向赵瑞龙出示,并要求其签字确认,如有拒绝签字的情况,应注明并由见证人签字。保证拘留执行程序的合法性和规范性,是对犯罪嫌疑人实施拘留的法定凭证,其严格的执行程序体现了法律的严肃性和权威性,确保刑事诉讼活动的合法有序进行。

(3)拘留通知书。及时通知赵瑞龙的家属或其所在单位,告知赵瑞龙被拘留的事实、拘留时间(具体时间)、地点(羁押场所)、涉嫌罪名(以危险方法危害公共安全罪)等信息。家属签字确认收到通知,如家属拒绝签字,需注明情况并有见证人签字,通知书回执入卷保存。保障犯罪嫌疑人及其家属的知情权,体现了刑事诉讼程序的人性化和合法性,有助于家属了解案件进展情况,同时也是维护犯罪嫌疑人合法权益的重要体现,避免因程序不当导致的合法权益侵害。

限于篇幅所限,提请逮捕申请书、逮捕证、逮捕通知书等其他强制措施文书略。

4.调查取证文书

(1)询问通知书。向证人刘立刚、乐佳佳、蔡成功、陈清泉、赵德汉、欧阳菁等发出的询问通知书,应注明被询问人姓名、询问时间(具体日期和时间段)、地点(公安机关办案场所等)、案由(赵瑞龙以危险方法危害公共安全案)、侦查机关名称等信息。确保证人按时到指定地点接受询问,通知书存根入卷,作为启动证人询问程序的合法依据,保证询问工作的有序开展,确保证人证言的及时获取和合法性,为查明案件事实提供有力的证据支持。询问通知书的规范制作和送达是确保证人证言合法性的重要环节。

(2)传唤通知书。若传唤赵瑞龙到案接受讯问,传唤通知书应注明被传唤人赵瑞龙的姓名、传唤原因(涉嫌犯罪需进一步调查核实案件情况,具体为涉嫌以危险方法危害公共安全罪)、传唤时间(具体日期和时间段)、地点(公安机关讯问场所)、侦查机关名称等信息。送达赵瑞龙并要求其签字确认收到通知,通知书存根入卷,作为传唤犯罪嫌疑人的合法手续,确保讯问程序的合法性和规范性,体现了刑事诉讼程序的依法依规进行,保障犯罪嫌疑人的合法权益,同时也为侦查机关的讯问工作提供了合法依据和程序保障,为获取犯罪嫌疑人的真实供述创造了良好的开端。

(3)调取证据通知书。向医院(调取陈清泉、欧阳菁的病历、诊断报告、检查结果等)、保险公司(调取肇事车辆的保险单信息)、车辆管理所(调取肇事车辆及相关车辆的登记信息、年检记录等)等单位调取证据时,通知书应写明调取证据的单位名称、证据名称、调取的法律依据(引用《刑事诉讼法》及相关法律法规中关于调取证据的条款)、通知日期等,加盖公安机关公章后送达相关单位,并留存副本入卷,同时附上调取证据清单,详细记录所调取证据的名称、数量、特征、来源(提供单位及具体部门),及调取时间等信息,由提供单位和调取单位双方签字确认。确保调取证据程序的合法合规,所调取证据来源清晰、可靠,为案件证据链的构建提供有力支持,保证证据的合法性和证明力,使其能够在法庭上经得起质证和审查,为案件的公正审理提供坚实的证据基础。

5. 鉴定意见相关文书

(1)鉴定聘请书。公安机关聘请相关司法鉴定机构进行各项鉴定(如血中乙醇含量、车辆痕迹、人体损伤程度、道路交通事故责任等)时,鉴定聘请书应注明聘请单位(公安机关名称)、被聘请单位(司法鉴定机构名称)、鉴定事项(具体的各项鉴定内容,如赵瑞龙血中乙醇含量鉴定、肇事车辆与陈清泉碰撞痕迹鉴定、陈清泉和欧阳菁人体损伤程度鉴定、道路交通事故责任认定等)、聘请时间等信息,加盖公安机关公章。确保鉴定程序合法启动,鉴定机构和鉴定人员具备相应资质和能力,为鉴定意见的合法性和科学性奠定基础,保证鉴定结果能够客观、准确地反映案件事实,为案件的定性和处理提供科学依据,避免因鉴定程序不合法或鉴定机构资质问题而出现鉴定意见无效或不被采信,从而影响案件公正处理的情况。

(2)鉴定意见通知书。及时将各鉴定机构出具的鉴定意见通知犯罪嫌疑人赵瑞龙及相关被害人(陈清泉、赵德汉、欧阳菁等)。鉴定意见通知书应包含案件名称、鉴定事项、鉴定意见的主要内容(如赵瑞龙血液中的乙醇含量达250毫克/100毫升、陈清泉重伤二级、欧阳菁轻伤二级、道路交通事故责任认定结果等)、通知时间(精确到时分)、方式(书面送达、当面告知等)和对象(具体的被通知人姓名)等信息。由被通知人签字确认收到通知,并注明对鉴定意见的态度(是否申请重新鉴定),如被通知人拒绝签字,需注明情况并有见证人签字,通知书回执入卷保存。保障当事人的知情权和对鉴定意见的异议权,确保鉴定意见在刑事诉讼中的合法地位和作用,使当事人能够充分行使其诉讼权利。同时也体现了司法程序的公开、公平、公正原则,增强了司法公信力,有助于案件的顺利审理和公正裁决。

6. 其他相关文书

(1)案件侦查终结报告。这是文书卷的核心文件之一,应全面总结案件的侦查情况和结果。包括案件来源(赵德汉报警后引发的侦查程序启动,详细说明报警的情况和初步调查的线索)、立案情况(立案时间、依据、案件的初步定性等)、侦查过程(采取的侦查措施,如调查访问、现场勘查、鉴定、讯问犯罪嫌疑人等的实施情况和结果;证据收集情况,对各类证据的分析和采信情况,包括物证、书证、证人证言、鉴定意见、犯罪嫌疑人供述等如何相互印证,形成完整的证据链,如证人证言中关于赵瑞龙肇事过程的描述与鉴定意见中的车辆痕迹鉴定、人体损伤程度鉴定是否相符,犯罪嫌疑人供述与其他证据之间的一致性和矛盾点的分析等,详细阐述证据之间的逻辑关系和证明力,突出关键证据和关键情节,对案件事实进行清晰、准确的认定),犯罪嫌疑人的基本情况(赵瑞龙的详细个人信息、违法犯罪前科等),犯罪事实认定(按照犯罪构成要件,详细阐述赵瑞龙的行为构成以危险方法危害公共安全罪的事实,包括行为的时间、地点、方式、手段、后果等,明确其行为的危险性和社会危害性,结合相关法律法规对犯罪行为的定性进行深入分析,引用《刑法》关于以危险方法危害公共安全罪的具体规定,并对赵瑞龙的行为是否符合该罪的构成要件进行详细解读),案件的法律适用(根据犯罪事实和法律规定,确定赵瑞龙涉嫌的罪名及相应的法律条款,分析法律适用的准确性和合理性,结合案件的具体情况,如赵瑞龙的主观恶性、行为的严重程度、社会影响等因素,对法律条款的具体适用进行阐述和说明),处理意见(提出对赵瑞龙的处理建议,移送检察机关审查起诉,并说明理由和依据,包括犯罪情节的轻重、社会危害性的大小、认罪悔罪情况、民事赔偿及谅解情况等因素对量刑的影响,建议检察机关对赵瑞龙依法提起公诉,追究其刑事责任)等内容。报告应语言规范、条理清晰、逻辑严谨,避免出现错别字、语病和逻辑漏洞。经侦查部门负责人审核签字后入卷,为后续的审查起诉工作提供有力的支持和依据,是侦查工作成果的集中体现,对于案件的顺利移送和审判具有重要的指导作用,其质量的高低将直接影响案件的司法处理结果和司法公正的实现。

(2)移送起诉意见书。在侦查终结后,认为赵瑞龙的犯罪事实清楚,证据确实、充分,依法应当追究刑事责任的,应制作移送起诉意见书。内容包括犯罪嫌疑人赵瑞龙的基本情况(与侦查终结报告中的信息一致),案件事实(详细叙述犯罪的时间、地点、经过、手段、后果等,如2019年11月25日18时30分许,赵瑞龙与朋友聚餐饮酒后,于20时50分独自驾车离开饭店,在学苑路高架桥超速行驶,先后撞击行人陈清泉和赵德汉驾驶的车辆,导致陈清泉重伤、欧阳菁轻伤、车辆受损,以及赵瑞龙在事故发生后的一系列行为表现,要做到客观、准确、详细,使用准确、简洁的语言描述案件事实,突出关键情节和证据支持),证据情况(列举支持犯罪事实认定的各类证据,包括物证、书证、证人证言、鉴定意见、犯罪嫌疑人供述等,说明证据的来源、证明内容和证据之间的相互印证关系,形成完整的证据链,如现场勘查笔录中的车辆痕迹与鉴定意见中的车辆碰撞痕迹鉴定相互印证,证人证言与犯罪嫌疑人供述的一致性等,对每一项证据的关联性和证明力进行详细分析和阐述),涉嫌罪名和法律依据(明确犯罪嫌疑人赵瑞龙涉嫌以危险方法危害公共安全罪,并准确引用《刑法》

关于该罪名的具体条款,对法律依据的引用要准确、完整,结合案件事实进行法律条文的解读和适用分析),移送起诉的意见(建议检察机关对赵瑞龙提起公诉,并简要说明理由,如犯罪事实清楚、证据确实充分、社会危害性极大,虽有部分赔偿和谅解情节,但不足以抵消其犯罪行为的严重性,对移送起诉的必要性和合理性进行简要阐述,为检察机关的审查起诉工作提供参考和依据)等内容。

(四)侦查证据卷制作示例

1. 封面与目录

(1)封面。标注"侦查证据卷"以及案件名称"赵瑞龙以危险方法危害公共安全案",注明案件编号、制作单位及制作日期,要求设计简洁规范,文字清晰醒目,便于识别和管理。

(2)编排与分类。按照证据的类型进行分类编排,依次为物证、书证、证人证言、被害人陈述、勘查笔录、鉴定意见、电子数据、犯罪嫌疑人供述以及民事赔偿证据等类别,每类证据分别成册或成部分,便于查找和审阅,且在每类证据的首页附上该类证据的目录,详细列出各项证据的名称、来源、获取时间等关键信息,确保卷宗的系统性和逻辑性。

(3)目录。按照证据类型和收集顺序,详细列出卷内所有证据的名称、来源、所在页码等信息。例如:物证类——肇事车辆照片(侦查机关拍摄,P1～P5)、扣押物品清单(侦查机关出具,P6～P7);书证类——赵瑞龙常住人口基本信息表(公安机关户籍管理部门提供,P8)、陈清泉居民身份证复印件(被害人提供,P9)等;证人证言类——刘立刚询问笔录(侦查人员询问,P10～P15)、乐佳佳询问笔录(侦查人员询问,P16～P20)等;被害人陈述类——陈清泉询问笔录(侦查人员询问,P21～P25)、赵德汉询问笔录(侦查人员询问,P26～P30)等;勘查笔录类——道路交通事故现场勘查笔录(侦查人员制作,P31～P35)等;鉴定意见类——五道口大学司法鉴定中心〔2019〕73号酒精检验报告(司法鉴定中心出具,P36～P40)等;电子数据类——交警监控图像截图(交警部门提供,P41～P45);犯罪嫌疑人供述类——赵瑞龙2019年12月2日讯问笔录(侦查人员讯问,P46～P50)等;民事赔偿证据类——赵瑞龙与赵德汉赔偿调解协议书(双方签订,P51～P53)等。应确保目录的完整性和准确性,方便查阅者快速定位所需证据,同时有助于检查证据的完整性和编排的合理性。

2. 物证部分

(1)肇事车辆。拍摄清晰、全面的车辆照片,包括整体外观、各个角度、受损部位特写等,确保能够准确反映车辆在事故后的状态,如左前角撞击痕、右侧翼子板擦痕、右前轮胎爆胎、右翼子板转向灯脱出等关键部位;照片应标注拍摄时间、地点、拍摄人等信息。同时，在车辆上对相关物证痕迹进行标记，如用标签注明与行人陈清泉碰撞的痕迹位置、与赵德汉车辆碰撞的部位等，以便在后续的勘查和检验过程中能够准确识别和记录。

（2）车辆行驶证及机动车驾驶证。将赵瑞龙、赵德汉的车辆行驶证和机动车驾驶证原件进行扫描或复印，确保复印件清晰可辨，内容完整，包括证件上的所有文字信息、照片、印章等，在复印件上注明"与原件核对无异"，并由核对人签字和注明核对日期，将其与肇事车辆照片等物证一同整理，注明来源和提取过程。例如"在事故现场从赵瑞龙驾驶车辆内查获赵瑞龙机动车驾驶证，从赵德汉车辆内查获赵德汉机动车驾驶证及车辆行驶证，由侦查人员刘立刚、刘新建于2019年11月25日提取"。

（3）扣押与保管记录。制作详细的扣押物品清单，清单应包括扣押物品的名称（如肇事车辆、车辆行驶证、驾驶证、事故现场遗留的车辆碰撞碎片等）、数量、特征（如车辆颜色、型号、品牌，物品的形状、大小、材质等）、扣押时间（精确到时分）、扣押地点（事故现场具体位置或其他相关地点）、扣押机关（出具清单的公安机关名称）、扣押人（执行扣押的侦查人员姓名）以及被扣押人的基本信息（赵瑞龙的姓名、性别、年龄、公民身份号码等）；清单应由扣押人、被扣押人（或其在场的成年家属）签字确认，如有拒绝签字的情况，应注明原因并由见证人签字，确保扣押物品的来源和去向清晰明确，程序合法合规，为物证的合法性和关联性提供有力支持。扣押与保管记录是物证卷的重要组成部分，对于案件证据链的完整性具有关键作用。对于扣押的物品，应建立专门的保管台账，记录入库时间、保管位置、保管条件（如温度、湿度等环境要求）、出库时间及用途等信息，确保保管链条完整、可追溯，防止物证的丢失、混淆或被替换。

3. 书证部分

（1）身份信息类书证。将赵瑞龙常住人口基本信息表，陈清泉、赵德汉、欧阳菁的居民身份证复印件等按顺序整理，确保信息清晰、完整，无涂改或模糊不清的情况，在每张复印件上注明"由［提供单位或个人］提供，用于证明［相关人员身份信息］，侦查人员［姓名］于［收集日期］收集"，例如"陈清泉居民身份证复印件由陈清泉本人提供，用于证明其身份信息，侦查人员刘立刚、刘新建于2019年11月30日收集"。此类书证是确定案件当事人身份的基础证据，对于案件的受理、调查和审理具有重要意义，为案件中当事人的身份确认提供可靠依据，应妥善保管并确保其真实性和合法性。

（2）保险及车辆信息类书证。如"机动车交通事故责任强制保险单"和"机动车信息查询结果单"以及车辆行车证，应保证其完整性，不得有缺页、破损等情况。保险单上的保险金额、保险期限、保险公司名称、被保险人信息等内容清晰可辨。车辆信息查询结果单和行车证上的车辆所有人、车辆品牌、型号、车架号、发动机号、注册日期、年检情况等关键信息完整准确。对这些书证进行复印或扫描后，在复印件上注明来源和用途，如"机动车交通事故责任强制保险单由[保险公司名称]提供，用于证明肇事车辆投保情况，侦查人员刘立刚、刘新建于2019年12月1日收集"。书证的获取途径应符合法定程序，如通过合法的保险机构查询以及通过车辆管理部门调取，并留存相应的调取手续和记录，以证明其合法性和真实性。这些书证为案件中肇事车辆的权属、保险情况等提供有力的支持，与案件的责任认定和民事赔偿等密切相关，是构建完整证据体系不可或缺的部分。

4.证人证言部分

(1)询问程序规范。证人证言作为案件证据的重要组成部分，对于查明案件事实、还原事故经过、构建完整的证据链条具有关键作用，其真实性和完整性将直接影响案件的定性和处理结果，因此在整理过程中要严格遵循程序规范，确保其作为证据的合法性和有效性。

(2)严格遵循法定程序。询问地点应选择在合适的场所，如公安机关的询问室，确保环境安静、无干扰，且询问室应配备录音录像设备。(条件允许的情况下)对询问过程进行全程同步录音录像，以保证询问过程的合法性和真实性。询问人员应不少于2名，且在询问前应向证人出示工作证件，表明身份，并告知证人其享有的权利(如对与案件无关问题的拒绝回答权、申请回避权等)和承担的法律责任(如作伪证的法律后果)，向证人送达并宣读证人权利义务告知书，让证人在告知书上签字确认已了解相关内容，询问笔录中也应记录告知过程和证人的签字情况。

(3)询问笔录完整、准确。对刘立刚、乐佳佳、蔡成功等证人的询问笔录，应确保记录完整、准确，包括询问的时间(精确到分钟)、地点、询问人(侦查人员姓名、单位及警号)、记录人、被询问人的基本信息(姓名、性别、年龄、职业、联系方式、公民身份号码、住址、与案件的关系等)。对被询问人陈述内容的记录要忠实于原话，详细记录其所见所闻，特别是涉及案件关键事实的部分，如刘立刚等民警出警的详细过程(接到报警的时间、到达现场的时间和方式、现场的初步情况判断、采取的措施等)、乐佳佳目睹的肇事现场细节(车辆的行驶方向、速度、颜色、肇事的先后顺序、人员倒地的位置和状态等)、蔡成功与赵瑞龙聚餐时的情况(饮酒的数量、赵瑞龙离开时的神态和言语等)、陈清泉被撞的经过(被撞的具体位置、身体的感受、肇事车辆的特征等)、赵德汉和欧阳菁遭遇事故的情况(车辆被撞的部位、撞击力度、事故发生后的反应等)。询问结束后由被询问人逐页签字确认，并注明"以上记录我已看过，与我说的相符",如有修改,应在修改处捺手印,保证询问笔录的真实性、完整性和合法性。同时注意记录被询问人的神态、情绪、语言表达等情况,以辅助判断证言的真实性和可靠性。

5. 被害人陈述部分

(1)及时全面获取。对被害人的询问应在合适的时间进行,既要保证被害人的身体和精神状况可以进行陈述,又要确保及时获取案件的第一手信息。对于受伤较重的被害人,如陈清泉,应在其病情相对稳定后尽快进行询问,询问过程中要充分考虑其身体状况,避免过度劳累和刺激,必要时可安排医护人员在场协助。询问时应围绕被害人遭受侵害的全过程展开,包括事故发生前的情况(如陈清泉在高架桥上行走的目的、路线,赵德汉驾车行驶的起点和目的地等),事故发生时的瞬间感受(如被撞的部位、力量大小、是否听到异常声音等),事故发生后的情况(如受伤后的自救行为、是否得到他人的帮助、与肇事方的接触情况等),以及对案件相关细节的回忆(如肇事车辆的特征、司机的外貌特征等),全面、详细地记录被害人的陈述内容,为案件事实的认定提供直接的证据支持。

(2)询问笔录完整、准确。关于询问笔录的整理要求与证人证言类似,重点突出被害人对事故发生经过的描述,陈清泉要详细说明被撞的具体位置、身体受到的冲击、肇事车辆的特征等细节,赵德汉要详细描述车辆被撞的过程、与犯罪嫌疑人的交流情况、报警的原因和过程等。记录应完整、准确,确保能够真实反映被害人的遭遇和所了解的案件情况,签字确认等程序与证人证言相同。被害人陈述作为直接证据,对于证明案件事实、确定犯罪嫌疑人的责任具有重要意义,在证据卷中应予以重点关注和妥善整理,其内容的真实性和可信度将对案件的审理产生重要影响,能够帮助办案人员更直观地了解案件的发生经过和被害人所遭受的损害,从而更准确地认定犯罪嫌疑人的罪责和量刑情节。

(3)关注特殊需求。对于被害人在陈述过程中提出的特殊需求,如心理创伤辅导、医疗救助需求等,应及时记录并协调相关部门予以解决,体现司法的人文关怀。同时,在询问过程中要注意保护被害人的隐私,避免询问过程不当导致被害人的隐私泄露,给被害人造成二次伤害。关于询问笔录的制作要求与证人证言相同,要确保被害人的签字确认和询问程序的合法性、规范性,保证被害人陈述作为证据的有效性和可信度。

6. 勘查笔录部分

(1)现场勘查规范。侦查人员在制作"道路交通事故现场勘查笔录""车物痕迹勘验笔录""道路交通事故现场图"时,应遵循严格的勘查规范和程序。勘查人员应在接到勘查任务后尽快赶赴现场,确保现场的原始状态得到最大限度的保护,防止现场被破坏或被无关人员干扰。在勘查过程中,应使用专业的勘查工具和设备,如测量仪器、摄影摄像设备、痕迹提取工具等,对现场的各类痕迹物证进行仔细勘查和提取。对于肇事车辆的痕迹,要详细记录其位置、形状、大小、颜色、方向等特征,如肇事轿车左前角的大面积撞击痕,应精确测量其从左到右的起始位置、长度和宽度等数据,并绘制详细的示意图;对于现场的血迹、散落物(如车辆零部件、玻璃碎片等),要记录其分布位置、形态和与肇事车辆、被害人的相对位置关系,通过现场图进行准确标注,同时拍摄清晰的照片进行固定,照片应能够反映现场的整体情况和各个关键细节,且现场图和照片应相互对应、补充,使没有到过现场的人员能够通过这些资料清晰地了解现场的实际情况。

(2)勘查记录翔实。勘查笔录应详细记录勘查的时间(精确到分钟,从到达现场开始计时)、地点(准确的地理位置信息,包括道路名称、高架桥的具体位置和路段编号等)、勘查人员(姓名和单位)、在场人员(如有其他警察、医护人员、证人等)等信息,以及勘查的过程和发现的情况。对于现场的环境因素,如天气状况(晴、雨、雪等)、光线条件(白天、夜晚、路灯照明情况等)、道路状况(道路的宽度、坡度、弯道情况、交通标识和标线的设置等)也要进行详细记录。这些环境因素可能对事故的发生和发展产生影响,为事故原因的分析提供参考依据。勘查笔录应由勘查人员签字确认,并注明勘查结束的时间,确保勘查笔录的完整性和真实性,其作为现场勘查情况的权威记录,为后续的案件调查、分析和证据固定提供重要的基础资料。

(3)现场勘查材料完整、准确。将刘立刚、刘新建制作的"道路交通事故现场勘查笔录"、"车物痕迹勘验笔录"、"道路交通事故现场图"及13张事故车辆照片按照顺序整理。现场勘查笔录要详细记录勘查的时间(精确到分钟)、地点、勘查人员、勘查过程和结果,包括车辆的位置、痕迹的分布、现场的环境等信息,使用专业术语和准确的测量数据进行描述。如"肇事轿车左前角有大面积撞击痕,撞击痕在前保险杠从左距右60厘米开始,左大灯破碎,经测量,痕迹长度为105厘米,宽度为40厘米,深度为0.6厘米"等。车物痕迹勘验笔录要对车辆和现场遗留物的痕迹进行详细分析和记录,说明痕迹的形成原因和与事故的关联。现场图要准确绘制事故现场的地理位置、道路情况、车辆和人员的位置等信息,标注清晰、准确,比例合适。事故车辆照片要与勘查笔录和现场图相互对应,全面反映车辆的受损情况和现场的痕迹特征,每张照片都要注明拍摄时间、地点、拍摄人、拍摄角度以及反映的内容摘要。例如,"图1:肇事车辆左前角撞击痕照片,2019年11月25日21时30分拍摄于事故现场,拍摄人王鑫鑫,反映了肇事车辆左前角与行人碰撞后的受损情况"。勘查笔录材料是还原事故现场、分析事故原因的关键证据,对于确定案件事实、认定责任具有重要的作用,在证据卷中应将其作为重点部分进行精心整理和保管,确保其完整性和准确性,以便在案件审理过程中能够清晰地展示事故现场的全貌和关键细节,为法庭的判断和决策提供有力的证据支持。

7. 鉴定意见部分

(1) 鉴定机构资质合法。司法鉴定机构及相关鉴定人应具备合法的鉴定资质和资格,鉴定机构和鉴定人的资质合法性是保证鉴定意见有效性和可信度的前提条件。在卷宗中应附上鉴定机构的"鉴定机构资格证书",证书应在有效期内,且鉴定机构的业务范围应涵盖本案所涉及的鉴定事项(如酒精检验、痕迹鉴定、人体损伤程度鉴定、道路交通事故责任认定等)。同时附上鉴定人的"鉴定人资格证书",证书应显示鉴定人的姓名、专业领域、执业资格证书编号等信息,确保鉴定人具备相应的专业知识和技能进行鉴定工作。

(2) 鉴定过程科学严谨。各类鉴定报告,如〔2019〕73 号酒精检验报告、〔2019〕痕鉴字第 640 号司法鉴定意见书、〔2019〕262 号法医学人体损伤程度鉴定书、〔2019〕264 号法医学人体损伤程度鉴定书、〔2019〕第 161198 号道路交通事故认定书等,应详细描述鉴定的目的、方法、过程和依据。对于酒精检验报告,应说明采用的检验方法(如血液中乙醇含量的检测方法,是气相色谱法还是其他符合国家标准的方法),检验的样本来源(如赵瑞龙的血液样本是如何采集、保存和运输的,确保样本的完整性和无污染),检验的仪器设备(仪器的型号、精度、校准情况等)以及数据分析过程和结果,确保鉴定过程科学、严谨、可重复。对于痕迹鉴定意见书,要详细描述对肇事车辆和现场痕迹的检验分析过程,包括对痕迹的比对、特征提取和分析方法,如何得出赵瑞龙驾驶的小型轿车右后视镜、右前门、右前翼子板上转向信号灯擦蹭、碰撞痕迹是由于与行人陈清泉碰撞擦蹭所形成的结论,依据要充分、合理,逻辑严密。对于人体损伤程度鉴定书,要结合医院的诊断病历、检查报告、影像学资料等,详细说明损伤程度评定的依据和标准,如陈清泉的重伤二级评定是依据《人体损伤程度鉴定标准》的具体哪几条规定,确保鉴定意见的准确性和公正性。对于道路交通事故认定书,要详细阐述事故责任认定的依据,包括事故现场勘查情况、证人证言、车辆鉴定意见、当事人陈述等证据的综合分析过程,如何根据这些证据确定赵瑞龙对撞击赵德汉车辆负事故全部责任,对撞击陈清泉负主要责任,使事故责任认定具有充分的事实依据和法律依据,让人信服。

(3) 鉴定意见报告完整规范。完整收录五道口大学司法鉴定中心〔2019〕73 号酒精检验报告、五道口路路通车辆司法鉴定中心〔2019〕痕鉴字第 640 号司法鉴定意见书、五道口图龙司法鉴定中心〔2019〕262号法医学人体损伤程度鉴定书、五道口图龙司法鉴定中心〔2019〕264号法医学人体损伤程度鉴定书、交通警察大队〔2019〕第161198号道路交通事故认定书等，并对鉴定报告依次整理。每份报告应包括鉴定机构资质信息（鉴定机构名称、业务范围、资质证书编号等）、鉴定人资格证书（鉴定人姓名、专业领域、执业资格证书编号等）、鉴定的目的、方法、过程（详细描述采用的鉴定技术、实验步骤、数据分析方法等）、鉴定意见（明确、具体、客观的鉴定意见）等内容，确保鉴定意见的科学性、权威性和合法性。鉴定意见作为专业的证据形式，作为认定案件事实和犯罪嫌疑人责任的关键证据，对于认定案件事实、确定犯罪嫌疑人的罪责和量刑具有关键作用，其准确性和可靠性将直接影响案件的定性和量刑，因此在证据卷中要保证其完整性和规范性，确保鉴定意见的科学性、权威性和合法性。

8. 电子数据部分

电子数据作为直观反映案件事实的证据形式，对于还原事故发生过程、证明犯罪嫌疑人的行为具有重要作用，其真实性和完整性的保障至关重要，在证据卷中应按照相关技术规范和法律要求对其进行妥善整理和保管，确保其能够作为有效的证据在法庭上出示和使用，为案件的审理提供有力的视觉证据支持，增强证据的说服力和可信度。

（1）数据来源合法与可靠。交警监控图像截图作为电子数据证据，其来源应合法可靠。应说明监控设备的位置（位于学苑路高架桥的具体方位，如入口处、中间路段、出口处等）、监控设备的归属（属于交警部门、市政部门还是其他合法管理机构）、监控设备的类型（如高清摄像头、普通摄像头等）以及数据的提取过程和保存方式。数据提取过程应遵循法定程序，由专业技术人员进行操作，确保数据的完整性和真实性，防止数据被篡改、删除或损坏。对提取过程应有详细的记录和操作日志，记录提取的时间、操作人员、提取的方法和工具等信息，以备后续查验和核实，保证电子数据的合法性和可靠性，使其能够作为有效的证据在案件中使用。

（2）数据内容清晰与完整。监控图像截图应清晰可辨，能够准确反映赵瑞龙驾驶车辆于2019年11月25日20时50分至21时20分的行驶及肇事情况。图像应包括车辆的行驶轨迹、速度变化（如有明显的加速、减速迹象）、肇事瞬间的画面（车辆与行人、其他车辆的碰撞情况）、车辆失控后的状态以及最终停车的位置等关键信息。对于图像中的关键时间节点、车辆和人员的特征等，应通过文字标注或其他技术手段进行突出显示，便于查看和理解，确保电子数据能够直观、准确地展示案件事实，为案件的调查和证据链的完善提供有力的支持。同时，应将电子数据的原始存储介质(如监控硬盘、存储服务器等)妥善保管,以备必要时进行数据的进一步提取和分析,确保证据的稳定性和可持续性。

(3)监控图像截图内容完整规范。应注明介质的保管情况和提取过程,确保电子数据的来源合法、内容完整、未被篡改,可制作电子数据提取说明,详细描述提取的时间、地点、人员、方法以及使用的工具等信息。如"2019年11月26日,侦查人员李明明在交警指挥中心,使用专业数据拷贝设备,按照数据提取标准流程,首先对设备进行清洁确保无外部干扰,接着通过专用接口连接硬盘,在系统中确认硬盘可读取状态后,使用指定的图像提取软件,筛选出2019年11月25日20时50分至21时20分的相关监控视频,再利用截图工具进行精准截图,对截图进行编号标记,从交警监控系统硬盘中提取了2019年11月25日20时50分至21时20分涉及赵瑞龙肇事案件的监控图像截图,提取过程全程录像,录像文件存储在公安机关内部服务器,存储路径为/20191125_赵瑞龙案件监控提取录像.mp4"。对监控图像截图按照时间顺序进行整理,标注每张截图的拍摄时间(精确到时分秒),拍摄地点(监控设备所在位置),反映的内容摘要(如"图1:2019年11月25日20时55分,赵瑞龙驾驶车辆在学苑路高架桥南坡超速行驶,截图显示车辆速度为108千米/小时,车辆特征为灰色轿车,车牌号码部分可见为汉A88888")。

9. 犯罪嫌疑人供述部分

犯罪嫌疑人供述作为重要的证据之一,对于查明案件事实、认定犯罪嫌疑人的主观故意和行为过程具有关键作用,其真实性和稳定性将直接影响案件的定性和处理结果,因此在证据卷中要确保其记录的完整性和准确性,为案件的审理提供有力的证据支持,帮助办案人员全面了解犯罪嫌疑人的犯罪行为和心理状态。

(1)讯问笔录完整性与规范性

基本信息记录准确:每次对犯罪嫌疑人赵瑞龙进行讯问时,都要清晰、准确地记录讯问的时间(精确到分钟,如2019年11月26日14时30分),地点(具体的讯问场所,如京州市公安局第08讯问室),讯问人(所属单位及警号,如京州市公安局刑侦大队,刘大伟,警号18193,王晓珂,警号90496),记录人(同样记录详细身份信息)以及赵瑞龙的基本信息(姓名、性别、年龄、住址、公民身份号码等),确保能明确溯源每一次讯问的主体和对象情况。

内容忠实还原:针对赵瑞龙的讯问笔录要忠实于其原话,不能随意增减、篡改其表达的意思。详细记录与案件相关的各个方面,包括饮酒的具体情况,如饮酒时具体喝了什么酒、大致的饮酒量(可以用瓶、杯等直观单位描述)、饮酒的时间段等;驾车离开饭店后的行驶路线(包含经过的道路名称、标志性地点等)、行驶状态(如像车速快慢的自我感觉、超车的具体行为和次数、是否意识到自己的行为异常等);肇事的详细经过,按照时间顺序和实际发生顺序记录撞击陈清泉、赵德汉车辆的先后情况(如先描述撞向陈清泉时看到的场景、碰撞瞬间的感受、车辆反应等,再接着描述后续撞赵德汉车的相关细节),碰撞时车辆的操作(如打方向盘、踩刹车等动作及对应的想法),车辆失控后的走向和最终停车位置等;事故发生后的行为表现(如与被害人交流的具体话语、态度,对现场情况的反应等)和心理状态(如是否知道撞人、对撞车的反应、是否意识到严重性、有无后悔等情绪体现);对案件相关问题的解释和辩解(如对"不知道撞人"的解释)。同时注意记录赵瑞龙的神态、情绪、语言表达等情况,以辅助判断供述的真实性。

遵循法定程序确认:讯问结束后,务必让赵瑞龙逐页签字确认,并注明"以上记录我已看过,与我说的相符"字样,若有修改的地方,不仅要让赵瑞龙在修改处捺手印,还需要由赵瑞龙和讯问人共同签字确认修改内容,以此来保证讯问笔录的真实性、完整性和合法性。

(2)讯问过程细节补充

辅助判断真实性:在记录供述内容的同时,要留意并记录赵瑞龙在讯问过程中的神态(如是否紧张、坦然、回避眼神等)、情绪(激动、平静、沮丧等)、语言表达特点(是否流畅、有无停顿犹豫等)以及身体状况(有无身体不适影响表达等)等细节情况,这些细节可以辅助判断其供述的真实性和稳定性,也应在笔录中有所体现,例如,"在询问关于事故发生瞬间操作时,赵瑞龙表情略显紧张,说话略有停顿,称当时脑子一片空白,只本能地打了方向"。

多次讯问连贯性:由于存在多次讯问情况,要注重各次讯问笔录之间的连贯性和逻辑性,后一次讯问笔录可以适当提及与前次讯问相关的关键问题及回答情况,便于查看整体的讯问脉络,了解犯罪嫌疑人供述的变化过程以及判断是否存在矛盾之处,例如,在2019年12月15日的讯问笔录开头,可以简单说明"鉴于已向赵瑞龙送达了4份'司法鉴定意见书',此次就鉴定书中涉及的相关问题对其进行讯问,此前其在××问题上曾有××回答"。

(3)整理与编排要求

单独成册并标注:将赵瑞龙的所有讯问笔录按照讯问时间先后顺序进行排列,单独成册,在册子的首页可以制作一个简单的目录,列出每次讯问的时间和主要涉及的关键内容摘要,方便查阅者快速定位想要查看的具体讯问情况,例如,"2019年12月2日讯问笔录:主要涉及赵瑞龙交代聚餐后驾车离开饭店及在学苑路高架桥开始撞车的情况"。

与其他证据关联说明:在整理犯罪嫌疑人供述部分时,可以适当备注与其他证据相互印证或者存在矛盾的地方,比如,"赵瑞龙关于车速的供述与交警监控图像截图中显示的车辆行驶速度情况存在一定差异,需进一步核实",这样能更好地体现证据之间的关联性,便于整体把握案件证据情况。

10. 民事赔偿部分

(1)按对象分类编排。把犯罪嫌疑人赵瑞龙对不同被害人(赵德汉、欧阳菁、陈清泉)以及对道路护栏进行赔偿的相关证据分别进行整理,按照赔偿对象分类编排,将同一赔偿对象的相关证据再按照时间顺序依次排列,这样条理更清晰,方便查看针对每个主体的赔偿情况全貌。

(2)协议内容完整呈现。对于赵瑞龙与赵德汉签订的"道路交通事故赔偿调解协议书",以及与欧阳菁签订的"调解协议书"等赔偿协议,要确保完整复印或扫描协议内容,清晰呈现协议双方的信息(姓名、身份等)、签订时间、签订地点、协议中约定的赔偿项目(如车辆维修费用、各项人身损害赔偿费用等具体明细)、赔偿金额及支付方式等关键内容,并且在协议复印件上注明"与原件核对无异",由核对人签字及注明核对日期,同时说明该协议的来源(如由哪一方提供、获取的时间等)。例如"赵瑞龙与赵德汉签订的道路交通事故赔偿调解协议书,由赵德汉于 2019 年 12 月 5日提供,经与原件核对无异,核对人李大国,2019 年 12 月 6 日,协议主要约定赵瑞龙承担赵德汉车辆维修费用及赔偿损失共计 500 元,支付方式为现金支付"。

(3)凭证真实性核实。针对"道路交通事故经济赔偿凭证"等支付凭证,要核实凭证的真实性,保证上面的收款方、付款方、金额、日期等关键信息清晰可辨,若为银行转账凭证,还需附上相应的银行流水记录等证明材料,确保赔偿款项实际支付情况属实,同时记录凭证的获取途径(从何处获取、获取时间等)。例如,"孙连成(欧阳菁的丈夫)出具的道路交通事故经济赔偿凭证,显示已收到赵瑞龙支付的经济赔偿款人民币 12,000 元整,该凭证于 2019 年 12 月 10 日由孙连成提供,经与银行转账记录核对,转账时间、金额等信息相符,银行转账记录由汉东银行龙湖支行提供,获取时间为 2019 年 12 月 11 日"。

(4)谅解书整理规范。明确出具主体与内容:将赵德汉、欧阳菁、陈清泉等出具的"谅解书"进行整理,清晰呈现谅解书的出具主体、出具时间、具体表达的谅解内容(明确表明对犯罪嫌疑人行为的谅解态度以及是否希望司法机关从轻处理等意思),确保谅解书的格式规范、文字表达清晰准确,无涂改或模糊不清之处,同样注明谅解书的获取来源和时间。例如,"赵德汉出具的谅解书,出具时间为 2019 年 12 月 8日,内容为鉴于赵瑞龙已赔偿其经济损失,其对赵瑞龙的行为表示谅解,希望司法机关在处理案件时能综合考虑该情况,该谅解书由赵德汉本人提供,获取时间为2019年12月8日"。

(5)关联赔偿情况说明。在整理谅解书时,可以适当关联对应的赔偿协议和赔偿款支付情况进行说明,体现出谅解是基于犯罪嫌疑人履行了相应赔偿义务而产生的,例如,"陈清泉的谅解书,是在其家属收到赵瑞龙家属支付的经济赔偿人民币35,000元后,于2020年1月10日出具的,表明对赵瑞龙行为的谅解,具体赔偿情况详见陈清泉赔偿相关的协议及支付凭证部分"。

四、结语

侦查卷宗制备,是"实战"式模拟法庭教学的重要组成部分,是培养学生综合素质和法律职业素养的关键环节,有利于训练学生的法律文书制作技巧,培塑学生对案件整体脉络的把握能力。通过精细打磨案例、严谨设定程序与时间节点,制作高质量的侦查文书卷与证据卷,为模拟审判提供一个尽可能接近真实司法环境的案件材料基础。通过侦查卷宗的制备过程,学生能够更深刻地理解证据的收集、固定和运用过程,培养其严谨细致的工作态度,提升其法律实务操作能力。

数字化技术的广泛应用为侦查卷宗的制备带来新的挑战和机遇。传统的纸质卷宗逐渐向电子化、数据化转变,不仅提高了资料存储和检索的效率,也增强了信息的共享性和透明度。学生在此过程中需要掌握相关的信息技术,学会利用各类法律数据库和法律软件,提升数据分析和证据整合的能力。同时,网络安全和数据隐私保护也成为不可忽视的重要议题,要求学生在制备卷宗时严格遵守相关法律法规,确保信息的合法性和安全性。通过这样的训练,学生不仅能适应现代法律工作的需求,还能在未来的法律实践中展现出更高的专业素养和技术水平。

第五章　实战式模拟法庭之庭前准备

> 庭前准备绝非简单的流程性事务,是后续模拟审判能否成功、有效的根基所在。从梳理繁杂的案件事实,到甄别各类证据的真伪与效力,再到精心谋划诉讼策略,每一步都饱含着法律人的智慧与严谨。无独有偶,在以培养律师为目的的美国法学院,围绕虚拟案例的模拟对抗是法科生的日常,围绕给定案例,制定诉讼策略并充分准备,分别代理原被告进行激烈的模拟对抗,通常被作为课程考核的有效方式。正是这样的"训练有素",才造就了美国法庭上律师们的口若悬河与唇枪舌剑,造就了法官们对庭审的有力把控与一言定鼎。[1]

在"实战"式模拟法庭教学模式中,一旦控诉组、辩护组、审判组收到组委会发送的虚拟案例侦查卷宗,则意味着模拟法庭教学进入庭前准备阶段。控诉组、辩护组、审判组要进入状态,深度研读侦查卷宗,细致分析案件事实,整理整合证据材料,全面梳理案例涉及的刑事实体法、程序法规范,制作庭审实战所需的诉讼文书与材料。同时,还要结合虚拟案例,制作本组的实施策略,并查阅资料,梳理、总结应对庭审实战所需的指控、辩护、诉讼指挥等技巧。

为了实现"实战"式模拟法庭教学模式"实案"办理、"实战"演练的教学目标,要求控诉组、辩护组、审判组以背对背的方式推进庭前准备任务,避免控辩审三方间的程序外沟通交流,防止对"实战"效果产生不利影响。为了确保任务推进的有效性,各组内部还需要进一步明晰任务,分解任务、做到任务到人。控诉组、辩护组、审判组的组长要肩负起任务推动和行动协调的重任,畅通组内信息交流共享,增进组内协作,汇聚集体智慧,及时应对并解决遇到的复杂问题,确保本组同学按计划、高质量完成庭前准备工作。

---

[1] 马建红:《法律教育中的模拟法庭》,载《方圆》2021年第5期。

本章将以刑事公诉案件为例,说明各组庭前准备的任务内容和注意事项。

一、控诉组:预案扎实,精准公诉

对控诉组而言,庭前准备工作的精度直接决定着指控的成败。

深度研读侦查卷宗,才能确保指控的精准度。庭前认真研读案件材料是控诉组庭前准备的基石,只有全面审读组委会发送的虚拟案例侦查卷宗,才能明晰法律事实,严谨梳理证据材料,甄别证据材料的合法性、真实性与关联性,才能构建起清晰且确凿的指控证据链,精准认定犯罪事实,为庭审指控筑牢根基,避免证据瑕疵或事实不清而导致指控不力。

深度梳理法律规范,才能保证法律适用的准确。庭前潜心钻研刑事实体法、程序法的相关规范,针对虚拟案例给定的法律事实,斟酌确定法律适用条款。只有明确法律界限,精准确定罪名,并提出适当的量刑建议,方能在后续的庭审实战中,有理有据地反驳辩护组可能提出的法律抗辩。

周全拟定庭审预案,才能确保庭审流程的顺畅。庭前撰写高质量的公诉意见书,才能为法庭审理提供重要的参考依据;准备直击要害的讯问提纲,才能把控被告人供述走向;精心制作举证质证方案,才能有序地呈现证据、应对辩方的质证挑战。

庭前准备是训练公诉职业能力的有效途径,面对疑难复杂案件,控诉组要发挥集体智慧,团队协作攻克证据难题、剖析法律争议,在磨砺中培塑团队精神与应变能力。

(一)公诉准备的重点任务

在"实战"式模拟法庭教学的庭前准备环节,对于肩负公诉重任的控诉组而言,其核心任务聚焦于极具关键意义的"两纲一书"。所谓"两纲",一是讯问提纲,这是公诉人开启案件真相大门的钥匙,通过严谨且富有逻辑性的问题设计,步步紧逼,引导被告人如实供述案件事实,挖掘每一个隐藏在细节背后的关键信息;二是举证提纲,它是呈现案件坚实证据的关键,依循严密的法律逻辑,将物证、书证、证人证言等各类证据有序编排,确保在庭审举证环节能够全方位、多角度地呈现犯罪事实,让证据链条坚不可摧。"一书",是指公诉意见书,这份庄重的文书凝聚着公诉人对整个案件的深度洞察与法律研判,以铿锵有力的文字、严谨缜密的论证,阐明犯罪事实认定依据、法律适用原理以及公诉诉求。

在"两纲一书"之外,法庭辩论阶段的辩论预案同样重要,确保在庭审中能够从容应对辩护方的质疑。凭借对案件事实的熟稔于心、对法律条文的精准把握,提前预判辩护方可能提出的辩护理由,进而未雨绸缪,精心打造辩论预案。辩论预案涵盖对各种辩论走向的模拟应对,对反驳论点的巧妙构思以及对法律依据的充分储备,确保在庭审过程中始终保持冷静和条理清晰,力求在法庭辩论中从容应对、掌控全局。

1. 斟酌讯问提纲,开启真相探寻之门

讯问提纲作为公诉环节的关键利器,其设计水平直接决定能否精准突破被告人心理防线,挖掘事实真相。公诉人需全身心投入案件卷宗研读,以近乎"解剖"的细致程度,梳理案件全貌。不仅要厘清事件发展的先后顺序,明确各环节参与者的行动细节,还要深度剖析背后隐藏的行为逻辑。比如,在经济犯罪案件中,仔细追踪资金流向、交易决策过程,精准掌握每一笔款项的来龙去脉。以此为基础,才能设计出环环相扣、直击要害的问题,让案件疑点真正水落石出。

问题编排应遵循由浅入深、步步紧逼的策略。开篇从被告人基本履历、日常活动等易于回答的信息切入,帮助其适应讯问节奏,舒缓其紧张情绪。随着讯问的推进,逐渐逼近核心犯罪事实。还要充分预判被告人可能采取的回避、抗拒手段,准备充足的追问话术。一旦被告人言辞闪烁,立即抛出诸如"在关键转账节点,你身边还有何人在场,当时有何交流"这类针对性问题,迫使他直面真相。

巧用心理学技巧是讯问提纲的点睛之笔。适时利用沉默、加重语气等手段施加压力,让被告人感知法律威严;在僵持不下时,又以温和言辞、耐心引导缓和氛围,促使其敞开心扉。借助眼神交流、肢体语言等非语言因素,配合精心措辞,引导被告人如实供述。如此,方能为后续庭审环节筑牢根基。

2. 布局举证提纲,构建坚实证据堡垒

举证提纲是公诉人庭审举证的路线图,其重要性不言而喻。公诉人要对海量且繁杂的证据材料进行抽丝剥茧般的分类,精准甄别直接证据与间接证据、原始证据与传来证据,明确各证据在整个证明体系中的角色与分量。公诉人应根据案件事实的发展脉络、证据材料的逻辑关联,将各类证据有序排列,确保证据出示有条不紊,让裁判者、旁听群众能够清晰直观地理解案件的证据体系。以经济纠纷引发的命案为例,现场凶器作为物证,直观呈现犯罪手段;商业合同作为书证,反映案件背后的利益纠葛。只有明晰这些,才能为后续有序举证奠定基础。

遵循犯罪构成要件逻辑,铺展证据链条。率先亮出锁定犯罪主体、彰显主观故意的关键证据,让法庭一眼看清"谁是真凶""作案动机为何",再层层递进,呈现证实客观行为、危害结果的支撑材料。举证过程中,注重证据间的自然衔接,用简洁有力的语言点明关联性。如展示完作案现场监控录像后,即刻出示与之匹配的证人证言,强调"证人目睹了监控中的关键行为,两者相互印证,铁证如山"。

提前筹备应对辩方"防御体系"至关重要。针对证据合法性,详细阐释取证的合法流程,从取证人员资质到取证手续,一应俱全;面对真实性挑战,阐述证据保存的科学严谨性;回应关联性疑问,强化证据与案件关键节点的逻辑纽带。全方位保障举证环节无懈可击,使证据体系坚如磐石,让真相大白于法庭。

有效应对辩方的证人出庭申请,合理安排证人出庭名单。证人出庭可以切断法官对案卷材料的依赖,促进庭审的实质化,有利于保障被告人的对质权。因此,辩护人要求证人出庭的申请会越来越普遍,公诉人应做好应对之策。对于辩方提出的出庭证人名单,公诉人应当结合全案分析辩方是否隐瞒了主要证人,并及时提出异议。同时,公诉人要认真考虑己方的出庭证人名单,对于提交过书面证言的,评估证人是否有可能被强制出庭、是否会因为不愿意得罪被告人等而在出庭时改变证言,甚至作出有利于辩方的证言。对于辩方的证人,公诉人应当加强询问技巧,对其不利于控方的证言做好应对准备。

有效应对辩方排除非法证据的申请,合理评估证据体系。非法证据排除是辩方常用的抗辩利器。当辩方提出非法证据排除的主张并得到审判人员的支持后,公诉人应立即就侦查人员的侦查行为是否合法进行调查。确有以非法方法收集证据情形的,公诉人应依法排除并对原有的证据体系进行评估。经过严格调查,确认不属于非法证据的,公诉人应当确保侦查人员出庭作证,充分履行好证据合法取得的证明责任,保障起诉活动的顺利进行。

3. 研磨公诉意见,奏响公诉正义强音

公诉意见书宛如庭审战场上激昂的冲锋号,集法理、事实、情理于一身,以理服人、以情动人。开篇应当以沉稳而有力的语气,以庄重、严肃的态度,明确无误地表明公诉立场,让各方深入关注案件的核心问题。

紧接着,要对案件的发生发展进行深度剖析。精准引用法律法规条文,结合权威司法解释,对犯罪行为进行丝丝入扣的法律剖析,让罪名认定有理有据,不容置疑。在详述犯罪事实时,运用生动形象、精准入微的语言重现案件场景,突出关键情节的恶劣性质与被告人的主观恶性。如描述暴力犯罪现场的血腥残暴画面、被告人的冷酷行径,使听众仿若身临其境,深刻感知案件的严重性。整合证据链条时,简要回溯举证环节亮点,强调每份证据如何紧密相扣,形成闭环,锁定犯罪。在量刑建议部分,综合考量犯罪情节轻重、被告人的悔罪态度、前科情况等因素,参照量刑指导意见,给出合理且公正的量刑区间,并条理清晰地阐述理由。

收尾阶段要融入法庭教育。从社会影响层面出发,剖析案件对公众安全、社会秩序的冲击,劝诫被告人改过自新,迷途知返;面向旁听群众,以通俗易懂的语言普及法律知识,传递法治理念,引导树立正确的法治观念。

4.打磨辩论预案,掌握庭审辩论主动权

辩论预案堪称公诉人在法庭辩论环节的制胜法宝,要凭借对案件事实的透彻洞察,深度挖掘辩方可能的"攻击点"。

一方面,聚焦证据瑕疵、法律适用争议、程序合法性等常见辩点,反思公诉依据。如案件存在证人证言部分模糊不清的情况,预估到辩方会紧抓不放,质疑证言可信度,此时公诉人就得提前备好该证人证言的补强证据,诸如其他关联证据佐证、证人品格背书等,同时梳理好证言采信的法律依据,做到有备无患。

另一方面,密切关注案件引发的社会舆论热点、公众情感倾向。信息传播飞速,一些案件容易在舆论场掀起波澜,辩方可能借此打"感情牌",煽动情绪、混淆视听。公诉人必须提前构思回应话术,巧妙引导舆论回归理性法律视角。强调法律审判的公正性、严谨性,不受舆论裹挟,以事实为根据,以法律为准绳。

关于辩论预案的内容,应精细规划开场立论、反驳策略、总结陈词三个板块。开场立论要简洁有力,直击公诉核心主张,强化优势地位。反驳策略要针对不同辩点,设计多层次、多角度反驳路径,或从事实细节的精准认定反驳,或运用严密法律逻辑拆解,辅以鲜活案例、权威数据增强说服力。总结陈词环节作为法庭辩论的点睛之笔,要梳理辩论全程重点,再次铿锵有力地强调公诉主张,升华主题。用激昂言辞展现公诉决心,捍卫法律权威,让法庭辩论在公诉人的掌控下,确保庭审结果不偏离正义轨道。

下面以一起虚拟的贪污案件[1]为例,示例制作控诉组的庭前准备材料。

2014年4月,京海市烟草行业开展打击假烟行动,为了取得较好成绩,光明区烟草专卖局副局长汪法吉要求稽查大队稽查员胡求真搞点案子,争取案值在500万元左右。胡求真提出可以在外省购买假烟回京海市,制造无主烟案件,并安排自己人进行举报。经与谭易观商量后,汪法吉同意并要求胡求真负责联系购买假烟。该批假烟到货后,分别放于京海市光明区内三处出租房内。某日,房东李嘉印发现其出租房内存放了很多烟草,怀疑是假烟,遂向烟草专卖局举报。汪法吉安排胡求真等人前去查处,查获案值480万元的假烟,随后汪法吉和胡求真商量后将实情告诉李嘉印,让李嘉印去申报举报人的奖励。李嘉印知情后,按照汪法吉和胡求真的安排,领取了20万元的举报奖金。汪法吉和胡求真各分得5万元,李嘉印分得10万元。

---

[1] 比赛组委会给出的辩论方向,控方:李嘉印的行为构成贪污罪;辩方:李嘉印的行为不构成贪污罪。

(2024年12月21日第一届甘肃省大学生法律专题辩论赛　初赛3号赛题)

(二)讯问提纲示例

1.对汪法吉的讯问

问1:请你陈述一下自己的身份、职务以及在京海市烟草行业中的工作职责。

目的:明确其主体责任,确认其在烟草专卖局权力架构中的位置,为后续行为定性铺垫。

问2:2014年4月,京海市烟草行业开展打击假烟行动期间,是谁最先提出要"搞点案子",具体是怎么沟通的?

追问:提出这个想法时,还有哪些人在场?是否形成了书面或口头的计划?

目的:锁定案件发起源头,判断是个人意志还是集体"默契",厘清责任层级。

问3:胡求真提出在外省购买假烟回京海市、制造无主烟案件并安排自己人举报的方案后,你当时是怎么考虑的?做了哪些回应?

追问:你是否清楚这种行为的违法性?有没有向上级汇报或咨询过法律意见?

目的:探究其主观故意,明知违法而为之是认定犯罪的关键心理要素。

问4:在与谭易观商量后,你同意了胡求真的方案,后续你要求胡求真负责联系购买假烟,其间你有没有过问具体的购买渠道、联系人等细节?

追问:你是否清楚这些假烟流入京海市可能带来的危害,包括在市场秩序、消费者健康等方面?

目的:强化其主导作用,展现其对犯罪链条的深度参与,凸显社会危害性认知。

问5:假烟到货后存放在光明区三处出租房内,你是否知晓具体存放地点?有没有采取什么监管或安保措施?

追问:若知晓,为何不阻止这种违法存储行为,反而任由其发展?

目的:进一步坐实其纵容、参与犯罪的事实,从侧面反映其对犯罪结果的放任心态。

问6:房东李嘉印举报后,你安排胡求真等人前去查处,当时现场情况如何?你有没有向他们交代特殊任务或要求?

追问:查处过程中有没有发现什么异常,如在假烟包装、存放方式等方面与正常查获案件的不同之处?

目的:揭露其"贼喊捉贼"行径,通过细节对比凸显行为诡异,印证犯罪意图。

问7:查获假烟后,你和胡求真商量让李嘉印去申报举报人的奖励,这个主意是谁先提出来的?商量过程是怎样的?

追问：你认为李嘉印作为举报人是否合理合规，有没有考虑过真正受损失的消费者利益？

目的：深挖利益分配背后的猫腻，将其行为与侵吞公款、欺诈公众联系起来。

问8：最终李嘉印领取20万元举报奖金，你和胡求真各分得5万元，这笔钱是以什么名义、通过什么方式到你们手中的？拿到钱后作何用途？

追问：你是否意识到这是非法所得，有没有想过退赃或自首？

目的：锁定非法获利环节，从经济利益角度夯实犯罪事实，试探其悔罪态度。

2. 对胡求真的讯问

问1：介绍一下你在光明区烟草专卖局稽查大队的工作内容与日常职责范围。

目的：铺垫角色背景，了解其执法权力边界，对比其违法行径反差。

问2：2014年4月开展打击假烟行动时，副局长汪法吉要求你"搞点案子"，你当时心里是怎么想的？

追问：你有没有提出过反对意见，还是立刻就有了制造假案的想法？

目的：剖析其从被动接受到主动策划的心理转变，勾勒犯罪心理轨迹。

问3：你提出在外省购买假烟回京海市，制造无主烟案件并安排自己人举报的方案，灵感源于哪里？有没有借鉴过类似违法案例？

追问：你策划这个方案时，是否考虑过法律后果，有没有咨询过身边懂法的人？

目的：探寻犯罪创意源头，强化其主观恶性，凸显其知法犯法的恶劣性质。

问4：得到汪法吉同意后，你负责联系购买假烟，具体联系了哪些人？交易方式、地点、资金往来是怎样的？

追问：这些交易过程中有没有留下什么书面证据、通信记录等，方便警方核实？

目的：直击犯罪核心环节，挖掘交易细节，为固定证据链提供线索，便于追查上下游犯罪。

问5：假烟到货后存放于三处出租房内，你是如何安排保管的？有没有和房东李嘉印提前打过招呼？

追问：若打过招呼，是以什么理由告知李嘉印的，有没有试图隐瞒真相？

目的：查证其对假烟存储的操控，以及串联房东举报前后的行为逻辑，看是否存在欺骗隐瞒行为。

问6：房东李嘉印举报后，你被汪法吉安排前去查处，查处时你有没有发现这是自己参与制造的假案线索？当时心情如何？

追问：有没有试图掩盖真相、销毁证据，或者误导其他同事？

目的：捕捉其查处现场的心理波动与行为异常，从人性角度丰富犯罪情节，坐实其全程参与的事实。

问 7：之后你和汪法吉商量让李嘉印去申报举报奖励，你觉得这个做法合理吗？有没有担心过东窗事发？

追问：你在整个过程中，有没有想过停止犯罪行为，向组织坦白？

目的：质问其道德与法律底线，通过内心纠结展示其在犯罪泥沼中的挣扎与沉沦，反衬其主观故意。

问 8：李嘉印领取奖金后，你分得 5 万元，这笔钱到手后你是怎么花的？有没有想过这是违法所得，迟早要还回去？

目的：追踪非法资金流向，从消费行为判断其对犯罪成果的享受心态，考量其悔罪可能。

3. 对李嘉印的讯问

问 1：你是京海市光明区内房屋的房东，请描述一下你所出租房屋的基本情况，包括租客信息、租赁用途等常规约定。

目的：建立正常租赁关系背景，为后续异常发现做对比铺垫。

问 2：你是什么时候发现出租房内存放了很多烟草的？当时具体情况如何，如烟草的包装、摆放方式等细节。

追问：发现这些异常后，你的第一反应是什么？有没有尝试联系租客核实情况？

目的：锁定发现疑点时刻，通过细节还原其初始怀疑心态，展现常人反应逻辑。

问 3：你向烟草专卖局举报，是基于什么考虑？举报过程是怎样的，有没有联系特定的人或部门？

追问：举报时有没有说明自己的身份、房屋地址等关键信息，确保举报的真实性？

目的：查证举报动机与过程真实性，排除被人利用或虚假举报的可能。

问 4：烟草专卖局工作人员前来查处后，汪法吉和胡求真找你商量申报举报奖励，他们是怎么跟你说的？你当时知道这是假烟案件吗？

追问：你有没有提出疑问，如自己是否满足举报人资格，奖励金额是否合理？

目的：揭露其被拉拢参与分赃过程，探究其从单纯举报人到共犯的转变节点，判断主观认知。

问 5：你最终领取了 20 万元举报奖金，这笔钱是怎么发放到你手中的？发放形式是什么？经手人是谁？

追问：拿到钱后，你有没有想过这钱来得太容易，可能存在问题？

目的：锁定非法利益分配环节，从资金获取细节强化其参与分赃事实，审视其道德警觉。

问6：你现在知道整个事件是一起制造假案、骗取奖金的违法犯罪行为,你对此有什么想说的？有没有后悔自己的行为？

目的：给予其反思机会,从悔罪态度侧面反映其犯罪时的主观心态。

(三)举证提纲示例

1. 证明主体身份及职责的证据

(1)出示汪法吉的任职文件、工作证件,证明其光明区烟草专卖局副局长的身份,明确其在打击假烟行动中的领导职责,即负责统筹、指挥辖区内烟草打假工作,对稽查大队有直接管理权限。

(2)提供胡求真的稽查员工作证明、岗位职责说明,表明其日常工作是依法对烟草市场进行巡查、监管,查处涉烟违法违规行为,其在本次案件中负责具体执行打假任务,受汪法吉领导。

(3)提交李嘉印的房屋租赁合同、身份证信息,证实其作为房东的身份,其拥有涉案出租房屋的所有权及出租权,为后续发现假烟及相关情节发展提供关联基础。

2. 证明犯罪预谋及策划过程的证据

(1)提取汪法吉与胡求真在2014年4月期间的工作通信记录,如短信、即时通信软件聊天记录等,重点展示关于"搞点案子""争取案值在500万元左右"的对话内容,以证实两人最初的违法动机和预谋,还原案件发起源头。

(2)出示参与商量的谭易观的证言笔录,详细说明三人商议制造假案的场景、各自表态内容,尤其是胡求真提出的"在外省购买假烟回京海市,制造无主烟案件,并安排自己人进行举报"的方案,以及汪法吉同意该方案的过程,明确犯罪计划的形成经过。

(3)如有可能,调取当时烟草专卖局内部关于打击假烟行动的工作会议记录、任务分配文件等,对比正常打假工作流程与本案中汪法吉、胡求真私下策划的违法行径,突出其行为的违规性与主观故意。

(4)出示汪法吉、胡求真讯问笔录。证实汪法吉、谭易观、胡求真的商议过程,进一步确认制造假烟并获利事实的真实性,强化被告人的主观故意。

3. 证明假烟购买、运输及存储环节的证据

(1)追踪胡求真在联系购买假烟期间的通信记录,包括与外省卖家的通话记录、短信往来,确定交易对方身份信息(如电话号码、社交账号等实名信息),交易时间、地点、数量、价格等关键细节,为追查假烟源头提供线索。并以胡求真的供述内容予以佐证,证实与卖家沟通的全过程,包括协商价格、确定运输方式等内容。

（2）收集运输假烟的物流单据、车辆行驶轨迹记录（若涉及）、司机证言等，证明假烟从外省流入京海市的运输路径、运输方式，以及胡求真等人对运输环节的操控，形成完整的假烟流转证据链，与胡求真的供述中承认安排运输假烟、安排司机运输的内容相互印证。

（3）提供三处出租房的租赁合同、周边监控录像，证实假烟到货后的存放地点，以及胡求真供述中承认的安排存储行为。监控录像可显示搬运假烟进出房屋的时间、人员特征等，与其他证据相互印证。

（4）对存放假烟的出租房进行现场勘查的笔录、照片、物证提取清单，详细记录假烟的品牌、规格、数量、包装特征等，确定案值为480万元，为后续指控犯罪数额提供依据。胡求真、汪法吉在供述中均对假烟的数量、品牌等信息进行了确认，与现场勘查结果一致。并出示胡求真、汪法吉对假烟的数量、品牌等事实的供述，与现场勘查结果相互印证。

4. 证明查处及骗取举报奖金过程的证据

（1）烟草专卖局的举报受理记录，显示房东李嘉印的举报时间、举报内容、联系方式等，证明案件最初以正常举报形式进入执法程序，后续却被汪法吉、胡求真利用。

（2）胡求真等人前往查处的执法记录仪视频，记录现场查处情况，包括假烟堆放现场、参与查处人员表现等，重点捕捉胡求真等人在面对"自己制造的假案"时是否有异常举动，如神情慌张、故意掩盖关键证据等，揭露其"贼喊捉贼"的本质。

（3）汪法吉、胡求真、李嘉印供述中商量瓜分奖金的具体过程、各自分工及分得的金额，汪法吉、胡求真与李嘉印商量申报举报奖励的谈话录音（若有）或证人证言，还原三人如何策划让李嘉印领取奖金，瓜分非法所得的过程，证实其骗取公款的犯罪行为。

（4）奖金发放记录，包括财务账目、银行转账流水，显示20万元举报奖金从烟草专卖局公账转出，经特定流程发放到李嘉印账户，以及李嘉印后续向汪法吉、胡求真转账分配奖金的记录，锁定非法获利的资金流向。出示三人的相关供述予以印证。

5. 证明社会危害性的证据

（1）收集京海市烟草市场近期的销售数据、价格波动报告，对比假烟流入前后的变化，说明假烟充斥市场对合法烟草销售企业造成的经济损失，对正常市场秩序的影响。

（2）调取消费者投诉记录、相关部门抽检报告，如有因吸食假烟身体不适的案例，附上医疗诊断证明，阐述假烟对消费者健康的潜在危害，强调本案犯罪行为的严重社会后果。

(3) 涉案假烟的鉴定意见。专业烟草鉴定机构出具的对查获在案烟草的鉴定报告,明确指出该批烟草为假烟。详细说明鉴定所依据的标准、方法以及鉴定过程中发现的假烟特征,如在包装材质、印刷质量、烟丝成分等方面与正品烟草的差异。

通过以上举证提纲,公诉人能够系统、全面地向法庭呈现案件全貌,以确实、充分的证据证实汪法吉、胡求真、李嘉印等人的犯罪行为。在庭审过程中,公诉人可根据辩护人质证情况及庭审节奏,灵活调整举证顺序和详略程度。

(四) 公诉意见书示例(节选)

尊敬的审判长、审判员:

根据《中华人民共和国刑事诉讼法》第一百八十九条、第一百九十八条和第二百零九条的规定,我受京海市人民检察院的指派,代表本院,以国家公诉人的身份出席法庭支持公诉,对汪法吉、胡求真、李嘉印涉嫌犯罪一案提起公诉,并就本案发表如下公诉意见,提请法庭注意。

一、本案的基本事实

在2014年4月京海市烟草行业大力开展打击假烟行动之际,本应肩负打假重任、维护市场秩序的光明区烟草专卖局副局长汪法吉,却背离职责初心,为求所谓"成绩",向稽查大队稽查员胡求真下达违规指令,要求其"搞点案子",还明确期望案值达到500万元左右。胡求真身为执法人员,不仅未能坚守法律底线,反而积极响应这一错误指令,提出极具恶劣性质的违法方案——从外省购买假烟回京海市,蓄意制造无主烟案件,并安排自己人进行虚假举报。

经与谭易观商议后,汪法吉草率同意该方案,且指使胡求真具体操办假烟购买事宜。胡求真依令行事,顺利将假烟引入京海市,并将其分别藏匿于光明区三处出租房内。房东李嘉印偶然察觉屋内异样,基于维护公义之心向烟草专卖局举报,这本是正常公民监督之举。然而,令人愤慨的是,汪法吉竟借机利用这一举报,安排胡求真等人伪装查处,查获案值高达480万元的假烟后,二人沆瀣一气,将真相告知李嘉印,蛊惑其申报举报奖励。最终,李嘉印在明知实情的情况下,按二人指示领取20万元奖金,三人随后瓜分,汪法吉、胡求真各得5万元,李嘉印独揽10万元。

二、本案的法律适用及犯罪定性

汪法吉作为光明区烟草专卖局副局长,在打击假烟行动中处于领导地位,其明知指使下属制造假案、骗取公款的行为严重违法,却为一己私欲和虚假政绩,利用职权主导整个犯罪过程。他的行为触犯了《中华人民共和国刑法》第三百八十二条之规定,构成贪污罪。同时,其滥用职权,破坏正常打假执法秩序,致使公共财产、国家和人民利益遭受重大损失,符合《中华人民共和国刑法》第三百九十七条之规定,构成滥用职权罪,应依法数罪并罚。

胡求真身为烟草专卖局稽查员,本应是烟草市场的守护者,却沦为违法犯罪的帮凶。他积极策划并实施购买假烟、制造假案、骗取奖金等一系列行为,与汪法吉形成共同犯罪故意,同样触犯贪污罪与滥用职权罪,应一并承担相应刑事责任,依据其在共同犯罪中的具体作用量刑。

李嘉印虽最初是以举报人身份出现的,但在知悉案件系人为制造后,仍配合汪法吉、胡求真骗取举报奖金,其行为已构成贪污罪的共犯。依据《中华人民共和国刑法》的相关规定,不能因其举报人身份的表象而免除其罪责,应依据其参与程度及分赃情况对其进行依法惩处。

三、本案的社会危害性剖析

从烟草市场秩序层面来看,这起人为制造的假烟案件,严重扰乱了京海市烟草行业的正常运营。大量假烟流入市场,冲击了合法烟草产品的销售渠道,使正规烟草企业面临销量下滑、经济受损的困境。诸多合法经销商因假烟泛滥,客源流失,经营艰难,整个烟草市场的供需平衡被打破,市场竞争陷入无序状态,严重阻碍了烟草行业的健康发展。

对于消费者权益而言,假烟质量毫无保障,所含有害物质往往远超标准,消费者吸食后,身体健康面临巨大风险。在近期收集到的消费者投诉记录以及相关部门抽检报告中,不乏吸食假烟导致身体不适甚至患病的案例,这不仅给消费者个人带来了病痛折磨和经济负担,更在社会范围内引发公众对烟草消费安全的恐慌,削弱了民众对市场监管的信任。

再看执法公信力方面,汪法吉和胡求真身为烟草专卖执法人员,本应是法律的捍卫者,却知法犯法,使执法权力沦为谋取私利的工具。他们的行为极大地玷污了执法队伍的形象,让公众对烟草专卖执法的公正性、严肃性产生怀疑。一旦此类现象蔓延,法律的权威将荡然无存,社会的法治根基将遭受重创,民众对整个司法体系的信心也会大打折扣。

四、量刑建议

综合考量本案3名被告人的犯罪事实、性质、情节以及对社会的危害程度,结合相关法律法规及司法实践,提出如下量刑建议:

汪法吉身为光明区烟草专卖局副局长,本应以身作则,守护烟草市场秩序,却背离职责,主导这起性质恶劣的犯罪行为。他不仅滥用职权,破坏正常打假执法流程,还为谋取私利,伙同他人贪污公款。鉴于其在犯罪过程中的核心领导地位、所造成的严重社会危害后果，以及知法犯法的主观恶性，建议判处有期徒刑5年，并处罚金人民币30万元，没收违法所得5万元。

胡求真作为光明区烟草专卖局稽查员，直接参与策划与实施购买假烟、制造假案、骗取奖金等一系列违法行径，与汪法吉紧密配合，是犯罪行为得以顺利推进的关键人物。其身为执法人员却知法犯法，辜负公众信任，给烟草行业、消费者权益以及执法公信力都带来极大冲击。综合考虑其在共同犯罪中的积极作用、悔罪表现（若有）等因素，建议判处有期徒刑4年，并处罚金人民币25万元，没收违法所得5万元。

李嘉印最初虽然以正常举报人身份介入，但在明知案件系人为造假后，仍受利益诱惑，参与骗取举报奖金，沦为共犯。不过，相较汪法吉和胡求真，其在犯罪过程中的主动性稍弱，起辅助作用。结合其事后的配合调查情况（若良好）以及分得赃款数额，建议判处有期徒刑2年，缓期3年执行，并处罚金人民币15万元，没收违法所得10万元。

审判长、审判员，本案事实清楚，证据确实、充分。汪法吉、胡求真、李嘉印三人的行为已触犯刑律，给社会造成了极大危害，恳请法庭依法公正判决，以彰显法律威严，维护社会公平正义，还京海市烟草行业一片清朗天空，保障广大消费者的合法权益。

（五）辩论预案示例

1. 针对汪法吉辩解的应对

（1）若汪法吉辩称其初衷是完成上级交代的打击假烟任务指标，只是采取了不当手段，并无贪污故意。

公诉人应立即反驳："被告人汪法吉，你作为光明区烟草专卖局副局长，熟悉执法流程与法律规定，明知制造假案、骗取公款是严重违法犯罪行为。从你最初要求'搞点案子'并设定案值目标，到后续主导整个造假流程，包括同意胡求真购买假烟、安排查处假烟以及策划骗取奖金，一系列行为均是你主动实施，且步步为营，绝非所谓的'不当手段完成任务'。你的行为完全符合贪污罪与滥用职权罪的构成要件，主观故意明显，不容置疑。"

公诉人还可以列举证据：如工作通信记录，显示其明确要求案值规模；与谭易观、胡求真商议的证人证言，还原其决策过程，以证实其主观恶性。

（2）若汪法吉声称对胡求真购买假烟的具体细节不知情，不应承担主要责任。

公诉人应回应："汪法吉，你虽未直接参与购买假烟的一线操作，但作为策划者与决策者，你不仅同意了胡求真的违法提议，还指使他负责联系购买，这足以表明你对整个犯罪行为的把控与主导。并且，假烟到货后的存放、查处以及后续骗取奖金等环节，你都深度参与并指挥调度，怎能以不知细节为由推脱主要责任？法律不会因你试图逃避责任而网开一面。"

公诉人还可以列举证据：如部署行动的工作记录、与胡求真在关键节点的沟通记录，还有查处现场的执法记录仪视频，证明其全程掌控局势。

(3)若汪法吉以"工作压力借口"主张减轻责任。

公诉方可以烟草行业正常办案流程、其他地区同期打击假烟成效等资料，论证即便面临任务压力，也有众多合法途径，绝不应采取违法犯罪手段，且他们的行为不仅未真正打击假烟，反而扰乱执法秩序、浪费司法资源。

2. 针对胡求真辩解的应对

(1)假设胡求真辩解自己是受汪法吉指令行事，身不由己。

公诉人应当严正指出："胡求真，你身为执法人员，有独立判断是非的能力，面对违法指令，你不但没有拒绝，反而积极献策，提出购买假烟、制造无主烟案件并安排虚假举报的恶劣方案。在实施过程中，你主动联系外省卖家，精心安排假烟运输、存储，每一个环节都倾注心力，你与汪法吉构成共同犯罪，不能将自己的行为简单归结为服从指令，这无法成为减轻罪责的理由。"

公诉人还可以列举证据：包括胡求真与外省卖家的通信记录、物流单据、存放假烟出租房的监控录像，证实其在犯罪中的主动作为。

(2)若胡求真称领取的奖金是正常奖励，不知其是违法所得。

公诉人应当驳斥："胡求真，在你和汪法吉将假烟案件实情告知李嘉印，并安排他去申报奖金时，你怎会不知这是非法行径？从策划到实施，你全程参与，奖金分配也是你与汪法吉商议决定的，如此清晰的违法链条，你试图以不知为由蒙混过关，法庭不会认可。"

公诉人还可以列举证据：如三人供述中有关商量申报奖金的过程，以及奖金发放、分配的财务记录，戳穿其谎言。

3. 针对李嘉印辩解的应对

(1)要是李嘉印辩称自己只是按照烟草专卖局工作人员的要求去做，以为是正常流程领取奖金。

公诉人可以答辩："李嘉印，当汪法吉和胡求真告知你案件真相，并让你去申报奖金时，你已明知这是人为制造的假案，却依然为了私利配合他们领取奖金、参与分赃。你作为一个有独立思考能力的成年人，应当清楚这种行为的违法性，不能以听从安排为由逃避责任。"

公诉人还可以列举证据:如李嘉印知晓实情后的行为表现、领取奖金前后的沟通记录,证明其主观明知且故意参与。

(2)倘若李嘉印声称自己举报有功,不应被追究刑事责任。

公诉人应当回应:"李嘉印,你最初的举报行为值得肯定,但在发现案件真相后,你没有坚守正义,反而与违法犯罪分子同流合污,将举报行为变成了骗取奖金的工具。法律不会混淆是非,功是功,过是过,你后期参与犯罪的事实清楚,必须依法承担相应责任。"

公诉人还可以列举证据:对比其举报时的动机证据与后期参与分赃的证据,阐明法律适用原则。

4.针对辩护人辩点的应对

(1)若提出证据收集程序存在瑕疵,要求排除关键证据。

公诉人提前准备应对:详细说明证据收集的合法性,如有执法记录仪记录的取证过程、证据保管的规范手续、相关证人对取证程序的确认等。强调即使存在细微瑕疵,也不影响证据的真实性与关联性,且已通过补正程序予以完善,符合法律规定,不应排除。

举例:如对存放假烟出租房的勘查,虽现场勘查笔录某一签名处有涂改痕迹,但已由勘查人员出庭作证说明情况,且有现场照片、物证提取清单等相互印证,足以证实勘查结果的可靠性。

(2)若质疑罪名认定不准确,认为被告人不构成贪污罪或滥用职权罪。

公诉人依据法律条文深入剖析:结合刑法关于贪污罪、滥用职权罪的规定,详细阐述被告人行为如何完全契合犯罪构成要件。从主体身份、主观故意、客观行为、危害后果等方面一一对应,说明本案认定罪名准确无误。

引用案例:列举以往类似司法判例,说明在类似情形下,法院均作出一致认定,增强说服力。同时,邀请法律专家出具法律意见书(若有),对罪名认定进行专业解读,回应辩护质疑。

二、辩护组:筹谋周密,有效辩护

对于辩护组而言,庭前准备工作的周密程度直接关乎辩护的成败与成效。

全面研读案卷,方能精准把握辩护方向。辩护人仔细查阅卷宗材料是关键,通过梳理各种证据来构建案件的全貌,明确事件的来龙去脉。同时,对证据的真实性和合法性进行严格审查也极为重要,这可以排除非法证据对被告人的不利影响。此外,辩护人还要与被告人进行深度沟通,全面知悉其成长经历、职业特性、人际关系等背景信息。通过这些信息抽丝剥茧,洞察被告人的行为动机,挖掘可能存在的隐情或情有可原之处,从而为制定个性化辩护策略筑牢根基。例如,了解到被告人在案发前长期遭受职场霸凌,这一背景细节或许能为解释其某些过激行为提供线索,使辩护更贴合被告人实际情况,避免泛泛空谈。

精细剖析案件证据,才可精准找寻辩护突破点。辩护人要对在案(卷宗)证据进行细致入微的审查。从证据收集程序的合法性,到证据内容的真实性,再到与案件关联的紧密性,逐一进行排查。如发现物证提取过程记录不详,证人与控方存在潜在利益关联等问题,便能以此为突破口,削弱控方证据链的强度,为被告人争取有利形势。对于可能存在的非法证据,辩护人要在庭前准备中及时发现,并提请启动非法证据排除程序。对于有利于被告人的证据线索,辩护人也要进行深度挖掘并及早调取。

周全规划庭审策略,才能确保辩护有条不紊。撰写逻辑严密、论证有力的辩护意见,向法庭清晰呈现辩护思路;精心设计发问提纲,在庭审中巧妙引导证人、被告人说出关键信息;缜密筹备质证方案,直击控方证据要害,化解不利证据威胁。此外,还要给予被告人专业的庭前辅导,使被告人熟悉庭审流程、稳定情绪,以最佳状态应对庭审。

庭前准备也是锤炼辩护技能的关键契机,面对复杂多变的案情,辩护组要群策群力,充分发挥专业优势,协作攻克难题,在实践磨砺中提升团队协作与应变能力。

(一)辩护准备的重点任务

在"实战"式模拟法庭的庭前准备阶段,辩护人的核心任务是备好"三板斧"。所谓"三板斧",其一为发问提纲,这是辩护组挖掘案件隐情的探针,通过巧妙且富有针对性的问题设计,步步引导,助力被告人及相关证人吐露有利于辩护的关键实情,揭开被掩盖的事实真相;其二是质证提纲,它是击破控方证据壁垒的利刃,依据严谨的法律规则与证据原理,精准剖析控方证据破绽,让看似坚固的证据链条显露出薄弱环节;其三是辩护意见,这份承载希望的文书凝聚着辩护组对整个案件的深度钻研与策略谋划,以清晰连贯的文字、充分合理的论证,阐述案件疑点、法律适用争议以及无罪或罪轻的辩护诉求。

在"三板斧"之外,庭审前对被告人的辅导、法庭调查阶段的举证提纲、法庭辩论阶段的辩论预案同样举足轻重,它们相互配合、协同发力,为庭审辩护构建起全方位的保障体系。

1. 设计发问提纲，挖掘有利实情

发问提纲作为辩护环节的关键"探针"，直接决定着能否巧妙突破案件表象，挖掘深层隐情。辩护人需要与被告人深度交流，以近乎"侦探"的敏锐洞察力，全面梳理案件事实，不仅要精准掌握被告人在案件各个阶段的具体行为表现，还要深度探究其可能隐藏的复杂缘由与特殊背景。如在涉及盗窃的案件中，了解到被告人近期家庭突发重大变故，经济陷入困境，这一线索或许能为解释其盗窃动机提供新思路。

问题编排应遵循迂回引导、旁敲侧击策略。开篇从被询问人熟悉、轻松的话题切入，助其放松心态、打开话匣。随着发问深入，逐渐逼近核心争议。充分预估证人、被告人、被害人可能的回避倾向，准备巧妙的追问话术。一旦察觉回答含糊，立即抛出引导性问题，如"在冲突爆发前，对方有没有什么异常举动让你感到害怕"，又如，"在案发当晚，你回家路上还遇到过什么特别的人或事，让你印象深刻"，迫使他们道出关键实情。

巧用沟通技巧是发问提纲的"点睛之笔"。适时运用温和语气、共情表达建立信任，让被告人、证人、被害人感受到被理解；在关键节点，又以坚定言辞、适时引导激发表达欲望，促使其畅所欲言。并借助眼神交流、肢体动作等非语言因素，配合精心措辞，引导他们如实提供信息。如此匠心独运打造的发问提纲，能为后续庭审环节的有力辩护奠定坚实基础。

2. 打造质证提纲，击破证据破绽

质证提纲是辩护组庭审质证的关键指引，其重要性不言而喻。辩护人要对控方证据"吹毛求疵"，精准识别瑕疵。区分核心与辅助证据、直接与间接指向，明确各证据在控方体系中的破绽。

遵循证据规则逻辑，拆解证据链条。率先质疑证据合法性，审查取证人员资质、程序完备性；深入剖析真实性，关注物证有无被篡改、证人证言有无干扰；冲击关联性，强调某些证据与核心争议缺乏实质联系。举证时，要用简洁犀利的语言点明缺陷，如"获取这份证人证言时存在诱导情形，其真实性存疑，不应将其作为定案依据"。

提前筹备应对控方反质证的策略。针对控方反驳，详细梳理法律依据、逻辑论证，确保质证立场稳固。如控方辩解证据合法，辩护组应迅速援引法条、案例，结合在案证据具体分析，再次强调瑕疵的严重性，为被告人争取有利的辩护空间。

3. 筹备举证提纲，出示有利证据

辩护组要对在案证据进行精细分类，明确各证据证明力大小与侧重方向。依据案件争议焦点，将证据有序串联，支撑辩护主张。

从被告人品格证据,如社区表扬信、单位嘉奖证明,展现其良好品行;到事发时的客观证据,如能证明被告人不在场或行为合理性的监控录像、证人证言等,全方位构建辩护证据体系。举证过程注重合理的过渡衔接,要用简洁语言阐述关联性,如"这份邻居的证言,恰好能印证被告人日常的温和性格,与控方描述的冲动行事形象大相径庭"。

提前考量控方可能对己方证据的质疑,准备翔实解释与补强材料。无论是证据来源合法性,还是证明内容相关性,都要做到有备无患。

4. 打磨辩护意见,阐明辩护主张

辩护意见也要集法理、情理、事理于一身,以智取胜、以理服人。开篇务必以沉稳有力语言吸引目光,以诚恳、专业且掷地有声的言辞,鲜明亮出辩护立场,大声说出"今日,作为辩护人,面对这起备受瞩目的[具体案件类型]案件,我们将依据事实与法律,全力为被告人驱散阴霾,寻回公正",瞬间让法官聚焦辩护核心。

紧接着,深度剖析案件疑点、争议焦点。精准引用法律法规条文,结合权威司法解释、典型案例,对控方指控进行有力反驳,让罪名认定争议有理可辩。阐述事理时,运用翔实准确、逻辑严密的语言重现案件全貌,突出控方证据的不足及逻辑的漏洞。

整合辩护要点,回溯发问、举证质证环节关键信息,强调证据存在的疑点,构建起坚实的反驳体系。在量刑建议部分,综合考量被告人的主观恶性、犯罪情节轻重、悔罪表现及社会危害性等,参照专业量刑标准,提出合理从轻、减轻或无罪诉求,并条理清晰阐述理由。

收尾阶段融入人文关怀。从被告人的个体命运剖析判决影响,呼吁法官秉持公正、慎重量刑;面向公众普及法律知识,传递法治精神,引导法治观念。

5. 准备辩论预案,占据辩论主动

法庭辩论阶段堪称庭审的"巅峰对决",庭前准备的辩论预案堪称辩护人的"制胜法宝",需要结合案件事实和在案证据,提前预估控诉方可能的"火力点",并妥善安排好辩论预案。

辩护人要化身严谨的"找茬能手",审视控方证据和主张,挖掘证据弱点和疑点、法律适用争议、逻辑论证缺陷,寻找有力的攻击点,多维度精准出击,瓦解控方攻势。同时,辩护人也要密切关注案件引发的社会舆论风向、公众同情倾向。控诉方可能借舆论压力、公众刻板印象强化指控。辩护组必须提前构思回应话术,巧妙引导舆论回归理性,如强调法院依法独立行使审判权、审判公正,以确凿事实和严谨法律说话,推动庭审朝着有利于被告人的方向发展。

6.庭前专业辅导,稳定被告人心态

庭前辅导是辩护人不容忽视的一项任务,其成效直接影响被告人的庭审表现。辩护人要以通俗易懂的语言,向被告人详细讲解庭审流程,从开庭入场、各自陈述,到举证质证、法庭辩论,再到最后陈述,让被告人心中有数,消除未知恐惧。

针对被告人可能面临的紧张情绪,传授实用应对技巧,如深呼吸放松法、心理暗示法等,帮助其在庭审中保持冷静。同时,与被告人模拟庭审问答环节,提前演练控方可能提出的尖锐问题,指导如何简洁明了、真实准确地回答,避免被告人因慌乱说错话。

此外,给予被告人精神上的支持与鼓励,让其感受到辩护组的专业与用心,增强其信心,使其以最佳状态配合庭审,共同为争取有利判决结果而努力。

下面继续以前述虚拟的贪污案件为例,以被告人李嘉印辩护人的视角,示例制作辩护组的庭前准备材料。

(二)发问提纲示例

1.对被告人李嘉印的发问

问1:您最初将房屋出租时,租客是以何种理由租赁房屋的,在签订租赁协议以及日常交流中,对方有无透露过任何可疑迹象,您当时有没有察觉异样?

问2:发现出租房内存放疑似假烟时,您第一时间向烟草专卖局举报,您作出这个决定的初衷是什么,仅仅是基于怀疑是假烟,还是有其他促使您迅速行动的因素,如担心承担法律责任?

问3:烟草专卖局工作人员,也就是汪法吉和胡求真等人前来查处后,他们告知了您案件实情,您当时的震惊程度如何,内心的真实想法是什么,有没有即刻意识到这是违法违规行为?

问4:当他们要求您去申报举报奖励时,您有没有提出异议,您是否了解申报奖励的正规流程,您当时认为按照他们的要求做是无奈之举,还是真的觉得这是合理安排?

问5:在申报过程中,面对一些可能不符合实际情况的信息填写要求,您有没有犹豫、抵触?有没有尝试向烟草专卖局其他部门或者外部权威机构咨询核实申报的合法性?

问6:拿到10万元奖金后,您的生活是否因此发生重大改变,您有没有对这笔钱的来源和用途做过慎重思考?后续得知整个事件全貌,您内心的愧疚感有多深,有无采取补救措施的打算?

2.对被告人汪法吉的发问

问1:您要求李嘉印去申报举报奖金,当时是以怎样的口吻、方式提出的?有没有利用职务之便给李嘉印施压，让他误以为这是必须服从的命令？

问2：在整个事件过程中，您是否向李嘉印隐瞒了关键信息，导致他无法作出正确判断，如案件的违法性质、申报奖励背后的不正当目的，您如何解释？

问3：当李嘉印按照你们安排申报成功后，您有没有关注过他的情绪、心理状态变化，有没有采取措施安抚他，还是仅仅把他当作获取奖金的工具？

3.对被告人胡求真的发问

问1：您和汪法吉商量让李嘉印申报奖励时，有没有考虑过李嘉印作为普通公民可能面临的法律风险，您是否向他清晰解释过后续可能产生的后果？

问2：在与李嘉印接触过程中，无论是前期租房还是后期申报奖励环节，您有没有对他进行过误导、欺骗，让他稀里糊涂地卷入此事？

问3：您负责假烟的诸多操作环节，在李嘉印不知情的情况下，其房屋被用于存放假烟，您是否觉得对他有所亏欠，有没有想过主动承担责任，避免牵连他？

问4：通过以上庭审发问提纲，全面挖掘案件细节，还原李嘉印在整个事件中的真实处境，维护其合法权益。

（三）质证提纲示例

在法庭调查阶段，辩护人应当聚焦证据的真实性、合法性、关联性，在证据资格、证明力、证明目的、证明标准以及证明体系等方面发表质证意见。但是，辩护人不应机械地围绕证据"三性"质证，还应积极主动地提出有针对性的辩护意见。具体而言，需要积极发表辩护意见的情形包括：第一，针对检方所出示证据能否达成其证明目的，提出反驳意见；第二，在检方出示的证据中，若存在对被告人有利的内容，辩护人应及时围绕该证据的证明内容进行补充阐述；第三，当检方对辩护人的质证意见作出回应时，辩护人应进一步提出辩驳意见以作回应，否则只能在法庭辩论阶段集中回应，可能因为缺乏针对性和时效性而影响辩护效果。

基于此，下文示例的质证提纲包括了两部分内容，即质证要点和辩护意见。

1.对证据关联性的质证

（1）针对公诉机关提交的关于汪法吉、胡求真策划购买假烟及制造假案的聊天记录、通话记录等证据。

质证要点：这些证据反映的是汪法吉与胡求真的违法策划过程，其内容从始至终未涉及李嘉印，未发现任何指向李嘉印或可能使其知晓该策划的暗示性信息，在时间顺序上也早于李嘉印与案件产生关联的节点。即便证明了汪法吉和胡求真的策划行为，也无法在逻辑上构建起与李嘉印的任何直接联系，反而能够有力证明李嘉印不知晓且未参与前期的犯罪预谋。

辩护意见：提请法庭严谨梳理案件的时间脉络，明确李嘉印是在偶然发现出租房异常后才介入案件的事实。在此之前，汪法吉与胡求真的所有策划活动，从最初的决策构思到后续的细节谋划，均在与李嘉印完全隔绝的环境中进行，不存在李嘉印知悉、参与的可能性。

（2）对于证明假烟来源、运输、存储的证据，如物流单据、供货人证言、存储现场勘验笔录等。

质证要点：物流单据和供货人证言仅围绕假烟的非法流通轨迹展开，与李嘉印在案件中的实际行为毫无关联。在常规的房屋租赁关系中，作为房东的李嘉印，对租客所存储货物的来源及合法性没有法定审查义务，也绝不可能事先知晓这些违法交易。因此，这些证据与李嘉印后续基于合理怀疑的举报行为以及被误导参与领奖的行为毫无关联。

辩护意见：从房屋租赁的行业惯例和相关法律规定来看，房东的主要责任在于提供适租房屋，而非审查租客行为的合法性。上述证据所呈现的假烟非法运输、交易及存储等环节，与李嘉印被指控的行为之间不存在任何实质性关联。

2. 对证据真实性的质证

（1）若公诉机关出示汪法吉、胡求真关于李嘉印"知情配合"的供述。

质证要点：鉴于汪法吉和胡求真与本案存在重大利害关系，对其口供真实性存疑。汪法吉、胡求真在本案中面临严重罪责，为逃避或减轻刑罚，他们极有可能通过串供等不正当手段编造关于李嘉印的虚假口供，存在为减轻自身罪责而夸大李嘉印主观故意的可能。口供作为主观性较强的言词证据，其真实性极易受到多种因素干扰。因此，必须着重审查口供形成过程中是否存在诱导、逼供等非法情形。通过对比二人之前的供述以及案件中的其他证据，寻找口供前后矛盾、无法自圆其说之处，进一步削弱其可信度。

辩护意见：要求公诉机关提供侦查讯问的同步录音录像视频资料，包括录制设备的信息、录制环境的展示等，详细说明讯问的时间、地点、时长等具体情况，以判断是否存在疲劳审讯、诱导性讯问等影响供述真实性的因素。同时，全面对比汪法吉、胡求真的口供与其他证人证言、物证等各类证据，多角度查找其中的逻辑漏洞和事实矛盾，明确指出在缺乏其他客观证据有力支撑的情况下，这种存在明显利害关系的口供不应被轻易采信。

（2）关于申报举报奖励的相关文件材料，如申报表格、审核记录等。

质证要点：尽管申报表格等文件上有李嘉印签字，但必须深入查明签字的真实背景，确定是否存在误解、被欺骗情形。若文件存在涂改痕迹、信息与实际情况不符等异常迹象，要强烈质疑其真实性，绝不能仅凭表面签字就认定李嘉印认可整个虚假申报流程。若文件存在涂改痕迹，极有可能是为了掩盖关键信息或篡改申报流程，以契合虚假指控的需求。若审核记录中缺少关键审核人员签名或审核依据不明确，将严重影响其真实性与可信度。对文件的格式、字体、排版等细节也要进行细致审查，可能会发现存在不符合正常申报文件规范的情况，进一步质疑其真实性。

辩护意见：在无法证明签字过程真实、自愿的情况下，仅依据李嘉印的签字，不能认定李嘉印认可虚假申报。提请法庭注意当时指导李嘉印申报或审核的工作人员的证言，深入了解他们与李嘉印沟通的具体内容、对申报流程的解释方式以及是否存在诱导行为，以核实真实申报流程与李嘉印所经历的是否一致。

3. 对证据合法性的质证

（1）侦查机关在调查李嘉印领取奖金环节时，若存在未依法出示搜查证、传唤证等程序违法行为。

质证要点：此类程序违法行为严重破坏了侦查活动的合法性基础。未依法出示搜查证就进行搜查，极有可能导致获取的证据来源非法，严重侵犯李嘉印的隐私权和财产权。未依法出示传唤证就传唤李嘉印，可能使其在不明所以的情况下被迫接受调查，极大地影响其陈述的自愿性与真实性。要求侦查机关完整出具在调查李嘉印领取奖金环节的全部执法程序记录，包括申请搜查证和传唤证的审批文件、实际出示记录、执法人员的签字确认等关键内容。

辩护意见：依据相关法律规定和执法规范，搜查证和传唤证的缺失将使整个调查行为的合法性存疑，由此获取的证据不应被作为定案依据。

（2）在讯问李嘉印过程中，若未保障其休息权。

质证要点：在侦查讯问过程中，如果未保障休息权，可能导致李嘉印在精神疲惫、身体不适的状态下作出违背真实意愿的供述。这种在侵犯基本诉讼权利情况下获取的供述，依法应当予以排除。

辩护意见：提请法庭责令相关部门提供讯问李嘉印的同步录音录像资料，仔细核实李嘉印供述时的精神状态、身体语言，判断是否有明显疲劳迹象等关键情况。对于存在违规操作、侵犯基本诉讼权利获取的供述，坚决要求依法予以排除。

以上庭审质证提纲，旨在严格审查证据，排除不合理、不合法证据对被告人的不利影响，全力维护被告人的合法权益，最大限度还原案件真实情况，为被告人争取有利的裁判结果。

(四)举证提纲示例

1.证明李嘉印初始善意行为的证据

(1)房屋租赁协议。出示李嘉印与租客签订的正规租赁合同,证明其作为房东是按照正常商业流程出租房屋的,在出租时无任何协助租客从事违法烟草活动的意图。合同中的条款、租金约定、用途说明等应清晰明确,证明李嘉印合法经营租赁业务的事实。

(2)举报通话记录。调取李嘉印向烟草专卖局举报时的通话记录,包括拨打时间、通话时长、具体内容,从中凸显李嘉印言语间的焦急与对违法烟草储存行为的担忧,以此表明他举报纯粹是基于维护社会公序良俗,是自发且善意的举动,是一个公民应尽的责任。

2.反驳"李嘉印参与制造假案"的证据

(1)证明李嘉印日常活动轨迹的证据。收集李嘉印在假烟到货至举报期间的社交软件聊天记录、出行记录(如公交卡刷卡记录、停车场缴费记录等)、工作场所打卡记录,通过这些资料拼凑出他的日常行动路线,清晰呈现其生活轨迹与汪法吉、胡求真策划购买、运输、藏匿假烟的违法行径毫无交集,其不可能参与前期犯罪筹备。申请传唤李嘉印的邻居、同事作为证人,让他们当庭陈述在那段时间内李嘉印的日常表现,如正常上下班、参与社区活动等,从旁人视角佐证李嘉印未涉足非法烟草交易圈子,对假案制造一无所知。

(2)证明李嘉印欠缺专业烟草知识的证据。提供李嘉印的工作履历、学习经历,证明他从未从事过烟草相关行业,没有接受过烟草真伪鉴别、行业法规等专业知识培训,不可能具备参与制造假案并利用专业知识规避风险的能力。邀请烟草领域专家出庭,依据现场查获假烟的特征、包装工艺、品质鉴定难度等专业要点,说明以李嘉印这样的外行身份,根本无法在前期知晓这些假烟的来源、运输途径以及后续的查处骗局,进一步否定其参与制造假案的可能性。

3.证明李嘉印被误导领取奖金的证据

(1)领奖前后沟通记录。尽力获取李嘉印与汪法吉、胡求真在告知领奖安排后的短信、通话记录,若存在语音、视频类信息,申请当庭播放,从中捕捉李嘉印的犹豫、询问语气,反映他对领奖合法性的不确定以及对烟草专卖局公职人员指示的依赖。如无直接沟通记录,可寻找间接证据,如李嘉印在那段时间与家人、朋友提及此事的聊天记录或口述回忆,展现他内心的困惑,表明他并非主动、蓄意骗取奖金。

(2)正规申报举报奖励流程对比资料。收集烟草专卖局对外公布的正规举报奖励宣传册、官方网站公示的申报流程网页截图、内部执行的详细规章制度文件,将其与李嘉印实际经历的领奖过程进行逐项对比。从申报表格填写规范、审核部门对接、奖金发放时限等多方面，呈现二者差异巨大，证明李嘉印是被误导遵循了错误流程，陷入汪法吉和胡求真设下的非法领奖圈套。

4. 证明李嘉印一贯守法及事后悔罪表现的证据

（1）社区服务证明。提交李嘉印长期参与社区志愿服务的证书、活动照片以及社区居委会出具的表扬信等，展示他平日里积极投身公益，是社区公认的良好公民，从侧面印证他没有犯罪的内在动机，此次卷入案件纯属意外。

（2）悔罪表现证据。出示李嘉印在得知自身行为可能涉嫌违法后的自首材料，若未自首，提供他主动联系律师咨询并表达积极配合司法机关意愿的沟通记录，证明他认识到错误后态度诚恳，积极寻求补救措施。准备李嘉印及其家属主动退赃的转账记录、退款凭证，表明他已尽力弥补过错，减轻行为造成的不良后果，争取法庭从轻考量。

（五）辩护意见示例

尊敬的审判长、审判员：

通过严谨的庭审调查以及对案件事实的全面深入剖析，作为被告人李嘉印的辩护人，在此郑重地向法庭发表如下辩护意见。

综观全案，首先需要明确李嘉印在整个案件中的角色定位。李嘉印最初是以一名守法、合规的普通房东身份出现的，其将房屋出租的行为完全遵循正常的商业流程。从辩护人出示的房屋租赁协议中，能够明确看到合同条款清晰、租金约定合理、用途说明明确，这足以证明李嘉印在出租房屋时，绝无任何理由怀疑租客会从事违法的烟草交易活动。对于汪法吉、胡求真等人策划的制造假案、骗取举报奖金这一恶劣行径更是全然不知。他已然尽到了普通房东应尽的基本义务，按正常流程签订租赁合同，并将房屋妥善交付租客使用。

当李嘉印偶然发现出租房屋内存放大量烟草且怀疑其为假烟时，他第一时间向烟草专卖局举报。从我方提供的举报通话记录中，可以清晰地听到李嘉印言语间的焦急与对违法烟草储存行为的担忧。这一行为绝非偶然，而是一个公民基于维护社会公序良俗、打击违法犯罪所作出的本能且正义的反应，不仅不应受到指责，反而应当得到肯定。这充分彰显了其高度的社会责任感，绝不能因为后续他被误导参与领奖，就否定其举报的初心。

反观汪法吉和胡求真，他们身为烟草专卖局的公职人员，本应以身作则、恪尽职守、奉公守法，却为了追求所谓的"工作成绩"，公然知法犯法，策划购买假烟、制造假案。在查获假烟后，他们利用李嘉印对公职人员的信任，告知李嘉印虚假信息，误导他去申报举报奖励,将其强行卷入这场违法漩涡。通过辩护人出示的领奖前后沟通记录,能够明显感受到李嘉印的犹豫和困惑,深刻反映出他对领奖合法性的不确定以及对烟草专卖局公职人员指示的过度依赖。李嘉印作为一名普通公民,并不了解烟草行业管理制度,面对公职人员的要求,在信息严重不对称的情况下,其难以辨别真伪,只能按照他们的指示行事。

从主观恶性来看,李嘉印自始至终都没有主动参与犯罪的故意。李嘉印完全不存在参与前期犯罪筹备的可能性,也确实未参与前期假烟的购买、运输、存储过程,也没有在知晓整个骗局全貌后仍积极追求非法利益。他所分得的 10 万元奖金,并非其处心积虑骗取所得,而是在被欺骗、被利用的情况下,懵懂地参与到了奖金分配当中。在得知真相后,李嘉印内心充满懊悔,表现出了明显的悔罪态度,李嘉印及其家属主动退赃,足以证明他认识到错误后态度诚恳,积极寻求补救措施,尽力弥补过错。

在证据方面,正如辩护人在庭审质证环节所着重指出的,公诉机关出示的诸多证据存在关联性不足、真实性存疑以及合法性瑕疵等问题。那些反映汪法吉和胡求真前期犯罪预谋的证据与李嘉印毫无关联;至于汪法吉和胡求真关于李嘉印"知情配合"的口供,因二人与本案存在重大利害关系,且取证过程可能存在诱导、逼供等不规范情形,其可信度大打折扣;关于申报奖励的相关文件材料,不能仅凭李嘉印的签字就认定其具有主观故意,必须考虑签字背景综合判断。对于侦查机关在调查过程中存在的未依法出示搜查证、传唤证等程序违法行为,其严重损害了李嘉印的合法权益,依法应坚决排除相关非法证据。

综上所述,恳请法庭综合考虑李嘉印在案件中的被动处境、主观恶性极小以及悔罪表现等因素,结合证据审查情况,对李嘉印从轻、减轻处罚,给予他一个改过自新的机会,让司法公正得以彰显。

谢谢法庭!

辩护人:[辩护人姓名]
[具体日期]

(六)辩论预案示例

1. 强调李嘉印的被动性,反驳"李嘉印构成制造假案共犯"

如果公诉方依据李嘉印领取举报奖金这一行为,推断李嘉印参与了汪法吉、胡求真制造假案的全过程,知晓并配合假烟查处骗局,试图将李嘉印塑造成共犯,声称他领取奖金即为参与分赃。

辩护人可以从时间线来说明,李嘉印在发现出租房屋内有大量烟草并产生怀疑后,第一时间向烟草专卖局举报,其动机纯粹是维护社会公序良俗,担心违法烟草在自家房屋内存放可能引发的不良后果,其行为完全基于公民责任。

在汪法吉和胡求真告知所谓"领奖安排"之前,没有任何证据表明李嘉印知晓假烟来源、购买渠道以及制造无主烟案件的计划。辩护人可以依据李嘉印在举报前后的日常活动记录,如与邻里的交流、工作事务安排等,证实他的生活轨迹与烟草违法行径毫无交集,不可能参与前期策划。而且,李嘉印的举报行为本身就是对违法犯罪的抵制,若将其后续被误导的领奖行为强行定性为共犯,既违背常理,也不符合法律对共同犯罪构成要件的严格界定。

对于公诉方可能主张的李嘉印"配合默契",辩护人可以依据李嘉印日常社交圈、工作性质等展开反驳,说明他与烟草行业的非法行为毫无交集,不可能心领神会地配合犯罪。

2. 反驳"李嘉印主观故意骗取举报奖金"

公诉方或许会强调李嘉印领取奖金时的签字确认等行为,认定他具有骗取奖金的主观故意,或者基于心知肚明的"默契配合"。

辩护人可以主张,李嘉印按照汪法吉和胡求真的指示申报奖励,纯粹是基于对其烟草管理人员权威身份的错误信任。李嘉印是在汪法吉和胡求真利用职务权威,向他隐瞒真相、歪曲事实的情况下,误信了领奖的"合法性"。李嘉印作为一名普通民众,面对烟草专卖局副局长和稽查员的指示,在信息极度不对称的环境下,难以辨别真伪。

辩护人可以援引正常申报举报奖励流程的宣传资料、规章制度,说明李嘉印所经历的领奖过程完全背离正规程序,他是被欺骗而非主动骗取奖金,其行为在本质上是民法范畴内的不当得利,不应将其上升到刑法层面的犯罪。

3. 论证罪与非罪的界限

依据刑法关于共同犯罪的构成要件,结合本案,李嘉印缺乏与汪法吉、胡求真二人共同犯罪的主观故意联络,未参与前期策划、实施假烟购买、运输等关键犯罪环节,不符合共犯定义。辩护人可以引用经典类似判例,向法庭展示在判断此类案件中,如何精准甄别无辜被牵连者与真正罪犯。

对于李嘉印领取奖金的行为,从民法角度分析,其是在受欺诈情况下的不当得利,而非刑法意义上的犯罪。通过对比民事欺诈与刑事犯罪的构成要素,如主观故意、获益方式等,论证李嘉印不应承担刑事责任,只需依法返还不当得利。

4. 量刑情节辩论

即便法庭不完全认可无罪主张,考虑到李嘉印的诸多从轻、减轻情节,辩护人也应全力争取宽大处理。他在知晓真相后的积极悔罪态度,包括主动向律师表达退赃意愿、家属积极主动退赃、配合司法机关调查等,都应作为重要量刑考量。

对比同类型案件中,因主观恶性大、拒不悔罪而获重刑的判例,突出李嘉印的特殊性,强调刑罚的目的不仅是惩罚,更是改造与预防,对李嘉印从轻处罚更符合法律精神,能起到良好的社会示范效应。

(七)庭前辅导方案示例

1.案件事实梳理与沟通

详细复盘:与李嘉印全面回顾案件发生的每一个细节,从最初将房屋出租的情况,包括租客的特征、租赁洽谈过程、合同签订细节,到发现烟草疑似假烟时内心的想法、举报时的具体操作及后续与汪胡二人的每一次接触,确保李嘉印对事实过程记忆清晰且准确无误。

疑问解答:鼓励李嘉印提出任何关于案件事实、法律程序、可能面临的后果等方面的疑问,辩护人以通俗易懂的方式耐心解答,消除他的恐惧与困惑,如解释制造假案、冒领奖励等行为在法律上的界定,以及他目前所处的诉讼阶段意味着什么。

2.庭审流程讲解

法庭布局介绍:通过图片、视频或实地模拟(若条件允许)的方式,向李嘉印展示法庭的布局,指明审判长、审判员、公诉人、书记员、辩护人、被告人等各方所处位置,让他熟悉庭审环境,减少陌生感带来的紧张。

庭审环节说明:按顺序详细讲解庭审的各个环节,包括开庭陈述、法庭调查(举证质证)、法庭辩论、被告人最后陈述等,解释每个环节的目的、时长大致范围、他需要做什么以及注意事项。如在法庭调查阶段,告知他当辩护人出示证据时,只需确认证据的真实性,如实回答问题;在法庭辩论环节,提醒他不要被对方言辞激怒,保持冷静,听从辩护人引导。

3.证据熟悉与应对策略

证据交底:将准备在庭审中出示的所有证据,如房屋租赁协议、举报通话记录、日常活动轨迹证据、领奖前后沟通记录等,一一向李嘉印展示,让他了解每一项证据的内容、证明目的,确保他知晓这些证据是如何为其辩护的。

应对质证:模拟公诉人对李嘉印进行质证提问,针对可能质疑的点,如"为什么你会按照汪法吉、胡求真二人的要求去领奖""你是否真的对出租屋内存储烟草的情况毫无察觉"等,提前训练李嘉印如何沉稳、简洁、真实地回答,避免出现前后矛盾或慌乱应对的情况。

4. 心理疏导与仪态指导

心理安抚：鉴于李嘉印面临刑事指控的巨大压力，与他进行深入的心理沟通，肯定他作为普通公民举报的正义之举，强调案件存在诸多对他有利的因素，帮助他树立信心，克服焦虑、恐惧情绪，以积极的心态面对庭审。

仪态培训：指导李嘉印在庭审中的基本仪态规范，即保持坐姿端正、眼神专注、声音洪亮清晰，穿着整洁得体，展现出诚恳、悔罪（若适用）又不失自信的形象，给法庭留下良好印象，避免因不当仪态举止影响法官观感。

5. 最后陈述准备

内容引导：与李嘉印共同构思最后陈述的内容框架，引导他表达对事件的深刻认识、悔罪态度（若有必要）、对未来的期望以及请求法庭从轻处罚的理由，如家庭情况、一贯守法表现等，确保最后陈述真挚、诚恳且具有说服力。

模拟演练：多次模拟最后陈述环节，让李嘉印反复练习，控制语速、语调，把握时间，直至他能够流畅、自然地完成最后陈述，充分向法庭传达自己的心声。

通过以上全面系统的庭前辅导方案，帮助被告人做好充分准备，以最佳状态应对庭审，维护自身合法权益。

三、审判组：准备充分，优质庭审

在"实战"模拟法庭教学过程中，审判组作为庭审的主持者和裁决者，其庭前准备工作的精细程度直接关系着庭审能否高效、公正、有序地推进。

（一）审判庭前准备要点

就整体布局而言，审判组的庭前准备是一场多维度、系统性的"司法工程"。既要协调各方人员，搭建起信息互通、协同有序的沟通网络；又要深度研读案件卷宗，梳理清纷繁复杂的争议线索；还得提前谋划庭审全局，精准把控庭审流程节点；更要凭借专业智慧，预判庭审辩论中可能的激烈焦点。

1. 精心落实庭前联络，通知相关各方

庭前联络工作是确保庭审顺利开启的"前哨站"。审判组需与控诉组、辩护组保持密切且顺畅的沟通，及时传递案件相关信息，如诉讼文书的送达、开庭时间、地点的确认，证据材料提交的规范要求等，避免信息差导致庭审延误或混乱。对于被告人等当事人及其家属，也要给予必要的人文关怀与程序告知，用通俗易懂的语言阐释庭审流程与注意事项，缓解他们的焦虑情绪，为庭审营造平和的氛围。同时，与法警、书记员等庭审辅助人员协同联络，明确各自职责分工，从法庭设备调试到庭审记录准备，全方位保障庭审"硬件"与"软件"的无缝对接。

2.周密组织庭前会议,梳理争议脉络

庭前会议是庭审前的"重头戏",是衔接公诉与庭审的中间环节,以控辩双方整理争点和收集证据为主要内容,促使控辩双方实现资讯平等。审判组要召集控辩双方,围绕案件的管辖权、证据开示、回避申请等关键程序性事项展开深入讨论,发挥庭前会议的解决程序性争议、争点和证据整理、证据开示、公诉审查、程序分流等多重功能。通过严谨审查双方提交的证据清单,甄别证据的合法性、关联性与真实性问题,提前排除可能在庭审中引发混乱的无效证据,为庭审聚焦核心争议点"清障"。如双方对某一关键物证的提取程序存在争议,审判组应依据《刑事诉讼法》的相关规定,引导双方充分发表意见,并记录在案,为庭审做好准备,化解和防范庭审失控风险。

3.精细筹备庭审预案,掌控庭审节奏

庭审预案是审判组驾驭庭审全局的"导航仪"。需依据案件性质、复杂程度以及双方前期提交的材料,对庭审流程进行细致规划。从开庭宣布、法庭调查、法庭辩论到最后陈述,对每个环节的时间分配、推进顺序都要精准预设,确保庭审紧凑高效。针对可能出现的突发情况,如证人临时怯场、被害人情绪失控等,制定应急预案,明确处置流程与责任人员,迅速恢复庭审秩序。同时,审判组要对案件涉及的法律条文、司法解释烂熟于心,以便在庭审中精准适用法律,掌控庭审节奏,引导控辩双方围绕法律焦点展开辩论,确保庭审顺畅推进。

4.精准预判辩论焦点,锚定争议核心

庭审辩论焦点预判是审判组引导庭审走向深入的"指南针"。审判组要凭借深厚的法律专业素养与对案件的全方位洞察,提前挖掘控诉、辩护双方潜在的争议热点。一方面,从案件事实认定层面,分析证据链的薄弱环节、关键证人证言的矛盾之处,预判双方围绕案件事实的辩论交锋点;另一方面,聚焦法律适用难题,考量法律条文的模糊地带、法律竞合情形下的适用选择,预估双方在法律解读上的激烈碰撞。如在经济犯罪案件中,对于某一新型商业模式下的行为的定性,审判组应提前研判控辩双方可能依据的不同法律条款,以及对"非法经营""合同诈骗"等罪名界定的争议,精准锚定辩论焦点,为庭审的精彩辩论拉开序幕,确保庭审直击要害。

下面以虚拟的玩忽职守案件[1]为例,示例制作审判组的庭前准备材料。

张无忌系光明顶法院民事审判庭法官。2020年3月,张无忌独任审理杨逍诉被

---

[1] 比赛组委会给出的辩论方向为,控方:张无忌的行为构成玩忽职守;辩方:张无忌的行为不构成犯罪。

告韦一笑债务纠纷一案,杨逍向张无忌提交了被告韦一笑签名的借据一张,内容为:"今借杨逍现金10万元。借款人韦一笑。2019年5月1日",并请求法院判决韦一笑归还借款和利息并承担诉讼费用。张无忌依照法定程序进行了法庭审理,在庭审中,韦一笑辩称:借条是杨逍拿着刀强迫他写的。张无忌遂口头询问杨逍韦一笑的辩解是否属实,在得到杨逍的否认后,张无忌判令韦一笑归还杨逍10万元及利息,并承担全部诉讼费用。韦一笑接到判决的次日在法院门前服毒自杀身亡。后经查证:借条确为杨逍强迫韦一笑所写。(2024年12月22日第一届甘肃省大学生法律专题辩论赛 半决赛赛题)

(二)庭前联络安排

在"实战"式模拟法庭中,审判组作为庭审的核心组织者与主导者,其庭前联络工作的妥善安排对于确保庭审顺利、高效运行起着关键作用。

审判组在庭前准备环节应着重落实的联络事项如下。

1. 与诉讼参与人沟通

(1)通知当事人及代理人

通知当事人:向被告人张无忌送达起诉书副本、权利义务告知书,安排法官助理与其面谈,了解其对指控的初步意见、辩解思路,安抚其情绪,引导其配合庭审;同时告知辩护人阅卷、会见等诉讼权利行使流程与期限。

发送通知函:制作规范、严谨的出庭通知函,明确告知杨逍、韦一笑家属及其代理人开庭时间、地点、所需携带的材料,如杨逍需携带借据原件及相关补充证据(若有),韦一笑家属及其代理人需准备能支持其"借条系受胁迫所写"主张的证据材料,如证人联系方式、事发时周边监控线索等。通知函应采用书面形式,通过邮件、微信群或直接送达等方式确保当事人及其代理人及时收到并确认回执。

对接公诉人:联系控诉组,提前交换证据目录、听取公诉意见、协调补充侦查需求(若有),确保公诉机关充分准备、精准指控。

电话确认细节:在发出通知函后的合理时间内,审判组同学逐一打电话给当事人及其代理人,再次确认他们是否收到通知、对开庭时间和地点有无疑问、提醒他们提前安排好时间,准时到庭。

(2)联络证人与鉴定人

核实出庭意向:对于模拟证人,电话联系了解其是否愿意出庭作证以及能否按时出庭,向他们强调证人出庭的重要性和法律义务。若证人对于出庭作证存在顾虑,审判组需耐心解释消除顾虑。对于鉴定人,确认其已完成鉴定报告且能携带相关资料出庭,了解报告是否存在需要进一步阐释的复杂问题,提前做好沟通协调。

沟通出庭流程:与证人、鉴定人提前沟通,让他们熟悉庭审环境,了解作证、接受质询的流程,告知证人、鉴定人在法庭上的站位、发言顺序,指导其如何清晰准确陈述事实,避免模糊不清或冗长拖沓;与鉴定人商讨报告展示方式,确保庭审时将鉴定意见有效传达给各方。

2.与其他保障团队协作

(1)对接备勤组

物资与场地协调:与备勤组同学密切沟通,提前查看模拟法庭场地布置情况,确保审判席桌椅摆放符合庭审规范,法官、书记员座位标识清晰,庭审记录所需纸笔、电脑等办公用品配备齐全;检查法庭照明、音响、多媒体播放等设备调试是否到位,保障庭审记录与证据展示设备顺畅运行,若发现问题及时通知备勤组整改,保证不会因设备故障而影响庭审进程。

应急方案对接:了解备勤组制定的各类应急方案,如人员突发状况应对、技术故障处理、庭审秩序维护预案等,明确审判组在应急情况下的职责与配合方式。若庭审中出现当事人情绪激动晕倒的情况,审判组应立即暂停庭审,配合备勤组进行急救处理,待情况稳定后再决定是否继续庭审。

(2)沟通文宣组

宣传需求对接:向文宣组同学介绍模拟法庭案件亮点、庭审流程安排等信息,以便文宣组制定精准有效的宣传方案。告知他们哪些环节具有较高新闻价值,如关键证人出庭、激烈辩论环节等,方便文宣组安排摄影摄像人员捕捉精彩瞬间;提出对宣传资料的审核要求,确保对外发布的模拟法庭信息准确、规范,符合法律专业形象,不误导观众。

成果展示协商:商讨庭审结束后的成果展示事宜,如审判组可提供庭审案例分析、法官判决思路等资料,协助文宣组制作展板、线上成果集等,共同打造模拟法庭活动的品牌效应,提升活动影响力,让更多同学从模拟法庭中受益。

3.寻求专业指导

(1)请教专业教师

法律问题咨询:针对模拟法庭案例中涉及的复杂法律问题,如债务纠纷中的胁迫行为认定、法官玩忽职守罪的证据标准等,主动向法学专业教师请教。整理好问题清单,提前预约时间,通过面对面交流、线上会议等方式,获取专业、权威的法律解读,确保审判组同学在庭审中有清晰的法律依据进行裁判。

庭审流程指导:请指导教师对模拟法庭的庭审流程进行把关,检查是否存在疏漏或不规范之处。指导教师可凭借丰富教学经验，指出审判组在主持庭审、引导当事人辩论、证据质证等环节可能出现的问题，并给予改进建议，提升庭审质量，让模拟法庭更贴近真实司法实践。

(2)请教法律实务专家

实践经验取经：邀请法官、检察官、律师等法律实务人士参与指导，审判组同学要积极与其沟通。了解他们在处理类似真实案件中的实践经验，如法庭调解技巧、当事人心理把控、证据审查重点等，将这些宝贵经验融入模拟庭审中，使模拟法庭活动更具实用性和现实指导意义。

案例分享互动：邀请实务人士分享他们经办的经典案例，拓宽审判组同学视野，加深其对法律职业的理解。同时，鼓励审判组同学就模拟法庭案例与他们进行交流探讨，听取不同视角见解，进一步完善模拟庭审方案，为打造高质量模拟法庭奠定坚实基础。

通过以上全面细致的庭前联络安排，审判组同学能够有效整合各方资源，协调各方力量，为"实战"式模拟法庭庭审的成功进行搭建稳固桥梁，让模拟法庭成为训练法律技能的优质平台。

(三)庭前会议组织

1. 会议时间与地点

时间：确定在正式开庭前7天举行庭前会议，确定会议时间，联系各方确保其都有充足时间准备并准时参加，同时预留出后续调整应对的时间窗口。

地点：安排在专门的会议室，确保环境安静、空间宽敞，配备齐全的会议桌椅、音响设备、多媒体播放及网络连接设施，满足展示证据、记录会议等各项需求。

2. 参会人员通知

书面通知：向公诉人、辩护人、被告人(由备勤组负责押解并确保按时参会)发出正式的庭前会议书面通知，明确告知会议时间、地点、参会要求及目的，附上会议议程大纲，使各方提前知晓会议流程走向。

确认回执：要求收到通知的各方在规定时间内返回参会确认回执，注明是否有特殊需求(如需要额外的证据展示时间、技术支持等)，以便法庭提前协调安排，确保会议顺利进行。

3. 会议议程设定

开场介绍与权利告知(10分钟)：由审判长主持开场，介绍庭前会议的性质、目的以及参与人员，强调庭前会议对于案件审理的重要性，确保各方清楚了解会议流程与规则。向被告人告知其在庭前会议及后续庭审中的各项权利，包括但不限于申请回避、辩解、对证据发表意见等,保障其合法权益。

案件管辖与回避事项讨论(15分钟):询问公诉人、辩护人、被告人对案件管辖是否有异议,如有异议,要求详细阐述理由,法庭当场进行审议并给出初步裁定意见。依次询问各方是否申请审判人员、书记员、鉴定人等相关人员回避,若有申请,按照法定程序进行审查,记录申请理由,必要时暂停会议进行调查核实。

证据相关问题梳理(40分钟):公诉人先行陈述拟在庭审中出示的证据清单,包括证据名称、来源、证明目的,重点说明证据的关键节点与核心指向,对可能存在争议的证据提前进行标注。辩护人随后发表对公诉方证据的初步意见,质疑证据的合法性、真实性、关联性,指出疑点所在,如证据采集程序违法、书证有涂改痕迹、证人与案件有利害关系等,并可提出排除非法证据的申请。组织双方就证据争议点进行简要讨论,审判长引导双方聚焦关键问题,书记员记录双方观点,为庭审中的质证环节厘清重点、奠定基础。若有需要,安排庭前证据交换环节,在审判长的监督下,双方当场交换未在会前提交的补充证据,并简要说明证据情况,书记员做好证据交接记录。

案件争议焦点归纳(20分钟):审判长引导各方围绕案件事实、法律适用等方面阐述各自的核心观点,公诉人明确指控要点与法律依据,辩护人提出辩护策略与关键论点,被告人可进行简要补充。综合各方意见,审判长当场归纳出案件的主要争议焦点,如张无忌在审理原债务纠纷案件时的调查核实义务履行程度、其行为与玩忽职守罪构成要件的契合度等,确保庭审围绕核心问题展开,提高审判效率。

庭审安排沟通(10分钟):向各方通报正式庭审的预计时长、大致环节安排,包括开庭陈述、法庭调查、法庭辩论、被告人最后陈述等各环节的时间分配,征求各方意见,进行合理调整。确认证人、鉴定人出庭情况,公诉人、辩护人分别提出拟申请出庭的证人、鉴定人名单,出庭事由及证明内容,合议庭判断后认为有必要出庭的,应协调证人出庭时间、保障证人安全及做好相关保密工作,确保庭审顺利进行。

其他事项沟通(10分钟):询问各方是否有其他需要在庭前会议中沟通解决的事项,如被告人身体或精神状况是否影响庭审、辩护人是否需要更多时间准备材料等,给各方充分表达诉求的机会,法庭当场进行回应并协调解决。

4. 会议记录与后续跟进

记录要求:安排专业书记员全程精准记录庭前会议内容,包括各方的发言、提出的问题、达成的共识、未决的争议等,使用规范的法律术语,确保记录真实、准确、完整,为后续庭审及案件审理提供可靠依据。

整理归档:庭前会议结束后,书记员及时整理会议记录,按照法院档案管理要求进行归档保存,同时将会议记录副本分别送达公诉人、辩护人、被告人,使其清楚了解会议成果。

后续跟进:审判长根据庭前会议情况,组织合议庭成员讨论,针对未决争议制定解决方案,对庭审安排进行最后优化,确保庭审有序推进。

(四)庭审预案示例

1. 开庭准备

书记员开庭准备(10分钟):书记员提前到达法庭,检查庭审记录设备、音响设备、多媒体播放设备等是否正常运行,确保法庭环境整洁、庄严。开庭前核对公诉人、辩护人、被告人等各方到庭情况,宣读法庭纪律,告知旁听人员遵守庭审秩序。

审判人员入场(2分钟):审判长带领审判员准时步入法庭,全体起立,审判长就座后,书记员当庭向审判长报告开庭前的准备工作已经就绪。

2. 宣布开庭

核实被告人身份(5分钟):审判长宣布开庭,传被告人张无忌到庭后,查明被告人的情况。依次核实被告人姓名、性别、年龄、民族、出生地、文化程度、职业、住址,其是否受过刑事处罚,以及被采取强制措施的种类、时间等信息。审判长进行询问确认,如:"被告人张无忌,以上信息是否属实?有无需要补充或更正的地方?"

宣布案由和合议庭组成人员(3分钟):审判长宣布案件的来源及案由,当事人姓名(名称)及是否公开审理。审判长宣布合议庭组成人员、书记员、公诉人、辩护人、鉴定人和翻译人员的名单。

告知诉讼权利(5分钟):审判长告知当事人及其法定代理人在法庭审判过程中依法享有的诉讼权利,包括:(1)可以申请合议庭组成人员、书记员、公诉人、鉴定人和翻译人员回避;(2)可以提出证据,申请通知新的证人到庭、调取新的证据、重新鉴定或者勘验、检查;(3)被告人可以自行辩护;(4)被告人可以在法庭辩论终结后做最后的陈述。审判长分别询问当事人及其法定代理人是否听清上述诉讼权利,是否申请回避,申请何人回避和申请回避的理由。若被告人张无忌提出回避申请,合议庭应当宣布休庭,按照法定流程处理。

3. 法庭调查

公诉人宣读起诉书(10分钟):公诉人起立,清晰、准确地宣读起诉书,阐述指控被告人张无忌构成玩忽职守罪的事实依据、法律依据,包括张无忌在审理杨逍与韦一笑债务纠纷案件中的具体行为表现,如仅口头询问杨逍而未深入调查核实借条真伪等关键环节,以及这些行为如何违反法官职责要求,触犯玩忽职守罪相关法条。

被告人陈述(5分钟):被告人张无忌就起诉书指控内容进行陈述,按照时间顺序详细讲述审理杨逍诉韦一笑债务纠纷一案的全过程,从接收案件、开庭审理到作出判决的每一个决策依据,着重解释当时为何仅采取口头询问方式,是否有其他考量因素,以及对如今被指控构成玩忽职守罪的看法与辩解。

公诉人讯问被告人(10分钟):公诉人基于案件事实与指控要点,对被告人张无忌进行讯问。重点了解在审理杨逍与韦一笑债务纠纷时,面对韦一笑提出借条系被胁迫所写这一关键抗辩,被告人为何仅进行简单的口头询问,是否有进一步深入调查的计划或行动。了解被告人作为法官对在审理案件中应尽的审查义务的理解,以及在该案件中是否切实履行了这些义务。通过讯问,揭示被告人在案件处理过程中的失职行为及主观态度。

辩护人询问被告人(10分钟):辩护人从维护被告人合法权益角度出发,询问被告人在庭审当时的具体判断依据,是否有相关的经验或常规做法支撑其采取的调查方式。了解被告人在整个审理过程中是否存在客观困难或受到外部因素干扰,导致其无法进行更全面的调查。通过询问,为后续辩护提供事实基础,试图说明被告人并非故意玩忽职守,而是存在其他合理因素。

合议庭补充询问(5分钟):围绕控辩双方在讯问/询问中未涉及的案件核心问题,合议庭可以进行补充发问。如在审理原债务纠纷时,杨逍、韦一笑在庭审中的言行举止细节有无异常?对该案的证据审查是否严格遵循了法律规定?张无忌是否意识到韦一笑所述被胁迫写借条一事的严重性?张无忌除口头询问杨逍外,还采取了哪些调查措施核实借条真实性?当时的庭审现场氛围、当事人状态是否影响了张无忌的判断?张无忌是否了解玩忽职守罪的构成要件及自身行为与之可能的关联?引导被告人充分阐述案件细节,还原当时的案件审理情境。

公诉人举证(30分钟):公诉人按照证据清单,依次出示书证、物证、证人证言、鉴定意见等证据,如:出示原债务纠纷案件庭审记录,证明张无忌仅口头询问后便匆忙下判;展示韦一笑自杀后的调查材料,佐证借条确为被胁迫所写;提供法院内部关于民事审判程序、法官职责的规范文件,说明张无忌行为违反规定。每出示一项/组证据,都要详细说明证据来源、取证方式、证明目的,阐述该证据的证明内容。如:某证人证言是如何获取的,证人与案件无利害关系,其证言可证实张无忌在庭审中草率行事,忽视关键疑点。

被告人质证(10分钟):被告人张无忌对公诉人出示的证据发表意见,结合自身经历补充说明证据疑点。如回忆原庭审现场与证据反映情况的差异,某证据所涉及的场景与自己记忆不符,强调自己在审理过程中虽有不足,但并非故意玩忽职守。

辩护人质证(15分钟):辩护人针对公诉人出示的每一项证据进行质证,从合法性、真实性、关联性三个方面入手，提出质证意见，根据需要发表辩护意见。如：质疑某证人证言采集程序是否合法，有无诱导成分；对书证的真实性提出疑问，是否存在篡改可能；分析证据与张无忌构成玩忽职守罪之间的关联是否牵强，该证据能否直接证明其主观故意与失职行为。辩护人可以提出排除非法证据的申请，阐述理由，要求法庭审查证据效力，若证据采集过程违反法定程序，严重影响证据真实性，法庭应依法排除，不得将其作为定案依据。

辩护方举证（10分钟）：辩护人可出示能够证明被告人张无忌无玩忽职守故意及存在合理因素的证据。例如：提供张无忌过往的优秀审判案例，获得的"优秀法官"等荣誉证书，以证明其工作能力与责任心；出示当时法院案件积压、工作强度大的相关文件，说明其客观工作环境压力；若有同事能证明张无忌在处理案件时曾咨询过相关法律问题或寻求过建议，也可提供证人证言。

4. 法庭辩论

公诉人发表公诉意见（15分钟）：公诉人综合案件事实、证据，系统阐述被告人张无忌构成玩忽职守罪的理由，从法律条文解读、司法实践案例对比、社会影响考量等多方面进行论证，如引用玩忽职守罪相关司法解释，结合其他类似法官因失职受惩案例，强调张无忌行为对司法公信力的损害，要求法庭依法定罪量刑。

辩护人发表辩护意见（15分钟）：辩护人依据事实与法律，全力为被告人张无忌辩护，请求法庭宣告被告人无罪或对其从轻处罚。如张无忌主观上无玩忽职守的故意，其口头询问杨逍是基于当时庭审情境、遵循一定程序的常规做法，且后续判决也考虑了多方因素；客观上虽存在调查不深入问题，但不能仅凭此认定构成犯罪，应结合民事审判特点、法官日常工作压力等综合判断；案件结果的悲剧性不能完全归咎于张无忌，杨逍的胁迫行为、韦一笑的极端反应等也是重要因素。

焦点辩论（20分钟）：在公诉人和辩护人发表各自意见后，合议庭需要总结法庭辩论焦点。如张无忌的行为是否达到构成玩忽职守罪的严重程度？其在原民事审判中的行为依据是否合理？如何准确衡量法官在复杂案件中的调查责任？引导控辩双方围绕案件的争议焦点进行辩论，控辩双方可以互相质问、辩论，以进一步阐明各自的观点和立场。审判长把控辩论方向，围绕核心问题，不偏离主题。

5. 被告人最后陈述

被告人张无忌进行最后陈述，可以表达对整个事件的深刻反思，承认在审理原债务纠纷案件中存在经验不足、调查不够细致等问题，也可以表达自己从未想过故意失职犯罪；对韦一笑的悲剧表示痛心，并愿意承担相应责任；请求法庭综合考虑案件全貌、自己的一贯工作表现等因素，给予从轻处理，给自己改过自新的机会。

合议庭成员要认真倾听,综合考量被告人最后陈述的内容,尤其关注其对自身行为的认识及悔罪表现。被告人陈述完毕,庭审宣布休庭,进入评议阶段。

6. 评议与宣判

合议庭评议(时间根据实际情况而定):审判长组织合议庭成员退庭进入评议室,依据庭审调查、辩论情况,结合法律规定,对被告人张无忌是否构成玩忽职守罪及量刑问题进行评议,合议庭成员充分发表意见,形成评议结果。

宣判(可以当庭宣判,也可以确定定期宣判时间):对于经过合议庭评议,能够当庭宣判的案件,要恢复法庭审理,当庭宣判。审判长带领合议庭成员再次步入法庭,全体起立,审判长宣读判决书,宣布被告人张无忌是否有罪及相应刑罚,阐述判决理由,包括认定事实依据、适用法律条文,告知上诉的权利与途径。在"实战"式模拟法庭教学中,基于对审判组法律职业能力训练的考虑,一般宜安排当庭宣判。

(五)辩论焦点预判

1. 张无忌的行为是否符合玩忽职守罪的主观构成要件

(1)公诉方观点

强调张无忌作为专业法官,明知民事案件中证据真实性关乎判决公正与当事人权益,在韦一笑提出借条系受胁迫所写这一严重质疑时,仅口头询问杨逍,未采取进一步调查核实措施,反映出其主观上对案件关键事实审查的懈怠、漠视,存在疏忽大意或过于自信的过失心态,符合玩忽职守罪对主观过错的要求。

举例说明在类似民事审判场景下,法官通常应遵循的严谨调查流程,如对争议借条及时启动司法鉴定、传唤可能的目击证人、深入调查双方当事人背景关系等,通过对比凸显张无忌行为的草率,以此论证其主观故意放任错误判决结果发生。

(2)辩护方观点

张无忌当时口头询问杨逍是基于庭审即时性、遵循简易程序惯例的合理反应,在杨逍否认胁迫事实后,结合庭审现场气氛、双方当事人表现及过往类似案件经验,他主观上认为已履行初步审查义务,没有理由怀疑杨逍的当庭陈述,其不存在明知可能误判而故意不作为的主观恶意。

张无忌日常审判工作表现良好,无违规违纪记录,过往处理诸多复杂债务纠纷案件时均能公正裁决,这从侧面印证其在本案中缺乏玩忽职守的内在动机,仅是因特殊个案情境而判断失误,而非主观故意渎职。

2. 张无忌在原民事审判中的调查行为是否达到玩忽职守罪的客观标准

(1)公诉方观点

详细列举张无忌在审理杨逍与韦一笑债务纠纷时,除口头询问外未实施的关键调查行为，如未依职权向杨逍、韦一笑社交圈子询问借款背景及双方关系动态，未要求杨逍提供借款资金来源证明等，指出这些遗漏的常规调查手段直接导致借条真伪无法查明，判决依据严重不足。

引用法院内部民事审判操作规范、行业指导准则，明确在涉及大额借款争议且一方当事人提出胁迫抗辩时，法官应尽的最低限度调查职责清单，比对张无忌的实际作为，强调其客观行为远未达标，构成严重失职，给当事人造成不可挽回损失，符合玩忽职守罪的客观要件。

（2）辩护方观点

阐释民事审判不同于刑事诉讼，需兼顾效率与公平，在有限庭审时间与资源下，法官有权依据案件初步表象、当事人当庭陈述可信度等因素，灵活决定调查深度与广度。张无忌依据独任审理简易程序框架，对借条进行了形式审查，结合杨逍提交借条时的连贯性陈述、韦一笑无有力旁证支持胁迫主张，其当时采取的调查措施在民事审判实践范畴内具有一定合理性。

事后查明借条为胁迫所写这一结果，不能倒推认定张无忌庭审时的调查行为必然构成犯罪，应综合考量当时庭审现场可获取信息、法官依法独立行使判断权的边界，以客观、动态视角评判其行为是否真正越过玩忽职守红线。

3.韦一笑自杀结果与张无忌审判行为之间的因果关系认定

（1）公诉方观点

张无忌的错误判决是引发韦一笑绝望自杀的直接导火索，若张无忌在审理中尽责调查，还原借条真相，韦一笑就不会遭受不公判决，其名誉、财产权益得以维护，便不会陷入绝境采取极端行为，两者存在紧密、必然的因果联系，张无忌理应承担刑事责任。

引用心理学专家对韦一笑自杀前精神状态的分析报告、周边亲友证言，描述韦一笑在收到判决后极度悲愤、对司法公正丧失信心的状态转变，强化自杀与错误判决的关联性，要求法庭考量案件悲剧性加重情节，严惩张无忌失职行为。

（2）辩护方观点

韦一笑自杀是多因素交织的结果，杨逍的胁迫行为本身给韦一笑造成巨大心理创伤，其自身心理承受能力、家庭经济困境、社会支持系统缺失等因素在悲剧发生过程中均起到催化作用，不能将责任单一归咎于张无忌的审判行为。

张无忌的判决虽有瑕疵，但从社会整体司法运行概率看，个别极端事件不能等同于法官必然构成玩忽职守罪，应依据直接因果关系判定原则，综合权衡各方因素，合理界定张无忌的责任范围，避免刑罚过度扩张，维护法官正常履职环境。

4.结合民事审判特性考量张无忌行为的罪与非罪界限

(1)公诉方观点

突出民事审判公权力属性,法官肩负定分止争、维护公平正义神圣使命,即便在简易程序下,对关键证据审查、事实认定也不容半点马虎,张无忌行为违背民事审判基本准则,损害司法公信力,扰乱正常司法秩序,其玩忽职守行为性质不因民事审判场景而改变,应依法定罪,警示司法队伍。

对比刑事、行政等其他领域公职人员因类似失职行为受惩案例,论证法律对公职人员履职尽责要求的统一性,强调法官在民事审判中失职造成严重后果同样触犯刑法底线,不能因审判业务特殊性而网开一面。

(2)辩护方观点

深入剖析民事审判注重当事人意思自治、调解优先、纠纷化解及时性等独特原则,张无忌在审理过程中遵循这些特性,尝试平衡双方诉求,虽在证据核实环节有欠缺,但整体行为模式契合民事司法生态,不应简单套用玩忽职守罪刑事标准。

提出应立足民事审判改革大背景,考量基层法官面临案件数量压力、资源有限性,以发展眼光看待张无忌个案,若轻易入罪,将引发法官群体寒蝉效应,阻碍民事审判工作的活力与创新,建议通过内部纪律处分、专业培训提升等方式纠错,而非动用刑法手段追究责任。

四、其他组:明晰任务,协同共进

在"实战"式模拟法庭教学过程中,除直接参与案件办理的侦查组、辩护组、控诉组、审判组以外,其他各组如证鉴组、备勤组、文宣组等同样肩负着重要使命。他们虽不在聚光灯下激烈交锋,却如同精密齿轮般有序运转、紧密配合,共同推动模拟法庭的顺利运行。模拟审判的顺利推进,同样需要证鉴组、备勤组、文宣组开展相应的庭前准备工作。

(一)备勤组庭审保障

备勤组堪称模拟法庭的幕后英雄,是庭审得以顺利进行的关键保障力量。

庭审准备阶段,需要他们事无巨细,全力投入。要对庭审场地进行精心布置,桌椅的摆放要严格遵循法庭规范,确保各方人员就座舒适且符合庭审礼仪;将照明系统调试至最佳状态;调试好数字化模拟法庭的庭审设备,对可能出现的设备兼容性问题做好预案;反复调试音响设备,确保音响设备符合庭审需要。

庭审过程中,备勤组要时刻保持高度警惕,一旦出现设备故障或文件资料打印失误等紧急情况,则需要他们迅速反应,凭借前期的精心准备,第一时间解决设备故障、补充打印文件资料。若当事人情绪激动,出现争吵、哭闹甚至抗拒庭审流程的状况,备勤组成员要及时介入,运用沟通技巧安抚情绪,晓之以理、动之以情,引导当事人回归理性,保障庭审节奏平稳有序,维护法庭的庄严神圣。

1. 场地与物资筹备

法庭布置:严格依照刑事普通程序法庭规范,精心布置庭审场地。确保审判席桌椅摆放整齐,法官、书记员及陪审员(若有)座位标识清晰,配备齐全的办公用品,如记录用笔、纸张、电脑等,保证庭审记录工作顺畅无误。为公诉人、辩护人及当事人设置专门区域,桌椅间隔合理,便于各方交流且不影响庭审秩序,同时确保旁听席座位充足、通道畅通,满足公众旁听需求。

设备调试:对庭审所需各类设备进行全面、细致的调试。检查音响系统,确保声音清晰、无杂音,音量覆盖整个法庭空间,无论是法官发言、当事人陈述还是证据播放,都能让在场人员听得真切;调试多媒体播放设备,保证画面清晰、色彩还原度高,能够精准展示各类证据,如借据原件的高清扫描件、现场监控视频(若存在)、证人证言的电子文档等,避免因设备故障影响证据呈现效果。此外,还要测试法庭内的照明设备,保证光线明亮且柔和,既不刺眼影响人员视觉,又能为庭审营造庄重严肃的氛围。

物资准备:备齐庭审过程中可能用到的各类物资。准备充足的饮用水,为法官、书记员、公诉人、辩护人、当事人及证人、鉴定人提供必要的水分补充,使其维持良好状态;准备纸张、笔、文件夹等办公用品,方便当事人、证人、鉴定人随时记录关键信息,也便于工作人员临时记录重要事项。

2. 应急方案制定

模拟冲突应对策略:针对模拟庭审中可能出现的各类冲突情况,制定详细的应对预案。若被告人情绪激动,发生言语争吵甚至模拟肢体冲突,负责执勤的同学要迅速按照预定方案介入,运用所学的模拟控制技巧,如模拟的隔离、劝阻动作,将冲突双方分开,避免事态进一步恶化。若当事人、证人出现情绪激动、晕倒等情况,备勤组同学应立即上前进行初步处理,如安抚情绪、实施心肺复苏(若需要),同时联系场外急救人员迅速赶到现场救援。

模拟安全风险预案:提前规划应对模拟庭审可能出现的安全风险。若旁听人员起哄、扰乱模拟法庭秩序,执勤同学应立即发出警告,要求其停止违规行为,对不听劝阻的同学,依法采取模拟强制措施,带离庭审场地。遇到极端情况,如有人冲击模拟审判席、威胁庭审人员人身安全,执勤同学要团队协作,利用模拟装备迅速"制伏"涉事人员,恢复庭审秩序,确保庭审在庄重、有序的环境中进行。

技术故障处理：针对庭审过程中可能发生的技术故障，如音响突然失声、多媒体播放黑屏、电脑死机等，制定快速修复方案。提前调配备用设备，如备用音响、投影仪、电脑等，一旦出现故障，应在最短时间内完成设备更换，确保庭审不被长时间中断。同时，安排技术人员全程值守，随时监控设备运行状态，在故障发生的第一时间进行排查抢修，将对庭审的影响降至最低。

3.法警出庭执勤

合理安排"警力"：根据模拟法庭的规模、参与同学的数量以及案例的敏感程度，对备勤组同学进行合理分工，模拟法警力量部署。在模拟法庭入口处安排足够的同学负责模拟安检工作，严格按照设定规则检查入场同学携带的物品，禁止携带违禁物品进入，如模拟的易燃易爆物品、管制刀具等，防止因刀具使用不当引发意外。在模拟法庭内部，依据区域功能，安排同学值守关键位置，如模拟审判席周边、模拟当事人及辩护人附近，确保随时能够应对突发状况，维持好模拟法庭的秩序。

精通模拟庭审流程：熟练掌握模拟法庭刑事普通程序的每一个环节。从模拟开庭前的入场准备，包括模拟安检流程、引导人员就座，到庭审中的法官主持、当事人陈述、举证质证、激烈的法庭辩论，再到庭审结束后的有序疏散等环节，都要烂熟于心。明确在各个环节中自己作为"法警"的职责，如在开庭前，要以严肃的态度维持入场秩序，确保扮演各方的同学有序进入模拟法庭并按指定位置就座；在法庭辩论环节，时刻关注扮演当事人及旁听同学的情绪变化，一旦发现有过于激动的表现，立即采取措施制止。

筹备模拟装备：精心准备模拟执勤所需的装备。虽然是模拟场景，装备也应尽量逼真，为每位扮演法警的同学配备模拟警用装备，如塑料手铐、模拟警棍、无害的喷雾道具等，并提前检查这些模拟装备的性能，确保在模拟使用过程中不会出现损坏或失灵的情况。同时，为模拟法庭配备必要的模拟安全设施，如简易安检门、模拟X光检测仪，保证能够高效、准确地进行模拟安检工作，排查出潜在的"危险物品"，增强模拟庭审的真实感。

4.强化协同沟通

备勤组要与审判组密切沟通，了解模拟审判的物资准备、资料整理情况，确保信息共享，配合默契。要与控诉组、辩护组、证鉴组、文宣组等相关各方保持联络畅通，提前了解各方在模拟审判中的特殊需求，妥善协调安排，保障模拟审判顺利进行。

(二)证鉴组预研出庭

在刑事案件普通程序中，证人、鉴定人的出庭对于案件审理起着举足轻重的作用，他们充分且周全的出庭准备是庭审顺利、公正进行的重要保障。

1. 证人出庭准备任务

(1) 事实梳理强化记忆

精准回溯案件细节：无论是现场目击证人，还是了解案件内情的证人，都要开启深度回忆模式。目击证人要像播放高清录像一般，重现案发时的每一秒画面，包括当时的精确时间（若能确定）、地点特征（周边标志性建筑、道路名称）、环境状况（天气是晴是雨、温度高低、光线强弱，这些因素可能影响观察清晰度）、现场人员的衣着外貌（嫌疑人、受害者及其他在场者的服饰款式、颜色，面部特征如发型、有无胡须和眼镜）、行为动作（肢体冲突动作、逃跑路线、言语交流内容及语气神态）。知晓内情的证人，则需沿着事件发展脉络，梳理关键节点信息，从纠纷起因、矛盾升级过程到最终结果形成，整理出连贯且翔实的事实链条，确保所陈述内容真实、准确、完整。如在前述张无忌玩忽职守案中，证人可以提前做好如下准备：

目击证人：若有现场目睹借据签订过程的证人，需开启深度回忆。回想当时场景的精确时间，比如，是上午还是下午，大概几点几分，天气状况如何，室内光线是否充足。细致描述杨逍拿出刀逼迫韦一笑写借据时的动作，刀的样式、大小、颜色，杨逍的持刀姿势、言语威胁内容，声音大小、语气凶狠程度；韦一笑的反应，身体颤抖与否、表情惊恐程度、有无反抗动作，双手是如何被控制的（若有），以及周围环境细节，如有无其他人在场，他们的站位、神情，是否有劝阻行为或言语。将这些细节按时间顺序串联，形成完整、连贯的事实链条，如实记录，避免遗漏关键信息。

知情证人：了解案件背后隐情，如知晓杨逍、韦一笑平日经济往来、矛盾纠纷缘由的证人，沿着事件发展脉络梳理。从两人最初相识、产生经济关联的起因说起，是否有生意合作、资金拆借的约定，后续矛盾如何激化，在借据签订前有无争吵、协商情节，把关键节点信息整理清晰，确保所陈述内容真实可靠，为法庭还原纠纷全貌提供有力支撑。

笔记辅助记忆巩固：为避免记忆疏漏或混淆，证人可在庭前制作详细笔记。将回忆起的重要信息分类记录，如按照时间顺序记录事件发展，按人物行为、言语、场景等板块，将上述细节分别填入，同时特别标注自己记忆相对模糊之处，如不确定刀的具体样式，就注明"刀的样式记忆不清，大概是短刃匕首模样"，以便庭审作证时谨慎表述，避免误导法庭。

(2) 庭审流程与规则学习

熟悉出庭环节流程：证人要知晓刑事案件普通程序中自己出庭的大致环节，明确开庭后何时轮到自己进入法庭,如何在法官引导下宣誓[1],知晓接受询问的先后顺序。通常先由申请其出庭的一方主询问,引导阐述关键事实,再由对方反询问进行质疑辩驳。清楚在作证过程中,每个环节的任务与注意事项。主询问时配合己方,简洁清晰地说出所见所闻,反询问时保持冷静,集中精力听懂对方问题核心,不被诱导性提问干扰思路。

掌握法庭表达规范:学习在法庭上的规范用语与表达方式,避免使用方言、俚语或过于随意的口头禅,确保语言通俗易懂又不失庄重。要以陈述事实为核心,不夹杂个人主观判断、情感偏向或无端猜测。例如,不能仅凭直觉说"我觉得嫌疑人肯定是坏人",而是陈述看到嫌疑人实施的具体行为。如在前述张无忌玩忽职守案中,不说"那家伙拿着刀吓唬人",而说"杨逍手持一把刀具,以言语(具体内容)威胁韦一笑"。只陈述亲身经历、确切知晓事实,不夹杂个人主观臆断,不能仅凭感觉说"我觉得杨逍肯定是坏人,经常欺负人",而是客观地讲"我看到杨逍在借据签订现场有持刀逼迫行为"。同时,训练自己的语速语调,保持适中语速,让法官、书记员及各方都能清晰听清,遇到关键信息时适当加重语调强调,确保法官、书记员及各方能清晰捕捉要点。

(3)抗压与应变能力提升

模拟质证场景抗压:在庭前,证人可在同组同学的协助下,多次模拟作证训练。模拟控辩双方可能的提问方式与风格,从温和询问到犀利追问,让证人提前适应庭审压力氛围。在模拟过程中,锻炼证人迅速理解问题、快速组织语言回答的能力,以及在紧张情绪下保持思维清晰、逻辑连贯的技巧。如在前述张无忌玩忽职守案中,当被问到"当时你距离借据签订地点多远,能否看清刀的细节"时,能条理清晰回应"我站在大约5米外,能看清刀身不长,刀刃有反光,具体样式不太确定",在紧张情绪下保持思维、逻辑连贯。

心理调适克服紧张:证人要学会自我心理调适方法,如深呼吸放松法,在出庭前感到紧张时,通过缓慢深呼吸,调节心率与情绪;积极进行自我暗示,告诉自己"我只需如实陈述所知事实,没什么可怕的",增强自信心。同时,提前熟悉法庭环境,若条件允许,可在庭前到法庭实地参观,了解布局、座位安排等,减少陌生环境带来的紧张感。

2. 鉴定人出庭准备任务

(1)鉴定报告深度复盘

审查样本采集环节:仔细核对从案发现场、当事人处采集鉴定样本的全过程记

---

[1] 证人作证前,应当保证向法庭如实提供证言,并在如实作证的保证书上签名。

录,确保样本来源合法、采集方法科学。对于生物样本,检查采集工具是否无菌、保存条件是否达标,防止样本污染影响鉴定结果;对于物证样本,如血迹、毛发、纤维等,核实提取位置是否准确标注、提取过程有无交叉污染风险,保证样本原始性与纯度。如在前述张无忌玩忽职守案中,鉴定人在样本采集核查环节需要做好以下准备:针对借据这一关键物证,若涉及笔迹鉴定、纸张年代鉴定等,仔细核对样本采集过程。检查从何处获取韦一笑平时笔迹样本用于比对,采集方式是否科学,有无在其正常书写环境下收集,避免样本受干扰;核实纸张鉴定样本来源是否可靠,采集时有无污染风险,确保借据样本的原始性,为精准鉴定奠定基础。

校验检测方法合理性:重新审视所采用的鉴定检测方法,依据行业标准、学术前沿研究,判断其是否适用于本案。若涉及 DNA 鉴定,确认使用的是当前公认可靠的技术体系,如 STR 分型技术,且操作流程严格遵循实验室规范;对于毒物鉴定,核实检测仪器精度、试剂纯度是否符合要求,分析方法是否能准确甄别毒物种类、含量,确保检测方法精准无误;对于笔迹特征比对、笔画压力分析等,相关操作流程应严格遵循实验室规范;对于纸张年代鉴定,核实检测仪器精度、试剂纯度是否达标,分析方法能否准确甄别纸张生产年代范围,确保检测方法科学无误,鉴定结果可信。

核实数据解读准确性:对鉴定过程中产生的原始数据进行再次分析,检查数据统计、运算过程有无差错,解读结论是否客观、唯一。例如,在法医损伤鉴定中,依据人体损伤程度鉴定标准,准确判断伤口长度、深度、愈合情况对应的损伤等级,避免误判;在物证鉴定数据解读上,确保从复杂的数据图谱、数值结果能得出可靠且排他的鉴定结论。又如,在笔迹鉴定中,确认特征点比对数据统计是否准确,解读结论是否客观、唯一,避免误判。再如,纸张年代鉴定,从复杂实验数据得出的年代区间结论要精准,确保能为借据真伪判断提供坚实依据,不出现模糊、矛盾结论。

(2)专业知识通俗转化

术语通俗化准备:鉴于庭审参与人员专业背景多元,鉴定人需将鉴定报告中的专业术语、复杂原理转化为通俗易懂的语言。如在解释法医病理鉴定中的"弥漫性轴索损伤"时,可类比为"大脑神经纤维像电线一样被拉扯、断裂,导致大脑功能紊乱";对于复杂的化学物质鉴定,用生活常见物品比喻,让非专业人士也能理解其特性与危害。如在前述张无忌玩忽职守案中,解释笔迹鉴定中的"笔压特征",可类比为"就像我们写字用力轻重不同,在纸上留下的痕迹深浅不一样,通过分析这些痕迹特点判断是不是本人书写";对于纸张年代鉴定涉及的化学物质分析,用常见物品比喻,如"检测出的某种化学物质含量,类似老房子墙壁上随着时间积累的某种斑驳痕迹,含量越高,纸张年代越久",让非专业人士理解原理特性。

原理可视化辅助:利用图表、模型、动画等可视化工具,辅助解释鉴定原理。若涉及复杂的物证痕迹鉴定,可制作 3D 模型展示痕迹形成过程;在电子数据鉴定领域,可通过动画演示数据恢复、篡改检测原理,让抽象知识具象化,加深庭审人员对鉴定意见的理解。如在前述张无忌玩忽职守案中,制作借据笔迹比对图表,将韦一笑平时的样本笔迹与借据签名笔迹的关键特征点放大标注,展示异同;对于纸张年代鉴定,构建简单时间轴模型,标注不同年代纸张典型化学物质含量范围,借据对应落点,直观呈现鉴定原理,提高庭审人员认可度。

(3)庭审程序与质疑应对

熟悉出庭流程细节:鉴定人要清楚刑事案件普通程序下自己出庭作证的具体流程,知晓何时携带鉴定报告原件及相关资料入场,如何向法庭规范提交,了解展示讲解方式,是通过大屏幕投放、实物对比,还是口头详细阐释。知悉庭审中各方对鉴定意见质证的环节安排,提前做好心理与资料准备。

预设质疑准备回应:凭借专业经验与对本案的深入了解,从样本问题、方法争议到结论可靠性,全面预想可能面临的质疑。如对方质疑样本采集量不足、检测方法灵敏度不够、鉴定结论与其他证据存在矛盾等,针对每种质疑,整理翔实有力的回应资料。引用专业文献、行业标准、同类权威案例以及实验数据等作为支撑,制作应对手册,确保在庭审中面对质疑能从容不迫、有理有据地捍卫鉴定意见的科学性与权威性。如在前述张无忌玩忽职守案中,对于样本问题(笔迹样本采集量不足,代表性不够)、方法争议(纸张年代鉴定方法太新,可靠性存疑)、结论矛盾(笔迹鉴定结论与其他证据不符)等,都要针对可能的质疑,提前整理翔实的回应资料,引用专业文献、行业标准、同类权威案例、实验数据,制作应对手册,以确保庭审时从容捍卫鉴定意见的科学性、权威性。

(三)文宣组策划方案

对于"实战"式模拟法庭教学而言,文宣组宛如"形象大使",他们以"记者"身份,利用手机、摄像机等简单设备,记录模拟审判的每一个精彩瞬间,承担着塑造形象、传播知识的重任,烘托模拟审判氛围,让法学实践教学的魅力突破课堂局限。

文宣组同学需深入理解案例,组织内部研讨,精准挖掘案例中的宣传亮点与教育意义,策划全面的宣传方案,策划好后续宣传工作。他们必须熟练掌握模拟审判的各个环节,清楚每个节点的关键内容与时间安排,有侧重地做好文宣工作,如庭前侧重预热宣传,在庭审中捕捉精彩瞬间,在庭审后迅速发出庭审报道。

1. 多元宣传

(1)海报制作。设计有吸引力的海报,以庄重严肃的法庭背景为基调,融入案例关键元素,如借据图片、模拟庭审场景速写、代表法律公正的天平图案等。搭配醒目的标题,如"走进法律实战:探究债务纠纷背后的真相",运用鲜明色彩对比,吸引同学们关注模拟法庭活动。海报上除基本活动信息外,附上简短案例简介与精彩看点,激发学生参与热情。

(2)宣传册编排。精心制作宣传册,开篇详细介绍模拟法庭的流程、规则与本次案例梗概,中间插入法律知识小贴士,如债务纠纷处理法条、证据规则要点等,结合案例进行深入浅出的讲解。末尾展示模拟法庭团队风采,包括参与同学的专业背景(模拟角色)、指导教师介绍,提升活动专业感与吸引力。

(3)社交媒体推广。利用校园公众号、微博、抖音等平台,提前发布活动预告短视频,剪辑精彩模拟庭审片段(过往类似活动素材亦可),配上动感音乐与简洁文案,如"法律风云即将上演,带你直击复杂债务纠纷裁决现场",引发同学好奇。定期推送图文并茂的文章,介绍案例进展,进行角色剖析、法律知识科普,设置互动话题,如"如果你是法官,如何断此案",提升同学参与度与话题热度。

(4)校内班级群推广。文宣组同学要挖掘资源,利用校内班级群,发送定制化的宣传文案,针对不同专业同学突出不同特点,如对法学专业强调疑案分析,对非法学专业强调法律知识普及。分享活动报名链接、答疑解惑,精准触达潜在参与者,扩大模拟审判的影响力。

2. 条件准备

(1)设备筹备。配备专业摄影摄像器材,如高清数码相机、稳定的摄像机、三脚架等,确保能捕捉庭审中的每一个精彩画面,从法官敲槌的庄重瞬间、当事人激烈辩论的表情特写,到证人出庭的紧张氛围,无一遗漏。准备充足的存储设备,如大容量存储卡、移动硬盘,防止素材丢失,保障资料的完整收集。

(2)软件学习。提前安装并熟悉图片处理软件,如 Adobe Photoshop,用于后期海报优化、照片裁剪调色;视频编辑软件,如 Adobe Premiere,方便剪辑庭审精彩视频、制作成果展示短片。学习使用文档管理软件,高效整理宣传文案、案例资料、知识讲解文档等,确保宣传素材有序存储、随时调用。

3. 各方协同

(1)内部协作。与模拟法庭的各小组密切沟通,了解他们的需求与工作进度,如备勤组布置法庭场景的特色亮点,可作为宣传素材;证鉴组的专业知识解读,可转化为宣传文案中的法律科普内容;根据侦查组、控诉组、辩护组、审判组同学的反馈,调整宣传角度,突出人物故事,打造立体式宣传效果。

(2)外部联络。与校内新闻媒体、社团联合会等部门建立联系,争取更多宣传资源与渠道支持。邀请校内外媒体记者参与模拟庭审报道，扩大模拟审判活动在校内外的知名度；向专业法律机构、律所寻求赞助或合作，提升模拟审判的专业品质。

4. 文宣推广

（1）宣发资料准备。全面收集整理模拟审判过程中的各类素材，包括高清照片、精彩视频片段、庭审关键文字素材等。对照片进行筛选，挑选出能够展现庭审关键节点、人物精彩表现的画面，如法官严肃宣判的瞬间、双方当事人激烈交锋时的表情特写、证人出庭作证时的紧张神态等；对视频进行剪辑，去除冗余部分，按照庭审流程的逻辑顺序，串联起开庭、法庭调查、法庭辩论、宣判等环节的精彩内容，制作完整且具有观赏性的庭审回顾视频。

（2）校内平台宣发。安排新闻报道撰写任务和时间节点，提前布局校内推广平台，如学校新闻网（争取上首页）、学院官网、公众号、短视频等平台。利用公众号推送预报，设计精美封面、编写吸睛标题，如"模拟法庭风云：债务纠纷裁决背后的法治密码"，搭配简要导读，引导师生点击阅读；在学校网站开设专帖，鼓励同学们留言讨论，激发校园舆论热度。

（3）校外拓展传播。积极向校外法律类自媒体、高校法律社团联合平台投稿，争取更广泛的传播。与知名法律类自媒体合作，借助其庞大粉丝群体，扩大报道覆盖面，提升学校模拟法庭活动知名度；参与高校间法律交流平台分享活动，将文宣工作推向更广阔空间，展现本校模拟法庭实践教学的独有风采。

五、结语

一系列庭前准备工作，为实战式模拟审判的无限精彩奠定了基础。控诉组以扎实的公诉预案为利器，从精细入微的讯问提纲，到条理分明的举证提纲，再到义正词严的公诉意见、周全缜密的辩论预案，为精准公诉提供了坚实支撑。辩护组精心打造辩护方案，以专业知识为支撑构建辩护意见，辅以灵活应变的辩论预案、贴心周到的庭前辅导，全力以赴，为正义而争，为公平而辩。审判组全力负责庭前联络，严谨推进庭前会议，通过精准的辩论焦点预判和完备的庭审预案，确保庭审活动有序推进。其他各组虽分工不同，但均发挥着不可替代的作用。备勤组默默提供庭审保障，为庭审顺利进行保驾护航；证鉴组潜心预研出庭作证，以专业权威提升庭审的公信力；文宣组精心策划方案，让模拟法庭的精彩得以放大。

第六章　实战式模拟法庭之庭审实战

> "法律必须被信仰,否则它将形同虚设。"[1]正如伯尔曼所言,法律绝非落在纸上的冰冷条文,需要在生动实践中彰显其生命力。"实战"式模拟法庭教学的庭审实战环节,正是一个将法律信仰具象化的关键阵地,不仅要实现理论知识与实践操作的结合,还要追求法律思维与职业技能的深度融合。

随着庭前准备的战鼓渐息,"实战"式模拟法庭迎来了庭审实战环节。庭审礼仪规范,作为法律职业形象的外在展现,从着装到语言,从行为到席位,点滴之中尽显法律人的庄重与严谨,为庭审营造庄严肃穆的氛围。庭审实战流程,则是一场环环相扣的法律叙事,从开庭准备的有条不紊,到陈述、发问、举证质证、辩论的激烈角逐,再到评议宣判的审慎定夺,一步步还原真实司法场景。庭审实战技能是"制胜法宝",只有通过精准的发问、有力的举证、犀利的质证、精彩的辩论,才能在庭审中站稳脚跟,才能不断接近案件事实真相。

基于培养法律职业能力的教学目标,"实战"式模拟法庭教学要求办理"实案",体验"实战"。控诉组要精心构建指控体系,通过逻辑严密的论证,力图证明被告人的犯罪事实;辩护组要细致剖析案情,寻找有利于被告人的证据与法律依据,以有效反驳控诉,维护被告人的合法权益;审判组则需秉持公正立场,审慎听取双方意见,依据法律规定与证据材料,作出公正的裁决。

本章以刑事公诉案件为例,从庭审礼仪、庭审流程、庭审技能三个方面展开阐述。

一、庭审礼仪规范

在刑事诉讼普通程序中,庭审礼仪规范是司法公正的直观呈现,其承载着法律

---

[1]　[美]伯尔曼:《法律与宗教》,梁治平译,中国政法大学出版社2003年版,第3页。

的庄严与权威。从着装到语言,从行为到席位安排,每一个细节都有特定意义。恰当的庭审礼仪,不仅能为庭审营造严肃庄重的氛围,更能让公众切实感受到司法的公正与严谨,增强法律的公信力。着装是身份与专业的外在标识,语言是沟通与表达的关键桥梁,行为是素养与态度的直观体现,席位安排则是程序正义的空间布局。

(一)庭审着装礼仪

1. 审判人员着装

在"实战"式模拟法庭教学过程中,应结合法学院系模拟法庭服装配备中往往只配备法袍、书记员制服(西服套装)的实际情况。参考最高人民法院的相关规定[1],仅介绍法袍、书记员制服的着装礼仪。

法袍的穿着场合:法袍是法官进行法庭审判时的专用服装,开庭审理案件时,法官都应当身着法袍,包括一审、二审、再审等各个审级,无论公开审理还是不公开审理,法袍象征着法官代表国家行使审判权,凸显庭审的庄重性和严肃性。

法袍的穿着规范:审判人员步入法庭前,务必身着法袍,要确保法袍袖口自然伸展,贴合手腕,不出现袖口堆叠或过松的情况;领口处要整齐扣合,保证领口平整端庄,彰显审判人员的严谨仪态;法袍的拖地后摆应保持自然下垂,行走时步伐沉稳、均匀,步幅适中,让法袍随着步伐优雅摆动,营造出威严庄重的氛围和法律至高无上的神圣感。

书记员制服穿着规范:书记员在庭审过程中,需要穿着统一的书记员制服。无论是记录庭审内容、协助法官整理文件,还是在法庭内进行其他与庭审相关的事务,都要保持制服着装规范,以体现庭审工作的专业性和严肃性。

书记员制服配饰佩戴:领带颜色和款式要符合规定,系法要规范,采用平结或温莎结,长度适中,一般领带尖应刚好触及皮带扣。领结的形状要饱满、对称,固定牢固,不会在工作过程中松散。尽量减少其他配饰的佩戴。如果佩戴手表,款式应简约、大方,避免过于华丽或带有过多装饰的手表。在首饰方面,如耳环、项链、手链等,要选择简洁、低调的款式,避免分散庭审注意力。

2. 公诉人员着装

公诉人员代表国家行使公诉权,肩负着维护法律公义的神圣使命,其着装必须展现出威严与专业。结合最高人民检察院的相关规定[2],简要介绍如下。

---

[1] 《人民法院审判制服着装管理办法》(法〔2013〕6号),2013年1月23日发布实施。
[2] 《人民检察院检察制服着装管理规定》,2010年12月3日,最高人民检察院第11届第28次会议通过。

整体适配:检察官应根据不同场合选择合适的制服,春秋装、夏装、冬装在款式与面料上有别,需确保着装与季节、场合协调统一。制服穿着务必合身,过大或过小都会影响整体形象与行动便利。

衬衫搭配:内搭衬衫颜色分春秋冬装(白色)和夏装(浅蓝色),要求平整无褶皱,领口、袖口保持洁净。应系好领口的风纪扣,保证着装的严谨性。长袖衬衫搭配制服时,袖口需扣好,不可随意挽起。

领带要求:领带是制服搭配的关键配饰,颜色有红色、蓝色两种,春秋冬装配红色领带,夏装配蓝色领带。领带要打成标准的温莎结或平结,长度以刚好触及皮带扣为宜。

检徽佩戴:检徽是检察官身份的象征,应端正佩戴于制服左胸上方。若着春秋冬装,检徽佩戴在制服上衣左领尖与第一粒纽扣之间的中点位置;若着夏装短袖,检徽佩戴在左胸口袋上方正中处。佩戴时要确保检徽清晰完整、无歪斜、污损。

其他配饰:除检徽外,其他配饰应简约低调。如手表,其款式以商务简洁型为宜,避免夸张设计。关于皮带,应选择黑色或深棕色等深色系,材质为皮质,无过多装饰,宽度适中,与整体着装风格相符。

3. 辩护人着装

辩护人作为被告人合法权益的坚定捍卫者,其出庭时的着装直接关乎职业形象与当事人信任度。早在2002年3月,中华全国律师协会就发布了《律师出庭服装使用管理办法》,虽然规定了未按规定着装的法律后果(训诫、通报批评),但因为欠缺强制执行力,该规定并未得到有效执行。需要注意的是,不同地区的律师出庭着装要求存在差异,有些地方专门发布通知[1]督促严格执行,有些地方则相对宽松,任由律师自由着装。

律师袍着装规范:律师袍象征着法庭尊重与司法权威,如果案件审理地律师协会或法院对出庭律师着装有明确要求,应遵循当地法院或律师协会的具体规定,按照相关规定配套穿着,一般为内着浅色衬衣,佩戴领巾,外着律师袍,并佩戴律师徽章,下着深色西装裤或深色西装套裙(女律师)。应确保着装庄重得体、整洁干净、适度简约,避免过于鲜艳的颜色和过多的饰物。

西服套装着装规范:在案件审理地律师协会或法院对出庭律师着装未作要求的情况下,辩护人出庭时应穿着能够体现职业专业性的正装,不应穿着太过随意或华丽。男律师通常倾向于选择深色西装套装,如经典黑色、深邃深蓝或沉稳深灰,这些

---

[1] 南京市律师协会《关于进一步严格执行〈律师出庭服装使用管理办法〉的通知》。

颜色给人以专业、可靠之感。西装版型修身合体,肩部线条自然流畅,能够恰到好处地展现干练气质,同时不妨碍肢体动作,确保庭审中的自如发挥。女律师则适宜穿着简洁大方的职业套装,裙摆长度以膝盖上下为宜,既符合职业规范,又不失优雅。套装款式避免过于复杂的设计或过多的装饰,以免分散注意力。整体风格追求简约而不失专业,用外在形象无声地向当事人和法庭宣告其专业能力。

整洁与得体:整洁与得体贯穿于律师着装的方方面面。出庭前要检查衬衫领口、袖口,保持洁白无瑕,无任何污渍或泛黄迹象。西装需经过精心熨烫,平整无褶皱,每一道折线都笔直规整。皮鞋光亮洁净,鞋面无灰尘、划痕,搭配深色袜子,整体协调统一。在配饰方面,简约精致是原则,手表款式简约大方,领带夹、袖扣等小配饰不张扬但尽显品质,杜绝任何邋遢、随意的穿着表现。如此着装,方能让当事人在第一眼就建立起信任,让法庭感受到律师的专业素养,为辩护工作营造有利氛围。

4. 被告人着装提示

对被告人在庭审中的着装虽没有像法官、公诉人、辩护人那般有严格的制度要求,但同样需要遵循一定原则。着装应尽量选择朴素、简洁的款式,颜色应以素色为主,如白色、黑色、灰色等,避免穿着过于鲜艳、花哨或带有挑衅性图案、文字的服装。过于张扬的着装可能会给法官、人民陪审员(如有)以及旁听人员留下不良印象,进而影响其对案件的主观判断。同时,着装要整洁得体,保持衣物干净、平整,头发梳理整齐,面容清洁,以平和、诚恳的形象出现在法庭上,有助于庭审的顺利进行,也有利于自身合法权益的维护。

5. 其他主体着装注意事项

其他当事人着装的朴素与适宜原则:其他当事人作为案件的核心参与者,其着装应遵循朴素与适宜原则。在庭审这一庄重场合,避免穿着奇装异服,如过于夸张的潮流服饰、造型奇特的帽子或带有大面积鲜艳图案、标语的服装,此类穿着容易吸引不必要的目光,干扰庭审焦点。同时,也要杜绝过于奢华的装扮,以免给人留下不良印象,引发法庭内外对其无端猜测。力求以平和、质朴的形象示人,身着简约素色衣物,专注于案件事实的陈述,将重心放在维护自身合法权益上,助力庭审有序进行。

证人、鉴定人等的着装基本规范:证人、鉴定人等虽角色各异,但在着装基本规范上有着共同追求。宜穿着整洁、素色服装,颜色以白、灰、黑等中性色为主,款式简单大方,不追求时尚潮流的前沿款式,避免复杂的剪裁或装饰元素。不佩戴夸张配饰,如大型耳环、大金链子、耀眼项链或造型奇特的戒指等,妆容淡雅自然,面部保持清洁,头发整齐梳理。以自身形象辅助庭审顺利推进,确保在提供证言、鉴定意见等关键环节，不分散庭审注意力，保障证据呈现与事实认定不受干扰，与其他庭审参与人员合力维护庭审庄重氛围，让司法程序在井然有序中追求真相。

(二)庭审语言礼仪

在刑事诉讼普通程序的庭审现场，庭审语言如同润滑剂，确保庭审流程顺畅推进，又似天平上的砝码，细微之处影响着司法公正与当事人权益的平衡。各参与主体依据自身角色，遵循相应的语言规范，方能共同维护庭审的庄重与权威。

1. 审判人员语言礼仪

庭审主持用语的准确性与专业性：审判人员作为庭审的"掌舵人"，其庭审主持用语必须精准无误、专业规范。从宣布开庭的那一刻起，每一个指令、每一项告知都要严格依照法律术语与程序要求。如在核实当事人身份时，须清晰准确地念出姓名、年龄、职业等关键信息，不容许出现丝毫差错，以免引发后续程序混乱。阐述法律条文、解释庭审流程时更要信手拈来、深入浅出，以简洁明了的语言让在场各方迅速理解，彰显法律的严谨与公正，为整个庭审奠定专业基调。

询问当事人及证人时的语气与措辞：面对当事人及证人，审判人员的语气既要庄重威严，又要平和可亲。在询问关键事实时，措辞严谨，避免引导性问题，确保获取信息的真实性与客观性。如在询问证人案发时间、地点等细节时，应采用中性客观的措辞，如"请您回忆一下，当时您在什么具体位置，看到了什么"，而非带有暗示性的语句。同时，关注当事人的情绪波动，适时以温和语气安抚，"请您平复一下心情，如实陈述"，在威严与温情间拿捏分寸，引导庭审有序进行。

2. 公诉人语言礼仪

公诉人代表国家公诉，语言应掷地有声、充满力量。发表公诉意见时，开篇便以坚定口吻点明案件核心要点，依据充分的证据，条理清晰地阐述犯罪事实、法律依据及量刑建议，如"经依法审查查明，被告人在××时间、××地点实施了××行为，触犯《中华人民共和国刑法》第××条，应当承担相应刑事责任"。在讯问被告人环节，语言要直击要害，用词要精准，通过巧妙设问，层层剥开案件真相，让被告人如实供述，展现法律监督者的专业与果敢，维护公诉的严肃性。

3. 辩护人语言礼仪

法庭辩论中的言辞逻辑与感染力：辩护人在法庭辩论中宛如一位雄辩家，凭借出色的言辞逻辑与强大感染力为当事人争取权益。开篇立论，要迅速抓住案件争议焦点，以严谨逻辑构建辩护体系，如"本案中，控方证据在关联性、合法性上存在诸多疑点，辩护人将从以下几方面阐述"。辩论过程中，运用生动案例、恰当比喻，结合法律条文，增强说服力，"正如我们生活中常见的××情形，以此类推，本案被告人的行为不能简单被认定为犯罪,而是……",以情动人、以理服人,扭转庭审局势。

质证环节的语言清晰与简洁性:质证环节,辩护人需迅速甄别证据瑕疵,语言务必清晰简洁。针对物证,点明来源不明、保管链条断裂等问题,如"这份物证提取过程无记录可循,无法确定其真实性与关联性,不应将其作为定案依据";对证人证言,要直击要害,质疑可信度,排除不利证据,如"证人与控方存在利害关系,且证言前后矛盾,恳请法庭审慎考量"。

4. 被告人语言礼仪

被告人虽身处被动地位,但语言表达同样关键。应遵循如实陈述原则,语速适中、语调平稳,避免过激言辞或闪烁其词。回答问题简洁明了,不做无端辩解或冗长赘述,如被问及犯罪事实,应如实回应"当时我在××地,做了××事,原因是……",配合庭审查明真相,争取从宽处理机会。

5. 其他主体语言礼仪

其他当事人在陈述案件事实时,要朴实诚恳,围绕争议焦点,用通俗语言讲述经过,不夸大、不隐瞒。证人、鉴定人发言要客观中立,证人如实描述所见所闻,如"我当时亲眼看到××,情况就是这样";鉴定人以专业知识解读鉴定结果,如"经专业鉴定,此物证具备××特征,说明……",确保提供的信息真实可靠。

(三) 庭审行为礼仪

在刑事诉讼普通程序的庭审进程中,庭审行为礼仪是无声的语言,它与言语表达相辅相成,共同塑造着庭审的庄重氛围,彰显司法的威严与公正。各参与主体以规范的行为举止参与庭审,方能保障程序的顺利推进,维护法律的神圣尊严。

1. 审判人员庭审行为规范

庭审中的坐姿、站姿与走姿要求:审判人员入座时,应挺直腰背,平稳落座于审判席中央位置,双肩放松且保持水平,展现出沉稳、公正的仪态。坐姿要端正,大腿与小腿呈约九十度直角,双脚平稳着地,全程避免弯腰驼背、跷二郎腿或身体频繁晃动等失仪举动。站立时,双脚并拢或与肩同宽,身姿挺拔如松,双手自然下垂或交叠于身前,传递出威严之感。行走过程中,步伐稳健、节奏均匀,步幅适中,手臂自然摆动,举手投足间尽显司法权威,让法庭内的各方人员心生敬畏。

法槌的使用规范与时机:法槌是审判权力的象征,其使用有着严格规范。开庭时,审判人员右手握住法槌柄,手臂伸直,以适当力度敲击法槌,发出清脆声响,宣告庭审正式开始,此时审判人员的目光应扫视全场,营造肃穆氛围。在庭审过程中,遇到当事人或其他人员违反法庭秩序、发言混乱等情况,审判人员需先以严肃口吻警告,若相关情况未得到纠正,则果断敲响法槌,制止不当行为,恢复庭审秩序,确保庭审有条不紊的进行。

2. 公诉人庭审行为规范

公诉人步入法庭时,步伐稳健,步幅适中,手臂自然摆动,展现出法律监督者的自信与果敢。入座后,坐姿端正严谨,不弯腰驼背,不跷二郎腿,身体微微前倾,专注于庭审进程,体现对案件审理的高度重视。在发表公诉意见、讯问被告人或出示证据等环节,起身动作利落,站姿要挺拔,挺胸抬头,双手可辅助做一些自然的手势,以增强表达效果,但动作不宜夸张,避免分散注意力。与被告人对视时,目光冷峻坚定,传递法律威严;面向法官陈述时,眼神专注尊重,展现专业素养,全程以规范行为维护公诉形象。

3. 辩护人庭审行为规范

进出法庭的步伐与姿态:辩护人进出法庭时,步伐应从容稳健,既不能过于急促显得慌乱,也不能过于拖沓而失庄重。进入法庭时,微微昂首挺胸,展现出自信风貌,向当事人传递安心之感;离开法庭时,步伐平稳,首尾有序,行走过程中,双臂自然摆动,保持身体平衡协调,以专业姿态开启和结束庭审参与过程。

与被告人及法官的眼神交流与肢体动作:庭审中,辩护人与被告人交流时,眼神应充满关切与鼓励,侧身倾听被告人诉求,适时点头给予回应,用肢体语言传递支持,让被告人感受到被重视。面向法官陈述辩护意见时,眼神诚恳、专注,并配合适当的手部动作,如摊开手掌以强调重点、指向证据以辅助说明等,但要确保动作得体、适度,避免给人过于张扬之感,以良好行为助力辩护效果。

4. 被告人庭审行为规范

被告人出庭时,应步伐平稳,跟随法警引导,不抗拒、不慌乱。站立等候或就座时,身姿保持挺直,不可弯腰弓背或东倒西歪,展现出应有的尊重与配合态度。回答问题时,抬头挺胸,正视审判人员或提问者,双手置于身前或自然下垂,避免双手抱胸、抖腿等带有抵触或漫不经心意味的动作,以平和、端正的行为表现争取有利的庭审局面。

5. 其他诉讼参与人的庭审行为准则

其他当事人在庭审中的情绪控制与行为自制:当事人作为案件的核心关联人,情绪易波动,但在庭审中务必控制情绪。无论案件走向如何、听到何种不利言论,都要克制愤怒、悲伤或焦虑等过激情绪,避免哭闹、咆哮、打骂等失控行为,以免扰乱庭审秩序、影响法官判断。应专注于事实陈述,通过理性表达维护自身权益,展现出成熟、理智的诉讼参与态度。

旁听人员的安静与秩序遵守:旁听人员虽不直接参与庭审发言,但他们的行为同样影响庭审氛围。进入法庭后,应迅速安静就座,关闭手机等电子设备或将其调至静音状态。庭审过程中,全程保持安静,不与他人交头接耳、窃窃私语,更不得大声喧哗、随意走动或对庭审内容指指点点。尊重法庭纪律,以安静、有序的状态见证司法过程,维护庭审庄重环境。

(四)庭审席位礼仪

在刑事诉讼普通程序的庭审场景里,庭审席位礼仪如同舞台布局与表演规范,不仅关乎庭审的流畅性,更凸显着司法程序的严谨性与权威性。早在1985年,最高人民法院、最高人民检察院就对审判法庭的布局作出了明确规定[1]。随着经济社会的发展和法治进程的推进,对法庭的功能和设施提出了更高的要求。为了将法庭建设纳入规范化、标准化轨道,国家住建部门就法庭建设制定了明确标准[2]。

在"实战"式模拟法庭教学中,庭审席位礼仪是营造真实法庭氛围、保障模拟审判有序推进的关键要素。从法庭整体环境的布置维护,到具体座位的使用,再到庭审设备的操作,无一不体现着对法律尊严的尊崇。

1. 法庭布置与维护

法庭设施的摆放与整洁:法庭内的设施布局应严格遵循司法规范与功能需求。审判席居于法庭正前方的高处,桌椅摆放整齐,桌面干净整洁,除必备的审判用具如法槌、电脑、文件资料等外,不应有杂物堆积。书记员席紧邻审判席一侧,方便记录庭审全程信息,桌椅同样保持规整,各类记录工具摆放有序。被告人席面向审判席设置,公诉人席、辩护人席分布于法庭中央两侧,相对而设,座椅间隔合理,确保各方人员活动自如且互不干扰。法庭内的物证展示台置于显眼且便于各方查看的位置,灯光照明设施调试至最佳状态,照亮整个庭审区域,让所有参与者能够清晰视物。庭审前,备勤组同学要对法庭进行全面清扫,擦拭桌椅、清理地面垃圾,确保法庭设施一尘不染,营造整洁有序的庭审环境。

法庭环境的庄重性营造:为强化法庭的庄重肃穆氛围,墙面多采用沉稳色调装饰,如米黄、深灰等,悬挂象征法律公正的徽章、标语或经典法律格言,时刻提醒参与者法律至上。法庭窗帘选用厚重、遮光性好的材质,颜色与整体环境协调统一,既能在需要时遮挡外界光线干扰,又增添了一份庄重感。庭审期间,法庭大门保持关闭,除非特殊情况,严禁无关人员随意进出,减少外界噪音传入,使法庭内保持安静专注

---

[1] 最高人民法院、最高人民检察院《关于人民法院审判法庭审判台、公诉台、辩护台位置的规定》,1985年5月27日发布实施。
[2] 住房和城乡建设部、国家发展和改革委员会:《关于批准发布〈人民法院法庭建设标准〉的通知》(建标[2010]143号),2010年11月1日实施。

的氛围,让庭审参与者全身心沉浸于司法程序之中。

2.庭审座位的使用礼仪

法官席、当事人席等座位的就座顺序与规范:开庭前,审判人员依序从法庭一侧的专用通道步入,径直走向审判席,居中就座,审判长坐于正中央位置,左右两侧为审判员或人民陪审员(如有),入座过程安静、庄重,展现司法权威。公诉人由法庭另一入口进入,整齐列队走向公诉人席,按照职务高低或既定顺序依次就座,坐姿端正,随时准备履行公诉职责。辩护人进入法庭后,就座于辩护人席,在有多名辩护人参与的情况下,常见的就座方式是按照辩护顺序就座,也可以按照出庭先后顺序就座,或者根据辩护观点分工就座。证人出庭作证时,由法警引导至证人席,证人站立或就座于特定位置,面向审判席,确保各方都能清晰地看到证人表情、动作,保障证言陈述的真实性与可信度。

座位上的物品摆放要求:在审判人员座位上,文件资料按庭审流程分类摆放整齐,法槌置于桌面右侧显眼且便于拿取处。在公诉人、辩护人座位上,案件卷宗、法律条文汇编、笔记本电脑等工作必备物品有序排列,方便随时查阅引用,笔、便笺纸等小物件收纳在文件包或桌面收纳盒内,避免散落桌面。在当事人座位上,除允许携带的与案件直接相关的证据材料外,禁止摆放其他无关杂物,手机等电子设备需关机或调至静音状态,交由法警统一保管,确保庭审专注不受干扰。

3.庭审设备的操作礼仪

法槌使用礼仪规范:在法庭审理过程中,法槌的使用有着严格的规范礼仪要求。开庭时,身着法袍的审判长神情肃穆,以适中力度敲击法槌,宣告开庭。庭审中,如果出现扰乱庭审秩序的情况,审判长先口头严肃警告,若警告无效,便果断敲响法槌,责令其遵守秩序。需要休庭、闭庭时,审判长均须敲响法槌。法槌使用完毕后,要将其端正摆放在桌面右侧显眼且方便拿取处,时刻彰显对这一司法权威象征的敬重。通过规范使用法槌,维护庭审秩序,凸显法律威严。

音响、播放设备的适当使用:庭审开始前,书记员需提前调试麦克风,确保音量适中、音质清晰,无杂音干扰。发言人员使用麦克风时,应靠近话筒,以平稳、适中的音量说话,避免大声喊叫或声音过小导致信息传递不畅。切换发言者时,书记员迅速调整麦克风的开闭状态,避免出现声音混乱。使用多媒体设备展示证据、法律条文等资料时,操作人员要提前将资料准备好,按照庭审节奏有序切换画面,确保播放画面清晰、明亮,位置居中,不出现歪斜、模糊等情况。展示物证细节时,配合灯光调节,突出重点,让法庭各方能够准确观察物证特征。

庭审设备出现故障时的应对礼仪:若庭审过程中麦克风突然无声或出现啸叫,

发言者应立即暂停发言，保持冷静，备勤组同学应迅速排查故障原因，尝试重启设备或切换备用设备，其间审判长要说明情况，维持庭审秩序。庭审播放设备发生故障时，备勤组同学要及时进场处置，公诉人、辩护人等可利用这段时间简要回顾案件要点。若故障处理时间较长，审判长可宣布短暂休庭，或组织进行无须播放展示的庭审环节。设备恢复后，无缝衔接继续庭审，确保庭审不因设备突发问题而陷入混乱。

二、庭审实战流程

下面以一起虚拟的过失致人死亡案件[1]为例，示例庭审实战流程。

2015年10月20日，赵莲花在自己家中举办50岁生日宴席，请亲友和村民到场参加。好吃懒做的同村村民张大承平日与赵莲花不睦，当日不请自到，引起赵莲花的不满，遂言语相讥。赵莲花对张大承说："你怎么到处骗吃骗喝？"张大承一副无赖嘴脸说："我这个人不挑食，走到哪吃到哪，什么都敢吃、都敢喝，就是农药我也敢喝。"赵莲花说："我要是拿来农药你不喝，就从我的裤裆下钻过去，敢不敢？"在场的众人一道起哄。赵莲花心想，反正张大承也不可能真的喝农药，正好可以趁机整整他，就倒了一杯农药端在张大承面前说："这是农药，你敢喝吗？"张大承见真的端来类似农药的液体，心生怯意，但眼见赵莲花已做出叉开双腿的姿势，周围的人也跟着起哄，喊着"不喝就钻裤裆"，张大承不愿服输便将农药喝光。赵莲花的表情立即变得惊愕，旁边有人问："真的是农药吗？"赵莲花下意识地点头，众人才意识到出事了，连忙和赵莲花一起将张大承送往医院，张大承在被送往医院途中死亡，经医院抢救无效宣布死亡。（2024年12月22日第一届甘肃省大学生法律专题辩论赛 决赛赛题）

（一）开庭前准备

书记员提前30分钟到达法庭，仔细检查庭审记录设备、音响设备、多媒体播放设备等硬件设施是否正常运行，确保法庭环境整洁、庄严。在开庭前15分钟，书记员依次核对公诉人、辩护人、被告人赵莲花以及其他诉讼参与人是否到庭，宣读法庭纪律，明确告知旁听人员不得喧哗、交头接耳、随意走动，手机需调至静音或关机状

---

[1] 比赛组委会给出的辩论方向为，控方：赵莲花的行为构成过失致人死亡罪；辩方：赵莲花的行为不构成犯罪。特别值得说明的是：本案事实与2023学年春学期兰州大学2022级法律（非法学）硕士研究生2班A组的模拟审判案例颇为相似，即"张家村毒鼠强杀人案"[本书第三章（三）案例示例]部分第15个案例]。同学们调整了案件事实，即被告人意图用手指"蘸取泻药"，却误"蘸取"了与泻药并排摆放的"毒鼠强"，这种改编颇值肯定，进一步增强了案例的可辩性。

审判长带领审判员准时步入法庭,全体起立,待审判长就座后宣布开庭,庄重介绍法庭组成人员,包括审判长、审判员、书记员的姓名及各自职责。随后,询问各方对法庭组成人员是否申请回避,核实被告人赵莲花的身份信息,包括姓名、年龄、住址、职业等关键内容,确保到庭人员确系被告人本人无误,并耐心询问被告人是否清楚自己在庭审中的各项权利义务,如申请回避权、自行辩护权、最后陈述权等,保障被告人的合法诉讼权益。

(二)法庭调查

1.公诉人宣读起诉书

公诉人起立,声音洪亮地宣读起诉书,详细阐述案件发生背景,依据事实脉络,逐步深入描述赵莲花与张大承言语交锋过程,突出赵莲花明知农药致命,却在冲动与斗气心理驱使下,将农药端至张大承面前,且在张大承犹豫之际未加以制止,反而与众人一同起哄,最终导致张大承喝下农药死亡这一悲剧结局。

公诉人明确指控赵莲花的行为构成过失致人死亡罪,依据相关法律法规,结合案件事实细节,条理清晰地阐明犯罪构成要件的契合情况,为后续庭审环节定调。

附:起诉书[1]

星耀县人民检察院
起诉书

星检刑诉〔2015〕188号

被告人:赵莲花,女,乌兰族,1965年10月5日出生,公民身份号码650810196510058888,住瑞丰省星耀县瑞祥镇祥安村16号。

辩护人:林宇,瑞丰省正义之光律师事务所律师。

本案由星耀县公安局侦查终结,以被告人赵莲花涉嫌过失致人死亡罪,于2015年11月15日移送本院审查起诉。本院受理后,于2015年11月16日告知被告人有权委托辩护人,依法讯问了被告人,听取了被害人、辩护人的意见,审查了全部案件材料。

经依法审查查明:2015年10月20日,被告人赵莲花在自家举办50岁生日宴

---

[1] 基于排版统一、美观的考虑,本起诉书未遵照检察文书格式要求,并对未知信息进行了虚拟处理(如有雷同,纯属巧合),且作为下文示例展开的基础性资料。对后续相关文书亦进行同样处理,不再一一注明。

会,邀请了众多亲友和同村村民。与赵莲花关系不佳的同村村民张大承,未受邀请却擅自前来,引发了赵莲花的强烈不满,双方随即展开激烈的言语冲突。赵莲花为了羞辱张大承,端出一碗含有的剧毒农药的酒,言语激将张大承喝下去,在场亲友和村民跟着起哄。张大承虽然心生怯意,但耐不住激将刺激,接过酒碗一饮而尽。赵莲花见状,拨打急救电话,随后与村民将张大承送医抢救,张大承于送医途中死亡。经鉴定,张大承的死亡原因系"速灭虫霸"中毒。

认定上述事实的证据如下:(1)物证:碗、剩余的"速灭虫霸"农药;(2)书证:赵莲花的户籍信息、到案经过、无犯罪记录证明等;(3)证人证言:证人王翠花、刘大军、司燕燕等人的证言;(4)被告人赵莲花的供述与辩解;(5)鉴定意见:法医学尸体检验鉴定书;(6)勘验、检查、辨认笔录等;(7)证人胡可儿用手机拍摄的案发过程视频。

本院认为,被告人赵莲花应当预见到自己行为可能导致他人死亡的严重后果,却因疏忽大意没有预见,其行为已触犯《中华人民共和国刑法》第二百三十三条,犯罪事实清楚,证据确实、充分,应当以过失致人死亡罪追究其刑事责任。根据《中华人民共和国刑事诉讼法》第一百七十六条的规定,提起公诉,请依法判处。

此致

星耀县人民法院

检察员:陈刚强

2015年12月10日

附件:

1. 被告人赵莲花现羁押于星耀县看守所。
2. 案卷材料和证据三册,光盘一张。
3. 量刑建议书一份。

2. 审判长询问

公诉人宣读起诉书后,审判长要询问被告人,以确认被告人对起诉书的知悉情况。审判长需清晰、准确地询问,让被告人明确表达对指控的态度。被告人应如实、清晰作答,确认是否听清起诉书及对指控有无异议。例如:

审判长:被告人赵莲花,公诉人刚才宣读的起诉书,你是否听清楚了?对起诉书指控你的犯罪事实,有无异议?

赵莲花:审判长,我听清楚了,我对起诉书指控的事实没有异议。我真的特别后悔,当时就是一时冲动,根本没想过会出人命啊。

3. 公诉人讯问

公诉人通过讯问被告人,深挖被告人犯罪的动机、心理及对后果的认知,为指控夯实基础。提问要逻辑严密、切中要害,围绕犯罪构成要件展开。被告人则需如实回答,阐述当时的真实想法与行为。例如:

公诉人:赵莲花,明知是毒酒,为何激张大承喝?

赵莲花:和他有矛盾,想让他出丑,觉得他不敢喝。

公诉人:当张大承表现出犹豫,你为何还继续刺激他?

赵莲花:当时我在气头上,就想让他服软,根本没去想后果。

公诉人:在激他喝酒前,你是否有过哪怕一瞬间想到可能会有严重后果?

赵莲花:当时一心想着羞辱他,真没考虑那么多。

公诉人:你认为他不敢喝,基于什么判断?

赵莲花:平时他就爱说大话,我以为这次也是。

公诉人:你清楚"速灭虫霸"这种农药的毒性吗?

赵莲花:知道它能杀虫,挺厉害的,但真没想到会出人命。

4. 辩护人发问

辩护人通过询问了解事件背景、过往矛盾及被告人心理,旨在深入挖掘被告人在案发后的积极表现,这不仅体现被告人的悔意,也对其行为定性和量刑有着重要影响。可以从救助细节、赔偿过程以及获得谅解的情况等方面展开,为后续的辩护意见提供有力支撑,向法庭展示被告人并非恶意犯罪,争取从轻处罚。例如:

辩护人:赵莲花,在以往和张大承产生矛盾时,你们通常是如何解决的?

赵莲花:以前就是互相吵几句,过几天就没事了。

辩护人:在倒酒并加入农药的时候,你心里到底是怎么盘算的?

赵莲花:我就想着吓唬他一下,让他以后不敢再来招惹我。

辩护人:当看到张大承接过酒碗时,你有没有想过阻止他?

赵莲花:我当时脑子一片空白,没想到他真敢喝。

辩护人:在平时的生活中,你是个容易冲动的人吗?

赵莲花:不是,我平时很克制,那天实在是被他气坏了。

辩护人:你和张大承之前的矛盾,有没有其他人知道?

赵莲花:村里很多人都知道我们俩关系不好。

辩护人:赵莲花,在张大承喝下农药后,你当时第一时间做了什么?

赵莲花:我立刻就慌了,赶紧拨打了急救电话,说明了情况,求他们快来救人。

辩护人:在等待急救车的过程中,你还采取了哪些措施?

赵莲花:我一直守在张大承身边,不停地喊他名字,还让人帮忙找解毒药。

辩护人:能详细说说送张大承去医院路上的情况吗?

赵莲花:一路上我都在哭,不停地跟他说话,希望他能坚持住,心里特别懊悔。

辩护人:之后在赔偿和争取谅解方面,你和家人做了哪些努力?

赵莲花:四处凑钱,向张大承家属诚恳道歉,承担丧葬费,赔偿了20万元。

辩护人:张大承家属最终谅解了你,能讲讲当时的情景吗?

赵莲花:他们看到我们的诚意,也知道我不是故意要害张大承,最后接受了我们的道歉,还签署了谅解书,说希望法庭能从轻处理。

5. 公诉人举证

公诉人按法定程序出示各类证据,构建完整证据链。出示证据时要条理清晰,说明证据来源、证明内容及与案件的关联性。公诉人举证既要追求庭审质量,也要追求庭审效率。举证时要突出重点,如证明犯罪构成要件核心事实、犯罪实行行为、可能成为法庭辩论焦点的证据。对于证据量比较大的案件,公诉人可进行分组举证,分组要逻辑合理,每组举证要做小结。[1]

在赵莲花过失致人死亡案中,公诉人举证可以做如下安排:

第一组证据:被告人身份及背景信息。

赵莲花的户籍信息:由瑞丰省星耀县阳光镇户籍管理中心出具,明确显示被告人赵莲花,女,乌兰族,1965年10月5日出生,公民身份号码650810196510058888,住址为瑞丰省星耀县瑞祥镇祥安村16号。该证据用于确定犯罪主体,是案件审理的基础信息,与本案被告人的认定直接相关。

到案经过:由星耀县公安局刑警大队出具,详细记录了2015年10月20日案发后,接到群众报警,警方迅速展开调查,于当日在赵莲花家中将其传唤至公安局进行询问,赵莲花对整个事件经过供认不讳。此证据体现其归案的被动性,对后续量刑情节的考量具有一定意义。

无犯罪记录证明:由瑞丰省星耀县阳光镇户籍管理中心开具,证明赵莲花在案发前并无任何违法犯罪记录。虽不能免除其当前罪责,但可作为量刑时的参考因素。

小结:本组证据清晰确定了被告人身份,展示其归案情况及过往表现。

---

[1] 李小东:《庭审中公诉人如何讯问与举证》,载《检察日报》2016年8月14日,第3版。

第二组证据:死亡原因及因果关系。

法医学尸体检验鉴定书(张大承在医院的尸检报告):由瑞丰省权威法医鉴定机构——星辰司法鉴定中心作出。报告显示,张大承体内检测出"速灭虫霸"农药成分,其死亡原因系摄入该农药导致中毒。虽经送医,但因中毒过深,未及抢救即在送医途中死亡。该报告客观呈现了张大承的死亡原因与农药中毒的直接关联,锁定了赵莲花的行为与张大承死亡结果之间存在紧密的事实上的因果联系,是证明犯罪构成要件中危害结果及因果关系的关键证据。

小结:这组证据证明了张大承的死亡原因是农药中毒,虽经送医,但因中毒过深,未及抢救即在送医途中死亡,显示了死亡原因与农药中毒的直接关联。赵莲花的行为与张大承死亡结果之间存在紧密的事实上的因果联系。

第三组证据:现场目击情况。

举证说明:出示证人证言或依次传唤在场证人出庭作证。根据证人与案件的紧密程度、见证清晰度进行合理排序。如先出示距离赵莲花、张大承最近,能清楚听到二人对话及目睹整个过程的亲友的证言,让他们当庭如实陈述事情发展全过程,从张大承进门时的神态、言语,到与赵莲花冲突升级的每一个细节,再到张大承喝下农药后的即时反应等,通过不同证人多角度还原现场紧张、混乱且充满戏剧性的氛围,佐证赵莲花一系列行为对悲剧发生起到的推动作用。

证人王翠花证言:王翠花是赵莲花的邻居,案发时距离赵莲花、张大承较近,能清楚听到二人对话及目睹整个过程。她的作证笔录显示:2015年10月20日,张大承不请自来,进门时神态傲慢,言语挑衅赵莲花,称"听说你今天摆宴席,我来凑个热闹,反正我不挑食,有啥吃啥",随后双方发生言语冲突,赵莲花气愤之下,端出一碗酒,称里面有"速灭虫霸"农药,让张大承接过去喝,还说不喝就从她裤裆下钻过去。张大承犹豫片刻后,在众人起哄下接过酒碗一饮而尽,随后脸色惨白,身体开始抽搐。

证人刘大军证言:刘大军是赵莲花的好友,他的证言将进一步补充和佐证事件发展的全过程。刘大军看到张大承进门后,就感觉气氛不对,两人争吵越来越激烈,赵莲花进厨房拿出酒碗时,他还以为只是吓唬人,但没想到张大承真喝了,之后赵莲花的表情从愤怒转为惊愕。

证人司燕燕证言:司燕燕是宴会的宾客之一,能够证实赵莲花与张大承之间的互动以及关键行为。她目击了赵莲花端着酒碗,手指着张大承,言辞激烈地刺激,而张大承为了面子,逞强喝下了酒。

小结:该组证人证言从多个角度、不同细节还原了案发现场的情况,充分证明了赵莲花在案发现场的行为表现,有力地支持了对其犯罪行为的指控。

第四组证据:现场物证及勘查情况。

举证说明:利用多媒体设备展示关键页面,详细说明农药瓶的发现位置、残留农药成分分析、周围痕迹勘查情况等,结合现场照片,与证人证言及张大承的死亡情况相互印证,进一步夯实证据链条,确凿证明赵莲花持有并向张大承提供了农药这一关键事实。每出示一项证据,公诉人都严谨说明证据来源、取证方式、证明目的,强化证据的说服力。

物证(碗、"速灭虫霸"农药):碗是在案发现场赵莲花家的客厅桌子上提取的,经瑞丰省公安厅物证鉴定中心检验,碗内残留物质与"速灭虫霸"农药成分一致,表明该碗即为盛放含毒酒液的容器。剩余"速灭虫霸"农药瓶在赵莲花家厨房的柜子里被发现,瓶内残留农药成分与导致张大承中毒的农药一致,且瓶身经指纹鉴定,发现有赵莲花的指纹,证明该农药为赵莲花持有。

现场勘查报告及照片:由星耀县公安局刑事科学技术室出具(可利用多媒体设备展示关键内容),报告详细记录了农药瓶的发现位置、残留农药成分分析、周围痕迹勘查情况等。现场照片直观呈现案发现场的环境及相关物证的状态,如客厅的混乱场景、酒碗的摆放位置、厨房柜子里农药瓶的情况等。这些与证人证言及张大承的死亡情况相互印证,能够证明赵莲花持有并向张大承提供了农药的事实。

小结:这组证据为赵莲花的犯罪行为提供了客观、有力的实物证据支持,与其他组证据共同形成完整的证据链。

第五组证据:证人胡可儿用手机拍摄的案发过程视频。

胡可儿是宴会现场的一位年轻宾客,在现场拍摄了部分案发过程视频。视频从动态视角记录了事件发生的部分过程,能够直观地展示赵莲花与张大承之间的冲突、赵莲花端出毒酒以及张大承喝下的事实,进一步补充和印证了其他证据证实的事实,能够增强证据的可信度和完整性。

小结:证人胡可儿用手机拍摄的案发过程视频,记录了案件发生的关键环节。

第六组证据:被告人赵莲花的供述与辩解。

赵莲花在侦查阶段的供述与辩解,虽可能存在避重就轻的情况,但其中关于与张大承的矛盾起因、自己的行为动机以及事发当时的具体行为等内容,也能与其他证据相互印证或形成对比,有助于全面了解案件事实。例如,赵莲花供认与张大承一直有矛盾,当天因气愤想羞辱他,才端出毒酒,但坚称没想到张大承会真喝。

6. 辩护人质证

在法庭调查过程，针对公诉人所出示的一系列证据，辩护人要秉持客观、公正、专业的态度，从证据的真实性、关联性、合法性以及对案件事实的证明力等方面进行综合质证。旨在通过严谨的质证，揭示证据中存在的问题与疑点，进而削弱或质疑证据对被告人不利的影响，确保法庭能够全面、客观地审查案件证据。

辩护人需要仔细审查每一份证据的来源、收集过程、保存方式，确保其符合法律程序和规定，避免任何非法证据被采纳。辩护人还要关注证据之间的内在逻辑关系和相互印证情况，对于存在矛盾或不一致的证据，进行合理的质疑。

在赵莲花过失致人死亡案中，辩护人质证可以做如下努力：

第一组证据：被告人身份及背景信息。

赵莲花的户籍信息：认可该证据的真实性与合法性，其来源可靠，不必质疑。

到案经过：对该证据的真实性、合法性予以认可。但需指出，从被告人归案的被动性并不能直接推断其具有较重的罪责。在案发后，赵莲花如实供述整个事件经过，配合警方调查，构成坦白，应在量刑时予以考虑，而不能仅依据归案方式片面加重对其的评判。归案方式与犯罪行为本身的性质和严重程度并无必然联系，不能将其作为认定犯罪的关键因素。

无犯罪记录证明：此证据真实、合法。应综合考虑对被告人有利的方面。

小结：该组证据真实、合法，到案经过、坦白情节、无犯罪记录证明，能够证明被告人人身危险性较小，量刑时应予重点考虑。

第二组证据：死亡原因及因果关系。

法医学尸体检验鉴定书（张大承在医院的尸检报告）：辩护人对该鉴定书的真实性、合法性无异议。但在关联性方面，虽然报告表明张大承因"速灭虫霸"农药中毒死亡，但不能简单地将这一结果直接归咎于赵莲花的行为。赵莲花在主观上并没有直接希望或放任张大承死亡的故意，她只是出于羞辱目的进行激将，对于张大承真的会喝下农药导致死亡这一结果，是超出其预料的。且在张大承喝下农药后，赵莲花立即采取了拨打急救电话等积极的救助措施，这表明她并非对张大承的生命安全持漠视态度。尸检报告仅能证明死亡结果与农药中毒的事实，无法直接证明赵莲花的主观状态以及其行为与结果之间存在刑法意义上的因果关系。

小结：尸检报告虽能确定死亡原因，但在证明赵莲花构成犯罪的因果关系上，存在主观故意认定不足等问题，不能仅凭此证据就判定赵莲花的行为与张大承死亡之间存在必然的、构成犯罪的因果联系。

第三组证据:现场目击情况。

证人王翠花证言:对于王翠花的证言,其真实性存疑。案发时现场紧张、混乱,在这种情况下,王翠花可能因情绪紧张或其他因素,对部分细节存在记忆偏差。例如,她描述张大承进门时神态傲慢,但这一描述带有主观色彩,可能影响对事件初始情况的准确判断。且对于赵莲花与张大承之间言语冲突的具体用词,在嘈杂环境中也可能存在误听。其证言的准确性和客观性受到现场环境和主观因素的影响,不能完全作为认定案件事实的可靠依据。

证人刘大军证言:刘大军作为赵莲花的好友,其证言可能存在一定倾向性。他表示看到赵莲花进厨房拿出酒碗时以为只是吓唬人,这一说法并不能证明赵莲花当时的真实意图。而且他对赵莲花表情变化的描述,也属于主观判断,不能作为认定赵莲花具有犯罪故意或过失的关键依据。证人与被告人的关系可能影响其证言的客观性,且其对赵莲花行为意图的判断缺乏足够的客观证据支持。

证人司燕燕证言:司燕燕的证言同样存在问题。她着重描述赵莲花言辞激烈地刺激张大承,但没有客观证据表明赵莲花的言语超出了正常冲突下的言语范畴,且她也无法确切知晓赵莲花内心是否真的预见到了严重后果。其证言缺乏对关键事实的客观证明,不能有力地支持公诉人对赵莲花犯罪行为的指控。

小结:该组证人证言在真实性、客观性方面均存在瑕疵,部分证人受到主观因素或现场环境影响,其证言不能准确、客观地反映案件事实。

第四组证据:现场物证及勘查情况。

物证(碗、"速灭虫霸"农药):对于碗和农药瓶,辩护人认可其真实性与合法性。但在证明赵莲花持有并向张大承提供农药这一关键事实上,存在漏洞。虽然碗内残留物质与"速灭虫霸"农药成分一致,农药瓶上有赵莲花指纹,但这并不能证明赵莲花具有致使张大承死亡的主观故意。物证只能证明物品的存在和关联,但无法直接证明被告人的主观心理状态和犯罪意图。

现场勘查报告及照片:辩护人对现场勘查报告及照片的真实性、合法性予以认可。但这些证据仅能展示案发现场的静态情况,无法还原事件发生时的动态过程和人物的真实心理状态。例如,照片中客厅的混乱场景、酒碗的摆放位置等,并不能直接证明赵莲花的行为构成犯罪,也无法排除其他合理的解释。现场勘查证据具有局限性,不能仅凭静态的现场情况就推断出被告人的犯罪行为和主观故意。

小结:该组物证及勘查情况虽真实、合法,但在证明赵莲花犯罪的关联性上存在不足,不能仅凭这些证据就认定赵莲花构成过失致人死亡罪。

第五组证据:证人胡可儿用手机拍摄的案发过程视频。

辩护人对该视频的真实性、合法性无异议。但视频从动态视角记录部分案发过程，存在局限性。视频可能未完整记录事件的起因，无法全面反映赵莲花与张大承之间过往矛盾的程度以及当时冲突的复杂背景。而且视频中仅能看到赵莲花端出毒酒以及张大承喝下的关键情节，无法确切知晓赵莲花当时的内心想法，不能仅凭视频就认定赵莲花应当预见张大承会喝下农药并死亡的后果。视频证据的不完整性使其无法为认定被告人犯罪提供充分的依据。

小结：视频虽能证实部分事实，但在全面呈现案件事实以及证明赵莲花犯罪方面，存在关键信息缺失的问题。

第六组证据：被告人赵莲花的供述与辩解。

赵莲花在侦查阶段的供述与辩解：赵莲花的供述与辩解是其真实意思的表达，且在侦查阶段一直保持相对稳定。她明确表示与张大承一直有矛盾，当天是因气愤想羞辱他才端出毒酒，但坚称没想到张大承会真喝。这一供述与其他证据相互印证，表明赵莲花在主观上并没有预见到自己的行为会导致张大承死亡这一严重后果。公诉人不能仅因赵莲花的行为与张大承的死亡结果存在客观联系，就忽视其主观上的非故意性。被告人的供述与辩解反映了其真实的心理状态和行为动机，与其他证据相互印证，足以证明赵莲花不符合过失致人死亡罪的主观要件。

小结：赵莲花的供述与辩解进一步说明了其主观上的非犯罪故意。

7. 辩护人举证

辩护人也可以出示精心准备的证据。如赵莲花平日里在村里的表现证明，详细解读证明内容，提及赵莲花多年来参与村里公益活动、邻里互助等具体事例，展现其为人和善、乐于助人的形象；邻里联名签署的说明材料，阐述联名过程的合法性与真实性，从侧面反映赵莲花没有主观故意致人死亡的恶性动机，强调此次事件是在特殊情境、情绪冲动下发生的意外，为赵莲花的行为定性铺垫民意基础。

辩护人也可以有策略地申请熟悉张大承平日品行的村民作为证人，证人基于事实，客观描述张大承在村里长期游手好闲，惹是生非的种种劣迹，如经常蹭吃蹭喝、借钱不还，以无赖行径占他人便宜，导致众人对他多有不满，以此说明张大承在当日宴席上的言行具有强烈挑衅性，是引发赵莲花过激反应的重要因素，提出在认定责任时应综合考量双方过错程度，而非单方面将责任归咎于赵莲花。

辩护人要出示案发后赵莲花积极救助并获得谅解[1]的证据，按时间顺序排列。

---

[1] 本案中设定为：提起公诉后赵莲花家属积极赔偿，求得张大承家属谅解，故未纳入侦查卷宗、公诉人证据目录。

具体包括：出示赵莲花拨打急救电话的记录，包括通话时长、急救中心反馈信息等；出示陪同前往医院证人的证言，证明赵莲花事后焦急、懊悔的状态；出示张大承死亡后赵莲花及其家属积极补救的证据，如承担张大承的丧葬费、赔偿张大承家属 20 万元的支付凭证，张大承家属签署的谅解书等，争取法庭从轻量刑。

8. 公诉人质证

对于辩护人所出示的证据，公诉人也要围绕证据的"三性"发表质证意见。

对于赵莲花平日表现证明，公诉人要冷静分析，指出虽然赵莲花平日表现良好，但这与她在特定事件中的主观心态与行为性质不能直接画等号，强调法庭应聚焦案件发生当时的关键事实细节进行判断，即便以往品德优良，也不能排除在激烈冲突场景下因一时冲动犯下大错的可能，削弱该证据对案件定性的影响。

对于针对张大承品行的证人证言，公诉人要客观评价，一方面认可张大承平日品行不佳的事实，另一方面也要明确指出，这与本案核心争议即赵莲花是否构成过失致人死亡罪并无直接逻辑关联，不能因为张大承品行恶劣就减轻赵莲花应承担的法律责任。

对于赵莲花积极救助并获得谅解的证据，公诉人应理性表态，认可赵莲花在事后积极采取救助措施，并因此获得了受害者家属的谅解，体现了其悔过自新的态度。但也要强调，积极救助与获得谅解虽可作为量刑时考虑的酌定情节，却不能改变赵莲花行为本身的法律性质，法律评判的是行为发生时的主观心态与客观行为，而非事后补救的积极程度。该证据虽然能够证实赵莲花的悔罪态度，但不影响对案件的事实认定与法律责任认定。

9. 法庭调查小结

经过法庭调查环节，公诉人宣读起诉书、讯问被告人、举证，以及辩护人发问、质证等一系列程序，案件的基本事实已清晰呈现。公诉人围绕指控，出示了多组证据，构建起较为完整的证据链条。辩护人也从证据的真实性、关联性、合法性等多维度进行质证。至此，审判长在征询控辩双方意见后，对法庭调查进行简要总结，并宣布进入法庭辩论阶段。

在赵莲花过失致人死亡案中，审判长可做如下总结：

审判长：公诉人是否还有新的证据需要出示举证？

公诉人：没有。

审判长：被告人是否有新的证据需要向法庭提交？是否需要申请通知新的证人到庭，调取新的证据，申请重新鉴定或者勘验、检查？

被告人：没有。

审判长：辩护人是否有新的证据需要向法庭提交？是否需要申请通知新的证人到庭，调取新的证据，申请重新鉴定或者勘验、检查？

辩护人：没有。

审判长：被告人的基本情况以及犯罪事实已经查明。对于公诉人当庭出示的上述证据，经过当庭举证、质证，本庭将结合法律规定与案件事实综合认定其效力，法庭调查到此结束。下面进入法庭辩论环节，控辩双方要围绕案件事实、法律适用及量刑情节发表意见。

（三）法庭辩论

法庭辩论环节是庭审过程中极为关键的阶段，为控辩双方提供了直接交锋的平台，控辩双方要针对案件的核心争议点展开激烈辩论，通过对法律条文的精准解读、对案件事实的深入剖析以及逻辑严密的论证，说服法庭采纳主张。法庭辩论考验控辩双方的专业素养和辩论技巧，直接关乎案件最终的走向与裁决。

下文将继续以赵莲花过失致人死亡案为例，示例说明法庭辩论的各个环节。

1. 公诉人发表公诉意见

公诉人要基于案件事实和法律，全面阐述对被告人犯罪行为的认定及法律依据，明确指控罪名及依据，强调犯罪行为的违法性与应受惩罚性，提请法庭惩处。发言要逻辑严谨，通过对案件事实的梳理，结合证据分析，紧扣法律条文，向法庭清晰论证被告人符合犯罪构成要件，推动法庭作出公正的有罪判决。

在赵莲花过失致人死亡案中，公诉人开篇要梳理案件事实，以强有力的语气强调赵莲花在与张大承的冲突中，作为一名心智成熟的成年人，明知农药具有致命毒性，却完全不顾及后果，出于斗气、整蛊心理，将农药端到张大承面前，这种极端挑衅行为严重违背了普通人应有的谨慎注意义务。尤其在张大承表现出明显犹豫，眼神流露出怯意时，赵莲花不仅没有及时唤醒理智，制止这场危险的闹剧，反而在众人起哄氛围的裹挟下，进一步逼迫张大承喝下农药，直接导致张大承中毒身亡。而后援引《刑法》相关规定，从法律适用层面进行深度剖析。通过对比分析相似案件的事实认定、证据采信、法律推理等环节，清晰展示赵莲花行为与法条规定的高度契合度，为法庭定罪量刑提供坚实、精准的法律依据。同时，还要分析社会影响和警示意义，严肃指出若对此类因琐事斗气、漠视他人生命的行为不加以严惩，将对乡村邻里关系、社会风气造成难以估量的破坏。

附：公诉意见书

尊敬的审判长、审判员：

根据《中华人民共和国刑事诉讼法》第一百八十九条、第一百九十八条和第二百零九条的规定，我受星耀县人民检察院的指派，代表本院，以国家公诉人的身份出席法庭支持公诉，对赵莲花涉嫌过失致人死亡一案提起公诉，并就本案发表如下公诉意见，提请法庭注意。

一、被告人赵莲花的行为具有主观过失

被告人赵莲花身为心智健全、具备完全民事行为能力的成年人，生活在乡村环境中，对日常使用的农药，尤其是"速灭虫霸"这类剧毒农药的致命毒性有着清晰且明确的认知。在其精心筹备并举办生日宴会这一本应充满欢乐氛围的场合，与长期不请自来、好吃懒做且素有嫌隙的张大承发生言语冲突后，赵莲花出于羞辱张大承的不良动机，在明知酒中已混入剧毒农药"速灭虫霸"的情况下，竟毫无顾忌地以极具侮辱性和挑衅性的"不喝就钻裤裆"言语，强烈刺激对方饮用。当张大承面对眼前这杯毒酒，明显犹豫、迟疑时，赵莲花不仅没有丝毫的警醒和悔意，反而被愤怒和虚荣冲昏头脑，与起哄众人进一步煽动事态朝着不可挽回的危险方向发展。

这种行为充分且有力地表明，赵莲花在主观意识层面，完全应当预见到让他人饮用剧毒农药的行为极有可能导致他人失去生命。然而，她却因一时的冲动、疏忽大意，完全忽视了可能产生的可怕后果，没有尽到应有的谨慎注意义务；又或者，即便她在潜意识里曾闪过一丝对严重后果的预见，但盲目轻信凭借张大承的理智或者现场的偶然因素，能够避免悲剧的发生。无论是哪种情况，都完全符合过失致人死亡罪中关于主观过失的严格构成要件。

二、被告人赵莲花的行为与张大承的死亡之间存在直接因果关系

赵莲花的一系列行为犹如一条紧密相连的链条，直接且必然地导致了张大承喝下农药并最终死亡这一令人痛心疾首的悲剧结果。在整个事件过程中，赵莲花先是主动将含有致命"速灭虫霸"的毒酒亲手端至张大承面前，这一行为已然将张大承置于极度危险的境地。紧接着，她通过极具攻击性和刺激性的言语挑衅，在现场营造出一种充满压迫感和羞辱感的氛围，使张大承在众人的目光和起哄声中，为了所谓的"面子"，陷入一种骑虎难下的困境，最终不得不喝下毒酒。

在张大承喝下农药后，尽管赵莲花采取了拨打急救电话等看似积极的救助措施，但我们必须清醒地认识到，这并不能从根本上改变她此前故意实施的一系列危险行为已经引发了严重后果的既定事实。从因果关系的角度来看，正是由于赵莲花

的主动端酒、言语刺激等一系列行为，直接引发了张大承中毒身亡这一无可挽回的危害结果。二者之间的因果联系紧密且直接，不存在任何其他因素能够实质性地切断这种因果关联。

三、法律依据及量刑建议

《中华人民共和国刑法》第二百三十三条规定："过失致人死亡的，处三年以上七年以下有期徒刑；情节较轻的，处三年以下有期徒刑。本法另有规定的，依照规定。"结合本案实际情况，被告人赵莲花的行为已确凿无疑地构成过失致人死亡罪。她的行为严重侵犯了张大承的生命权，使一个鲜活的生命戛然而止，给张大承的家庭带来了巨大的痛苦和无法弥补的损失。同时，该行为在当地引发了广泛的关注和不良影响，严重扰乱了社会的正常秩序，破坏了乡村原本应有的和谐与安宁。

考虑到本案的具体情节，赵莲花的行为动机源于个人的羞辱心理，这种出于私利而不顾他人生命安全的动机极其恶劣；在实施过程中，她明知故犯，且在张大承犹豫时进一步刺激，行为手段较为恶劣；最终造成了张大承死亡的严重后果。综合以上因素，建议法庭依法对被告人赵莲花判处适当的刑罚，以彰显法律的威严，让违法者为自己的行为付出应有的代价，维护社会的公平正义和公序良俗。

审判长、审判员，本案事实清楚，证据确实、充分。被告人赵莲花的行为造成了严重的后果，已构成过失致人死亡罪。综合考虑本案的具体情节，依据《中华人民共和国刑法》第二百三十三条的规定，建议法庭判处赵莲花有期徒刑五年。使法律的尊严得以维护，被害人的权益得到保障，对社会起到有力的警示作用，避免类似悲剧重演。

2.辩护人发表辩护意见

辩护人从被告人的主观状态、案件情节、社会影响等方面为被告人争取从轻处罚。发言要突出无罪、罪轻等情节，强调合理性和必要性。

在赵莲花过失致人死亡案中，辩护人首先要对公诉人指控的部分事实进行澄清与反驳，指出赵莲花虽在言语上与张大承发生激烈冲突，但内心深处从始至终并不希望，也根本不可能预见到张大承真的会喝下农药。辩护人通过生动还原现场氛围，强调赵莲花拿出农药更多是为了吓唬、回击张大承，绝非有意致其死亡。进而深入阐述过失致人死亡罪的构成要件核心要点，强调赵莲花在主观上不存在过失犯罪所严格要求的应当预见而未预见，或者已经预见但轻信能够避免的心理状态。从赵莲花的生活阅历、所受教育，农村常见的口角冲突处理模式等多维度综合论证，赵莲花在当时紧张、混乱且充满误导信息的情境下，无法合理预见到张大承的极端行为，不具备刑法意义上的过失责任。同时，着重强调赵莲花事后积极救助和积极赔偿获得谅解的行为,虽不能免除其责任,但依据刑法谦抑性原则,应将该行为作为重要从轻量刑情节充分考虑。

附:辩护意见

尊敬的审判长、审判员:

根据《中华人民共和国刑事诉讼法》第三十三条的规定,瑞丰省正义之光律师事务所受本案被告人赵莲花的委托,指派林宇担任被告人的辩护人出庭辩护。接受委托之后,辩护人经过阅卷、会见被告人和必要调查,参加了今天的法庭调查,在此郑重地向法庭发表如下辩护意见,恳请法庭充分考虑。

一、赵莲花主观上不存在过失致人死亡的故意或重大过失

赵莲花与张大承素有矛盾,案发当日,张大承未受邀请却擅自参加赵莲花的生日宴会,其言语挑衅行为是引发冲突的直接原因。赵莲花端出毒酒并进行言语刺激,更多是基于长期积怨下的冲动反应,目的在于羞辱张大承,使其出丑,并非希望或放任其死亡。

从日常表现来看,赵莲花长期参与村里的公益活动,积极参与邻里互助,是众人眼中和善、乐于助人之人。此次事件属于特殊情境下的偶发冲突,不能以偏概全认定其具有主观恶意。她基于对张大承平日爱说大话、逞强的了解,认为张大承不会真的喝下剧毒农药,这一判断在当时情绪激动的情境下具有一定的合理性。并且,在张大承喝下农药后,赵莲花立即拨打急救电话,并积极参与送医抢救,这一系列行为充分表明她对张大承的生命安全并非持漠视态度,而是在意识到可能出现严重后果后,尽了最大努力进行补救。

二、赵莲花的行为与张大承的死亡之间不存在刑法意义上的必然因果关系

虽然赵莲花的激将行为与张大承喝下农药的行为存在一定关联,但张大承作为具有完全民事行为能力的成年人,对自己的行为具有独立判断能力。他明知酒中含有剧毒农药,却因自身好面子、逞强等因素,自主决定喝下农药,这一行为是导致其死亡的直接且关键因素。

赵莲花的言语刺激并不必然导致张大承死亡的结果,二者之间不存在刑法意义上的必然、直接因果关系。不能仅仅因为赵莲花的先行行为,就将张大承自主选择的结果完全归咎于她。

三、赵莲花具有从轻、减轻处罚情节

坦白情节:案发后,赵莲花在面对公安机关的调查询问时,如实供述且供述稳定,从与张大承产生言语冲突的起因,到端出毒酒的动机、言语刺激的具体内容,以

及在张大承喝下农药后的反应和采取的救助措施等,均毫无保留地向公安机关进行了陈述。构成坦白行为。依据《中华人民共和国刑法》第六十七条第三款的规定,对于如实供述自己罪行的,可以从轻处罚。

积极救助:在案发后,赵莲花第一时间拨打急救电话,并全程陪伴张大承前往医院,在途中不断呼喊、安慰张大承,尽己所能采取救助措施,展现出了对生命的尊重和对自己行为的懊悔。

积极赔偿并获得谅解:赵莲花及其家属在案发后,主动承担了张大承的丧葬费用,并积极与张大承家属沟通协商,给予了经济赔偿20万元。其真诚的态度最终获得了张大承家属的谅解,家属签署了谅解书,恳请法庭对赵莲花从轻处理。这一情节不仅体现了赵莲花及其家属积极弥补过错的决心,也反映出被害人及其家属对赵莲花行为的一定程度的谅解,对社会矛盾的缓和起到了积极作用。

无前科劣迹:赵莲花此前并无任何违法犯罪记录,一直遵纪守法,是一名普通、善良的村民。此次事件系偶然发生,其社会危害性与惯犯、累犯相比,明显较小。

综上所述,赵莲花的行为不构成过失致人死亡罪。即便认定其行为构成犯罪,鉴于其主观恶性小、行为与结果之间的因果关系不必然、存在诸多从轻减轻处罚情节等因素,恳请法庭依法对赵莲花从轻、减轻处罚,给予她一个改过自新的机会。

3. 合议庭总结辩论焦点

控辩双方充分发表意见后,合议庭要对案件的辩论焦点进行梳理总结,精准提炼出辩论焦点,引导控辩双方围绕辩论焦点发表意见。在综合考虑案件事实、在案证据、法律适用后,合议庭要在客观、公正地审视控辩双方主张的基础上总结归纳辩论焦点。

在赵莲花过失致人死亡案中,合议庭可以提出下列两项辩论焦点:

其一,赵莲花对张大承死亡的主观状态。控方主张,赵莲花明知农药的毒性,仍出于不良动机实施一系列危险行为,应认定其存在主观过失;辩方则认为,赵莲花只是想吓唬张大承,基于对他的了解,认为他不会真喝,且赵莲花日常表现良好,不存在主观恶意。

其二,赵莲花的行为与张大承的死亡之间是否存在必然因果关系。控方强调,赵莲花的行为直接创设危险情境并推动事件发展,与张大承的死亡之间存在必然因果联系;辩方则认为,张大承作为完全民事行为能力人,自主决定喝下农药,这切断了赵莲花行为与死亡结果之间的必然联系。

4.控辩双方围绕焦点辩论

在法庭辩论的第二阶段,控辩双方要围绕合议庭总结的辩论焦点,进一步阐明主张、进行反驳和回应。双方要凭借扎实的法律知识、严谨的逻辑推理以及对案件细节的精准把握,进一步阐述观点,说服法庭采纳。控辩双方要立足庭前准备的辩论预案,并动态关注庭审中的各种变化,"适时动态调整法庭辩论提纲"[1]。审判长要精准把控辩论节奏,确保辩论围绕核心问题有序进行,不偏离主题。

在赵莲花过失致人死亡案中,对控辩双方的焦点辩论示例如下:

(1)焦点一:赵莲花对张大承死亡的主观状态。

公诉方辩论方案:坚定认为赵莲花存在主观过失。

从对农药毒性的认知层面出发,赵莲花身为在乡村长期居住的成年人,日常生活中频繁接触各类农用物资,对"速灭虫霸"这类常见剧毒农药的致命毒性不可能不清楚。在案证人王翠花的证言中也提到,赵莲花在村里务农多年,经常使用各类农药,对农药特性十分熟悉。依据常理以及在案证人关于农村生活常识的证言,赵莲花对"速灭虫霸"的致命毒性有着清晰认知。

从行为动机和过程来看,生日宴会当天,赵莲花面对张大承的到来,蓄意端出毒酒,使用极具侮辱性的"不喝就钻裤裆"言语刺激张大承,羞辱意图昭然若揭。这一行为也非偶然,而是长期积怨的不良动机驱使下的有预谋举动。当张大承出现犹豫时,赵莲花在众人起哄的氛围下,不但没有停止,反而进一步煽动事态发展,全然不顾可能引发的严重后果,致使局面失控。

依据《刑法》对过失致人死亡罪主观要件的界定,赵莲花应当预见自己的行为可能导致他人死亡的严重后果。但她因冲动和疏忽大意,未履行应尽的谨慎注意义务。在诸多类似案件中,行为人因对危险的轻视而导致他人死亡,最终都被认定为存在主观过失。赵莲花的行为完全符合这一犯罪构成要件,应认定她对张大承的死亡存在主观过失。

辩护方辩论方案:主张赵莲花不存在主观恶意。

赵莲花与张大承长期存在矛盾,案发当日张大承不请自来且进行言语挑衅,赵莲花端出毒酒进行言语刺激,只是基于长期积怨下的冲动反应,目的仅仅是吓唬张大承,使其出丑,并非希望或放任其死亡。

从赵莲花的日常表现来看,邻里联名签署的说明材料详细阐述了她多年来积极参与村里的公益活动,如帮忙照顾孤寡老人、组织邻里互助活动等,这些事实充分展

---

[1] 杨熹:《适时动态调整法庭辩论提纲》,载《检察日报》2017年11月17日,第3版。

现出她是一个和善、乐于助人的人。此次事件属于特殊情境下的偶发冲突，不能仅凭这一孤立事件就认定她具有主观恶意。

赵莲花基于对张大承平日爱说大话、逞强的了解，坚信他不会真的喝下剧毒农药。在案证据中，熟悉张大承品行的村民的证言证实，张大承平时就经常夸下海口却从不付诸行动，此次在宴会上声称敢喝农药，赵莲花认为也只是他一贯的逞强表现，所以赵莲花主观上不存在应当预见而未预见的过失情形。

(2) 焦点二：赵莲花的行为与张大承的死亡之间是否存在必然因果关系。

公诉方辩论方案：强调赵莲花的行为与张大承的死亡之间存在必然因果关系。

赵莲花亲手将毒酒端至张大承面前，这一行为直接使张大承置身于极度危险的境地，是引发后续悲剧的起始点。随后，她极具攻击性和刺激性的言语挑衅，以及煽动众人起哄的行为，在现场营造出了一种迫使张大承喝毒酒的氛围。

虽然张大承具有自主行为能力，但赵莲花的行为是引发这一系列事件的源头，后续张大承喝下毒酒的行为是在赵莲花创设的危险情境和刺激氛围下发生的。在案的法医学尸体检验鉴定书明确显示，张大承的死亡原因系"速灭虫霸"中毒，这一鉴定结果与赵莲花端出毒酒的行为紧密关联，清晰地表明赵莲花的行为与张大承的死亡之间存在必然、直接的因果关系，这种因果关系并不会因张大承的自主选择而被切断。

辩护方辩论方案：赵莲花的行为与张大承的死亡之间不存在必然因果关系。

在赵莲花过失致人死亡案中，赵莲花的行为与张大承的死亡之间不存在刑法意义上的必然因果关系。虽然赵莲花端出毒酒并进行言语刺激，但这并不必然导致张大承死亡。张大承作为心智健全的成年人，对自己的行为具有独立判断能力。他明知酒中含有剧毒农药，却因自身好面子、逞强等因素，自主决定喝下农药，这一行为是导致其死亡的直接且关键因素。

从刑法的因果关系判定来看，赵莲花的言语刺激与张大承喝下农药的行为之间虽然存在一定关联，但并不存在必然、直接的因果关系。不能仅仅因为赵莲花的先行行为，就将张大承自主选择的结果完全归咎于她。而且，在张大承喝下农药后，赵莲花立即拨打急救电话，并全程积极参与送医抢救，在途中不断呼喊、安慰张大承，尽己所能采取救助措施。这些行为表明她对张大承的死亡结果并不持希望或放任的态度，进一步说明她的行为与张大承的死亡之间不存在刑法意义上的必然因果关系。如在一些类似案例中，由于存在被害人自主决定这一关键因素，行为人的行为与结果之间的因果关系未被认定。

5.法庭辩论小结

通过法庭辩论,控辩双方围绕案件核心争议焦点,深入分析案件事实、精准解读法律条文、严密论证法律适用,试图说服法庭支持己方主张。当控辩双方充分发表意见后,审判长要适时总结法庭辩论环节,引导庭审向被告人最后陈述环节过渡。

在赵莲花过失致人死亡案中,审判长总结示例:

审判长:"在法庭辩论中,控辩双方充分发表了意见,并就赵莲花的主观状态以及其行为与张大承死亡之间的因果关系进行了充分辩论。公诉方从赵莲花对农药的认知、行为动机及过程等方面,详细论证了其构成过失致人死亡罪;辩方则从赵莲花的日常表现、行为目的以及因果关系的独立性等角度进行了反驳。双方观点明确,论证充分。本庭将综合考虑双方意见及在案证据,对案件进行公正裁决。下面,庭审进入被告人最后陈述环节。"

(四)被告人最后陈述

被告人最后陈述是庭审中被告人表达自己想法和感受的重要机会,有助于法庭全面了解被告人的内心世界,在量刑时予以综合考量。被告人可以在此环节真诚悔悟,表达对案件的看法、对被害人及其家属的态度、对未来的期望,向法庭提出从轻处理的请求。陈述要真诚、诚恳,体现认识和态度。

在赵莲花过失致人死亡案中,赵莲花的最后陈述示例如下:

赵莲花:审判长、审判员,我真的知道错了。那天我只是被张大承气昏了头,想让他出丑,从来没想过会出人命。我和他虽然有矛盾,但也不至于要害他性命。事情发生后,我一直活在悔恨之中,不停地责怪自己为什么那么冲动。我知道张大承走了,他家人肯定很伤心,我向张大承的家属再次表示深深的歉意,我愿意尽我所能去弥补。我在村里这么多年,大家都知道我是什么样的人,我家里也有老人和孩子,我真的希望法庭能给我一个改过自新的机会。我以后一定会更加珍惜生命,好好做人,再也不冲动行事了。

(五)评议与宣判

被告人最后陈述环节结束后,审判长宣布休庭,合议庭进行评议。合议庭依据案件事实、证据以及相关法律规定,对案件进行深入讨论和分析,对被告人是否有罪、构成何罪以及如何量刑进行评议。作出裁判后,法庭要向当事人及社会公开宣告。

下文继续以赵莲花过失致人死亡案为例,简要说明评议与宣判的注意要点。

合议庭评议：审判长组织合议庭成员退庭进入评议室，依据庭审调查、辩论情况，结合法律规定，对被告人赵莲花是否构成过失致人死亡罪及量刑问题进行全面、深入、细致的评议。合议庭成员围绕案件事实认定是否准确无误，证据是否确实、充分，法律适用是否正确得当，以及被告人的主观过错、行为与结果的因果关系等关键问题，逐一发表意见，各抒己见，经过严谨的讨论与权衡，最终形成评议结果。

宣判：在确定的宣判时间，审判长带领合议庭成员步入法庭，全体起立，审判长宣读判决书，宣布被告人赵莲花是否有罪及相应刑罚，阐述判决理由，包括认定事实依据、适用法律条文。若判定有罪，要详细说明量刑考虑的因素，如赵莲花的主观恶性、事后补救行为、社会危害性等；若判定无罪，也要详细解释作出该裁决的依据，确保判决公正、透明，彰显司法权威，给案件画上一个严谨、公正的句号。

在"实战"式模拟法庭教学过程中，一般宜安排当庭宣判。审判长应该在宣布休庭时同时告知继续开庭的事宜，如"现在休庭，30分钟后继续开庭"。合议庭要依托庭前准备材料，结合庭审情况，对案件进行深入细致的评议，并形成裁判结果，而后继续开庭，由审判长宣布裁判结果。基于教学时间安排的考虑，审判长只需要宣布判决书主文。例如：

审判长：经过合议庭评议，评议结论已经作出。现予宣布。

书记员：全体人员起立。

审判长：被告人赵莲花在明知农药具有毒性的情况下，出于羞辱他人的目的，将毒酒端给张大承，并在其犹豫时进一步刺激，导致张大承喝下农药死亡。考虑到被告人赵莲花在案发后积极采取救助措施，且取得了被害人家属的谅解，依法可以从轻处罚。根据《中华人民共和国刑法》第二百三十三条的规定，判决如下：被告人赵莲花犯过失致人死亡罪，判处有期徒刑三年，缓刑四年。如不服本判决，可在接到判决书的第二日起十日内，通过本院或者直接向瑞丰市中级人民法院提出上诉。书面上诉的，应当提交上诉状正本一份，副本三份。

关于退庭等其他程序，本部分不再展开，请参阅"刑事审判工作标准化"相关规定。

三、庭审实战技能

庭审是一场围绕事实认定与法律适用而展开的控辩对决，庭审实战技能的有效运用尤为关键。从法庭发问对真相的深度挖掘，到法庭举证对证据的精准呈现，再到法庭质证对证据可靠性的严格审视，以及法庭辩论时对观点的有力阐述，共同构成了庭审实战的技能体系。

下面继续以前述赵莲花案为例,简要说明对庭审实战技能的要求和运用。

(一)法庭发问技能

法庭发问是法庭审判中极为关键的技能,在查明案件真相、厘清各方责任方面发挥着不可替代的作用。无论是审判长为全面掌握案件全貌、把控庭审节奏而进行的发问,还是公诉人旨在构建有罪证据链条、强化犯罪指控的发问,抑或辩护人挖掘无罪或罪轻情节、维护被告人权益的发问,均需具备相应的法庭发问技巧。

1. 法庭发问的基本要求

法庭发问并非随意为之,有着明确的准则与要求,旨在确保获取的信息真实、有效且与案件紧密相关。这些基本要求贯穿整个庭审发问过程,规范着审判人员、公诉人以及辩护人等的发问行为。

(1)明确发问目的

紧扣案件核心:所有发问都应当紧密围绕案件的核心争议点展开。在赵莲花过失致人死亡案中,核心在于确定赵莲花是否存在过失以及其行为与张大承死亡之间的因果关系。因此,无论是审判人员、公诉人还是辩护人,发问都要朝着厘清这两个关键问题的方向进行。如审判长向赵莲花发问:"在你拿出农药时,是否清楚知晓周围环境以及在场人员的状态,这些因素对你的行为判断产生了怎样的影响?"以此明确赵莲花在实施行为时的主观认知与客观环境因素,为判断其是否存在过失提供依据。

服务诉讼主张:公诉人发问旨在构建有罪证据链条,强化对被告人犯罪事实的证明。如公诉人向证人发问:"赵莲花在拿出农药后,是否有过刻意展示农药毒性或者类似强调危险的举动?"期望通过证人证言证实,赵莲花明知农药危险仍实施相关行为,符合过失致人死亡罪的构成要件。辩护人发问则侧重于挖掘无罪或罪轻情节,维护被告人权益。如辩护人向赵莲花发问:"在以往与张大承的矛盾冲突中,是否有其他人曾以类似吓唬的方式应对,且未产生严重后果?"试图从过往类似情况说明赵莲花此次行为的偶然性与非恶意性。

(2)遵循发问原则

合法性原则:发问必须严格遵循法律规定和诉讼程序。所有发问都不能采用威胁、引诱、欺骗等非法手段。如在询问证人时,不能以暗示性语言引导证人按照自己期望的答案回答。如在赵莲花案中,无论是对被告人、证人还是其他诉讼参与人的发问,都要确保在合法合规的框架内进行,保证所获取的回答能够作为有效证据使用。

相关性原则：发问应与案件事实、证据及争议焦点具有紧密的相关性。不相关的问题不仅浪费庭审时间，还可能干扰法庭对案件的正确判断。如在赵莲花案中，有人提及赵莲花多年前与他人的一次轻微纠纷，这与本案并无直接关联，不应在本案庭审发问中涉及，只有围绕赵莲花与张大承当天的冲突细节、农药的使用及导致的后果等相关内容进行发问，才符合相关性原则。

客观性原则：发问应当基于客观事实，避免主观臆断和无端猜测。审判人员、公诉人、辩护人在发问前要对案件材料进行充分研究，确保所提问题有事实依据。如公诉人在询问赵莲花关于刺激张大承喝下农药的言语时，不能凭空假设不存在的话语进行质问，而应依据现场证人已提供的部分线索或相关证据来构建问题，以获取客观真实的回答。

(3) 注重发问技巧

清晰简洁：问题表述应清晰明了，避免使用复杂、晦涩难懂的语言。确保被询问者能够准确理解问题含义，迅速作出回应。在赵莲花案中，像"在你与张大承发生冲突时，你拿出农药到最终他喝下农药的整个过程中，能详细描述一下每一个关键节点你内心的想法和外在的行为表现是什么"这样冗长复杂的问题，可能会让被询问者感到困惑。可以简化为："你拿出农药后，看到张大承犹豫时，你心里怎么想，又做了什么？"

循序渐进：对于复杂问题，要按照一定逻辑顺序逐步展开，由浅入深、由表及里地引导被询问者陈述。如辩护人在询问赵莲花冲突的起因时，可以先问："张大承来参加宴席时，他的行为举止有没有让你觉得异常？"待赵莲花回答后，再进一步问："他的这种异常行为与你们以往的矛盾有没有关联？""又是如何引发后续冲突的？"通过这种循序渐进的方式，能够帮助被询问者完整、清晰地阐述事件经过。

适时追问：当被询问者的回答模糊不清、存在矛盾或者可能隐藏关键信息时，要及时追问。如证人在描述赵莲花拿出农药时的神态语气时，回答"好像有点生气，但又不太确定"。此时就应当追问："那你回忆一下，有没有什么具体的动作或者表情，让你觉得她可能生气了？"通过追问挖掘出更详细、准确的信息。

2. 合议庭的发问技能

(1) 针对案件核心事实的引导性发问

向赵莲花发问：在你拿出农药并端到张大承面前时，你当时内心确切的想法是什么？是单纯想吓唬他，还是已经预见到他有可能真的会喝下农药？当你看到他表现出犹豫，甚至流露出怯意时，你为什么没有选择立刻制止？为何继续让局面发展下去？通过这些问题，引导赵莲花如实交代自己的主观心态和行为动机，还原冲突现场她的真实心理动态,以便法庭判断其是否存在过失。

向在场证人发问:当时宴席现场的气氛究竟如何？张大承进门后的言行举止有哪些具体表现？张大承的到来引发了赵莲花怎样的反应？在赵莲花拿出农药到张大承喝下农药的这段时间,周围人的起哄程度怎样？有没有人尝试劝阻？众人起哄时哪些话影响了事态走向？借助证人的视角,全面还原现场的紧张氛围、人物冲突细节以及群体行为对事件结果的影响,填补事实空白。

(2)对证据疑点的澄清性发问

询问公诉人:关于警方查获的农药瓶,在证据展示中提到了它的发现位置,但现场勘查时,周围是否还有其他可疑物品或迹象,能表明这瓶农药的来源或用途？在调查证人证言时,有没有对那些与案件当事人存在利害关系的证人进行单独核实？采取了哪些措施确保证言的真实性和可靠性？促使公诉人进一步解释证据收集过程中的关键疑点,保障证据链条的严谨性。

询问辩护人:你提交了赵莲花平日在村里表现良好的证据,这些证据的收集渠道是什么？村委会开具的品德证明,是否有详细的调查记录作为支撑？邻里联名材料的形成过程是否合规？有没有受到外界因素的干扰？如何保证这些证据能准确反映赵莲花在本案中的行为动机和主观恶性？要求辩护人澄清所出示证据的可信度,避免不实证据影响审判公正。

3.公诉方的发问技能

(1)构建有罪证据链的针对性发问

向被告人发问,强化赵莲花明知农药危险却未谨慎行事的主观过错,以及事发后的异常反应,夯实过失致人死亡罪的指控基础。例如:

你在农村生活多年,对周边因农药中毒的事件应该有所耳闻,在你端出农药时,脑海里有没有闪过这些危险案例,还是完全没当回事？

张大承喝下农药后,你除了惊愕表情,身体有没有下意识的躲避动作,像是害怕被牵连,能否详细描述你当时的肢体反应？

在去往医院路上,同行人回忆你有小声嘟囔,具体嘟囔的内容是什么？是不是在担心自己即将面临的法律后果？

向证人发问,借助证人证言细节,完善赵莲花实施不当行为、导致严重后果以及事后补救情况的证据拼图,使有罪指控更具说服力。例如:

你当时所处位置的视线是否受阻？看到赵莲花拿农药过来时,她走路的步伐、姿态是怎样的？看起来是不是很坚定地要给张大承一个"教训"？

在张大承喝农药的过程中,有没有人试图上前抢夺农药瓶?赵莲花有没有配合阻拦或者冷眼旁观?

赵莲花在张大承倒地后,第一时间是呼叫帮忙还是愣在原地?赵莲花过了多久才拨打急救电话?周围人对此有何评价?

(2)击破辩方观点的反击性发问

针对辩护人提出的赵莲花无杀人动机,从行为合理性角度质疑辩方核心观点,揭示赵莲花行为的不当性与过失本质。例如:

辩护人说赵莲花只是想出口气,若如此,农村里争吵拌嘴方式众多,为何她独独选择用农药这种极端且危险的方式?是习惯使然还是有意为之?

按照当地农村习俗,即便两人矛盾再大,这种以命相"赌"的斗气行为是否常见?周边长辈、村规民约对此有无约束?

对于辩方提出的赵莲花救助情节,引导法庭正确看待救助与犯罪构成的关系,削弱救助行为对赵莲花无罪主张的支撑力。例如:

赵莲花事后救助积极,那在冲突爆发前,她有没有采取任何预防措施避免矛盾恶化?如把农药藏好、安抚张大承情绪。

救助过程中,她有没有向医护人员强调一些特殊情况?如农药剂量、张大承之前的身体状况,若没有,是真忘了还是根本不关心?

4.辩护方的发问技能

(1)挖掘无罪情节的引导性发问

向赵莲花发问,引导赵莲花说明冲突根源、以往处理方式以及特殊情境因素,展现其行为的无奈与无心之失,为无罪辩护提供背景支撑。例如:

赵莲花,你和张大承平日里的矛盾主要集中在哪些方面?

张大承以往在村里蹭吃蹭喝,有没有欺负过你家人?具体事例有哪些?这次冲突是不是长期积怨爆发?

在这次宴席之前,张大承有没有类似不请自到、惹是生非的情况?你当时是怎么处理的?

你拿出农药时,有没有想过真的让他喝?是不是觉得大家都知道是玩笑,只是做做样子吓吓他,依据是什么?

在你拿出农药时,周围人的起哄对你造成了多大的压力?你有没有想过事情会失控?当时有没有尝试冷静下来,如果有,是否因为周围环境不允许才没能做到?

现场起哄人群里,有没有平时和张大承关系不好、借机拱火的人?你能认出几个,他们说了什么关键的话促使事情失控?

向证人发问,借助证人之口,突出张大承的过错,反衬赵莲花行为的合理性,争取法庭对赵莲花的同情与理解。例如:

你知道张大承在村里除了好吃懒做,还有没有其他不良习惯?如小偷小摸、挑拨离间,这些习惯对这次冲突有何影响?

张大承是不是经常以这种无赖的方式和别人打交道,引发众人不满?

在这次事件中,你觉得张大承的哪些言行是赵莲花情绪激动的主要原因?

从一个旁观者角度看,赵莲花平时的为人处世风格怎样?她是不是那种容易冲动、不计后果的人?这次事件是不是很反常?

从一个旁观者角度看,赵莲花的反应是否超出了正常范围?还是在那种情境下的人之常情?

(2)质疑公诉证据的攻击性发问

针对公诉人出示的张大承死亡证据,对关键死因证据提出合理怀疑,动摇公诉方指控的证据根基,为无罪辩护创造空间。例如:

公诉人,在医院出具的张大承死亡证明上,死因写的是农药中毒,那在抢救过程中,有没有对张大承自身的身体状况进行全面检查,排除他可能存在的其他疾病或隐性健康问题?毕竟,一个人的突然死亡可能存在多种因素,仅凭目前的证据,能否确凿认定就是农药导致的死亡?有没有可能存在误诊的情况?

医院的抢救记录显示,张大承从入院到被宣布死亡时间较短,其间有没有进行二次诊断复核,排除其他突发疾病干扰,流程是否规范?

提供农药中毒结论的法医之前有无类似误判案例?其专业经验是否丰富?在鉴定过程中有没有受到外界压力影响?

对于公诉人出示的证人证言,可以削弱公诉方证人证言的可信度,打破其构建的有罪证据链,增加无罪辩护的胜算。例如:

公诉人,你所传唤的证人在作证之前,有没有相互交流过案件情况?是否受到了外界舆论或其他因素的影响,改变了最初的记忆或判断?其中一些与案件当事人有一定关系的证人在作证时,有没有明显偏向某一方的倾向?你是如何核实并排除这些干扰因素的?

部分公诉方证人和张大承有亲戚关系,他们作证时,有没有夸大赵莲花过错、弱化张大承责任的语句？如何核实真实性？

对于那些现场起哄较为厉害的证人，他们在回忆事件细节时，特别是关于赵莲花态度的描述，有没有前后矛盾、含糊不清的地方？

（二）法庭举证技能

在法庭审理过程中，法庭举证至为关键，是向法庭呈现事实依据的核心手段。举证的准确性、有效性直接左右着案件的最终裁决走向。精准有力的举证可以为主张筑牢根基，使法庭能够清晰洞察案件全貌，从而作出公正合理的判决。

1. 法庭举证的基本要求

法庭举证并非简单地将证据全部呈现给法庭，而是有着严谨科学的举证要求，涵盖了证据从获取到出示的各个关键步骤。精准筛选证据，能确保所举证据与案件核心诉求紧密相连，避免无关信息干扰法庭判断；妥善保管证据，能维持证据的原始状态和真实性，防止证据在流转过程中出现损坏或被篡改；巧妙编排证据顺序，能构建起逻辑连贯的证据链条，让法庭轻松理解案件发展脉络；专业阐释证据，则能清晰传达证据的内涵和价值，使其在法律框架下发挥最大效能；强化应变能力，保障举证的顺利进行。

（1）精准筛选证据

围绕核心诉求：在浩如烟海的案件材料中，精准定位与己方诉讼请求紧密相关的证据。例如，在盗窃案件中，若辩方主张被告人无罪或罪轻，则需着重寻找被告人无作案时间的不在场证明、被他人陷害的证据、盗窃金额未达立案标准的依据等，摒弃无关或关联性微弱的信息，让举证直击要害。

区分证据主次：依据证据对案件结果影响的大小，划分主次层级。将直接证明关键事实的证据列为核心证据优先展示，如刑事案件中的作案凶器、关键目击证人证言；以间接证据作为辅助，用于补充细节、强化逻辑链条，确保法庭首先聚焦重点，再逐步深入了解全貌。

（2）妥善保管证据

维护物证完整：对于物证，采用科学、恰当的保管方式。对于易腐坏的物品需冷藏保鲜并记录状态变化；贵重物品要存放于安全设施完备之处，防止丢失或损坏，确保其原始特征、属性与案发时相符，如涉毒案件中的毒品样本，从查获到庭审全程需严格管控。

确保证人证言稳定：与证人保持适度沟通，在不干扰证人独立作证的前提下，提醒证人牢记关键事实细节，避免证人因时间过长遗忘重要信息，或受到外界不当影响改变证言内容,必要时可在庭前协助证人梳理作证思路,以保证证言的可靠性与连贯性。

(3)巧妙编排证据

故事性叙述:按照事件发展的自然进程编排证据,构建一个逻辑连贯、情节完整的"故事"。从纠纷起源、矛盾激化到最终结果,依次呈现对应证据,让审判人员仿佛身临其境,清晰把握案件脉络。如在人身伤害案中,要先展示冲突起因的监控视频,再列出入院诊断记录、治疗费用清单、鉴定意见等,使因果关系一目了然。

突出争议导向:以案件争议焦点为轴心,将能直接回应争议的证据前置。如在侵犯专利权的犯罪案件中,争议点为专利是否侵权,要优先出示侵权比对分析报告、涉嫌侵权产品样本等核心证据,后续跟进研发过程记录、专利授权文件等背景资料,引导法庭迅速切入关键问题。

(4)专业阐释证据

运用法言法语:举证时,使用规范、精准的法律术语阐述证据内涵与证明目的,展现专业素养。但需注意适度,在面向非法律专业背景的人民陪审员时,适时辅以通俗易懂的解释,确保信息传达无障碍。如在抢劫犯罪案件中,提及"暴力手段"实施是犯罪行为从预备状态向实行阶段转化的关键转折点,可以射箭、拉弓、射出等动作为例,说明抢劫犯罪从准备到实施再到完成的关键转变。

结合法律条文:每出示一项重要证据,随即引用相关法律规定,强化证据的合法性与权威性。如在盗窃犯罪案件中,出示被告人转移赃物、被害人被盗财物的价格评估等证据后,随即引用《刑法》及司法解释对盗窃罪既遂认定的数额标准,说明当被告人实际控制财物,且达到一定数额时,即达成盗窃罪的既遂状态。

(5)强化应变能力

组建"证据防线":团队协作至关重要,律师、当事人及辅助人员应在庭前全面梳理证据细节,预测对方可能发起的质证攻击点,从不同角度准备回应策略,形成多方位防护。如涉及电子证据,技术人员应准备好关于数据采集、存储、恢复等环节的技术说明,辩护人负责从法律层面说明证据的合法性。

灵活调整策略:庭审质证风云变幻,一旦对方提出意料之外的质疑,迅速启动应变机制。依据质证情况当场决定是否补充提交新证据、变换证据阐释角度或请求法庭给予解释时间,确保举证进程不受大的阻碍。

2. 公诉方的举证技巧

下面以赵莲花过失致人死亡案为例,简要说明公诉方的举证技巧。

(1)证据顺序安排

按照事件发展的逻辑顺序组织证据,首先出示能证明案件起因的材料,如张大承不请自到引发冲突的相关证人证言,描述当时宴席现场气氛、众人对张大承行为的观感,让法庭清晰了解矛盾根源。

其次呈上赵莲花与张大承言语交锋的关键证据,如在场多人听到的双方对话录音(若有)、详细记录对话内容的证人证言,突出赵莲花提出以农药和钻裤裆为"赌约"的情节,展现冲突升级过程。

再次重点出示张大承喝下农药及后续抢救无效死亡的直接证据,包括医院的抢救记录、死亡证明,详细解读记录中的中毒症状、抢救措施、死亡时间等信息,锁定赵莲花行为与张大承死亡之间的因果联系。

最后展示警方对现场勘查的报告、农药成分鉴定结果,结合现场照片,说明农药来源、性质以及赵莲花持有并提供农药的事实,使证据链条完整闭合。

(2)证据说明技巧

每出示一项证据,公诉人都要以清晰、简洁且专业的语言说明证据来源,如"这份证人证言是由警方在案发后第一时间依法询问在场村民王翠花所获取的,询问过程全程录音录像,能够确保证言的合法性与真实性"。

阐述取证方式时,详细解释为何采用该方式,如"现场勘查是由专业勘查人员严格按照刑事勘查标准流程进行的,对农药瓶的提取采用无菌操作,避免污染影响成分鉴定,能够确保证据的科学性"。

强调证明目的时,结合法律条文与案件事实,如"医院抢救记录明确显示张大承因摄入有机磷农药而急性中毒,虽经全力抢救仍回天无力,直接证明了赵莲花提供农药的行为与张大承死亡结果之间存在刑法意义上的因果关系,符合过失致人死亡罪的客观构成要件"。

(3)应对质证策略

面对辩护人对证据合法性的质疑,公诉人要提前准备好相关审批文件、执法记录等,如警方询问证人的审批手续、勘查现场的执法记录仪视频,用以证明证据获取过程依法依规,无程序瑕疵。

面对辩护人对证据真实性的挑战,公诉人可从证据的形成背景、多方印证角度回应,如对于证人证言,说明证人与案件无利害关系,且不同证人对同一关键事实描述一致,相互佐证;对于书证,解释其保管链条完整,无篡改可能。

若辩护人对证据关联性提出异议,公诉人需依据刑法理论,深入剖析证据与犯罪构成要件的内在联系,如阐述现场勘查发现的农药残留位置、剂量与张大承摄入情况的关联,强化证据对指控罪名的支撑。

3. 辩护方的举证技巧

下面以赵莲花过失致人死亡案为例,简要说明辩护方的举证技巧。

(1) 证据挖掘方向

深入挖掘赵莲花平日品行良好的证据,除村委会证明、邻里联名材料外,寻找她曾在村里危难时刻挺身而出、帮助他人解决困难的具体事例,如救助受灾村民、照顾孤寡老人等细节,从侧面反映其善良本质,降低主观恶性。

着重收集能还原现场氛围、凸显张大承挑衅态度的证据,如事发时宴席现场的视频,分析张大承进门后的言行举止、神态表情,展现其无赖行径引发公愤,为赵莲花的过激反应提供情境依据。

全面整理赵莲花事后积极救助张大承的证据,不仅包括拨打急救电话记录、陪同就医视频、垫付费用凭证,还可寻找急救车上医护人员关于赵莲花焦急状态的证言,证明她在意识到危险后尽全力补救,不存在故意放任死亡结果的心态。

(2) 证据展示方法

展示赵莲花平日表现证据时,可采用故事化叙述方式,先讲述村里发生的紧急情况,再引出赵莲花的善举,让法庭成员及旁听人员感同身受,增强证据的感染力,如:"在去年村里遭遇洪灾时,大家都自顾不暇,赵莲花却主动蹚着齐腰深的水,一家一户地查看老人孩子情况,送去食物和药品,这样的她怎么可能蓄意害人呢?"

呈现现场氛围证据时,利用多媒体手段,播放视频或展示现场照片的细节,配合文字说明,引导法庭关注张大承的挑衅行为,如"从这张照片可以清晰地看到,张大承双手叉腰,对着赵莲花大声叫嚷,周围村民都面露不满,这种情况下赵莲花情绪失控是人之常情"。

出示救助证据时,按时间顺序排列,制作简洁明了的图表或时间轴,标注每个关键节点的行动和时间,让法庭迅速了解赵莲花补救的及时性,如"在10点15分发现张大承喝下农药,赵莲花于10点16分拨打120,于10点20分出门迎接救护车,于10点30分随车前往医院并垫付5000元费用"。

(3) 反驳质证要点

针对公诉人对平日表现证据关联性的质疑,辩护人要紧扣过失致人死亡罪的主观构成要件,阐述良好品行虽不能直接否定行为,但能反映行为动机,说明赵莲花一贯善良,此次冲突只是冲动犯错,无犯罪故意,如"一个长期乐于助人的人,在情绪激动下犯错,与一个品行恶劣蓄意害人的人,在主观恶性上有着天壤之别,这对判断她是否构成过失犯罪至关重要"。

面对公诉人对现场氛围证据客观性的挑战,辩护人可提供证据来源说明,如视频拍摄者身份中立、无利害关系,照片经过专业鉴定无后期修改,同时结合其他证人证言对现场的描述,强化证据可信度。如"这段视频是由隔壁村来采风的视频博主拍摄的,他与双方当事人都不认识,纯粹是记录乡村生活,视频原始文件已封存,可供鉴定"。

若公诉人质疑救助证据不能改变犯罪本质,辩护人可依据刑法谦抑性原则,强调救助行为体现的悔罪态度、补救意愿,应将其作为从轻量刑的关键因素。如"刑法不仅惩罚犯罪,更注重教育改造,赵莲花的积极救助是她认识错误、渴望挽回局面的表现,依法应从轻考量,实现法律效果与社会效果的统一"。

(三)法庭质证技能

法庭质证是控辩双方围绕在案证据的"攻防战",在庭审过程中极为关键,直接关系着案件的走向。有效的法庭质证,能够去伪存真,挖掘出证据背后隐藏的真相,精准判断证据的可靠性与关联性。

1.法庭质证的基本方法

法庭质证并非毫无章法的质疑与反驳,需要深入剖析证据的各个层面,从真实性、关联性、合法性进行全面审查,通过对各类证据的细致甄别,发现可能存在的瑕疵、漏洞或误导性信息。

(1)真实性审查方法

第一,书证查验。

文书特征分析:仔细研究书证的纸张质地、墨水颜色、笔迹风格、印章清晰度等特征。如在合同诈骗案件中,对比涉嫌诈骗的合同文件与正常合同样本的纸张质感是否相同,看合同上的签名笔迹是否自然流畅,是否存在模仿、伪造的迹象。对于盖章部分,通过专业的印章鉴定技术,判断印章是否为真,盖章的位置、清晰度是否符合正常的文书制作规范。

内容核实:检查书证内容的逻辑性、连贯性和合理性。查看文字表述是否通顺,条款之间是否存在矛盾。对于一些涉及财务数据、日期等关键信息的书证,如账本、票据等,要进行交叉核对。如在贪污案件中,审查财务账目,检查收入和支出的记录是否匹配,账目记载的日期是否与相关业务活动的实际发生日期相符,是否存在篡改或虚构账目的情况。

第二,物证甄别。

来源追溯:审查物证的发现地点、提取过程和保管链条。如在盗窃案中,对于被盗财物这一关键物证,要查看警方的扣押清单,明确是在犯罪嫌疑人住所、销赃地点还是在其他关联场所查获的。检查清单上是否详细记录了财物的特征,如品牌、型号、颜色、磨损情况等,与被害人报案时所描述的被盗财物细节是否相符。同时,核实从发现物证到庭审出示期间的保管环节,看是否有专人负责、是否有完整的交接记录,确保物证没有被调换或受到污染。

状态鉴定:对于物证的物理状态进行检查,判断其是否符合案件发生时的状态。如在涉及凶器的案件中,检查凶器上的血迹是否干涸、是否有被清洗的迹象,血迹的分布是否与犯罪的方式相匹配。对于电子产品类物证,如手机、电脑等,需要专业技术人员进行数据提取和恢复,确保数据没有被篡改,原始存储介质的完整性也需要得到保证,如检查存储介质是否有物理损坏或被重新写入数据的痕迹。

第三,证人证言核实。

证人资格评估:首先确定证人是否具备作证资格,包括证人是否具有感知、记忆和表达能力。如未成年人作为证人时,要考虑其年龄、智力发育程度是否能够支撑其准确感知案件事实并清晰地表达出来。对于精神障碍患者,需要审查其在目击案件事实时是否处于病情稳定期,其感知和表达是否受到疾病的影响。

证言内容审查:对证人证言的内容进行细节分析。查看证人描述的事件经过是否具体、明确,是否符合常理。比较不同证人对同一事件的描述,寻找其中的一致性和矛盾点。如在抢劫案中,多个证人描述犯罪嫌疑人的外貌特征、衣着打扮、作案工具等细节,若存在较大差异,就需要进一步核实证人的可信度。同时,注意证人的记忆是否受到了外界因素的干扰,是否受到诱导、威胁或者受到媒体报道等信息的影响而改变了最初的记忆。

证人态度观察:观察证人在庭审中的神态、语气、表情等非语言信息。紧张、犹豫、闪烁其词等表现可能暗示证人存在隐瞒或不实陈述的情况。但也要注意,证人可能会因为紧张而出现表达不顺畅的情况,需要结合其他因素综合判断。

(2)关联性审查角度

第一,直接关联性判断。

构成要件关联:重点审查证据是否与犯罪主体、犯罪主观方面、犯罪客体和犯罪客观方面直接相关。如在故意杀人案件中,证明犯罪嫌疑人身份的证据(如身份证、监控录像显示犯罪嫌疑人出现在案发现场附近)与犯罪主体相关;犯罪嫌疑人的日记、聊天记录中表达杀人意图的内容与犯罪主观方面相关;被害人尸体检验报告、现场血迹分布等证据与犯罪客体和犯罪客观方面相关。这些直接关联犯罪构成要件的证据是构建犯罪事实的核心证据。

因果关系体现:确定证据是否能够体现犯罪行为与犯罪结果之间的因果关系。

如在交通肇事案件中，事故现场的刹车痕迹长度、车辆碰撞损坏程度等证据能够证明肇事车辆的行驶速度、碰撞力度，从而与被害人的受伤情况或死亡结果建立因果联系。同时，肇事司机血液中的酒精含量检测报告也能够说明其违法行为与事故结果之间的因果关系。

第二，间接关联性分析。

辅助证明作用：审查证据是否能够对直接证据起到补充、解释或补强作用。如在毒品犯罪案件中，警方在犯罪嫌疑人住所附近的垃圾桶中发现的含有毒品残留物的包装材料，其虽然不能直接证明犯罪嫌疑人持有或贩卖毒品，但可以作为间接证据，与在其住所查获的毒品等直接证据相互印证，加强对犯罪嫌疑人犯罪行为的证明。

犯罪背景和环境关联：考虑证据是否与犯罪行为发生的背景、环境有关联。如在盗窃案件中，犯罪现场周围的监控录像显示在案发时段有可疑人员频繁出入，或者现场附近的路灯损坏情况等环境证据，其虽然不能直接证明犯罪嫌疑人实施了盗窃行为，但可以为犯罪行为的发生提供背景信息，帮助法庭更好地理解案件情况。

犯罪行为模式关联：查看证据是否能够反映犯罪嫌疑人的行为习惯、作案手法等，从而与当前案件建立关联。如在系列盗窃案中，通过分析多起案件中犯罪嫌疑人的作案时间、作案目标选择、进入现场的方式等行为模式，将其他类似作案手法的案件证据与当前案件进行关联，有助于确定犯罪嫌疑人的身份和犯罪事实。

(3) 合法性审查重点

第一，证据收集程序的合法性审查。

搜查和扣押程序：检查警方在搜查犯罪嫌疑人住所、车辆或其他场所时是否依法取得搜查证，搜查证的范围是否明确、合理。如搜查证上注明的搜查地点为犯罪嫌疑人的住所，但警方却对邻居的住所也进行了搜查，这种情况下所获取的证据可能因程序违法而被排除。核实扣押物品的程序是否合法，是否有详细的扣押清单，清单是否经过犯罪嫌疑人或其家属签字确认。

讯问程序：对于犯罪嫌疑人的讯问过程进行合法性审查。确保讯问由法定的侦查人员进行，并且讯问过程符合法律规定，如讯问应当在法定场所进行，讯问时间不得超过法定时限，严禁刑讯逼供、诱供等非法讯问方式。查看讯问笔录是否完整、准确地记录了犯罪嫌疑人的供述，笔录是否经过犯罪嫌疑人核对并签字确认。如发现讯问笔录中存在大量错别字、记录内容与犯罪嫌疑人实际表述不符，或者犯罪嫌疑人声称遭受了刑讯逼供而有相关伤痕等情况，这些讯问笔录的合法性就会受到质疑。

询问程序：审查询问证人、被害人的程序是否合法。询问证人、被害人应当个别进行，避免证人之间相互影响。核实询问笔录是否记录了询问的时间、地点、询问人身份等信息，证人、被害人是否在笔录上签字确认。同时，要检查是否存在诱导证人、被害人作证的情况。如询问人员在询问证人时带有明显的倾向性，暗示证人按照自己的期望回答问题。

技术侦查措施的合法性：在通过技术侦查措施（监听、监控等）获取证据的案件中，审查是否经过严格的审批程序。如对于监听犯罪嫌疑人的工具，需要检查是否有法定机关的批准文件，批准的监听范围、期限是否符合法律规定，是否在合法的范围内使用通过监听获取的证据，有没有对无关人员的隐私造成侵犯。

第二，证据形式的合法性审查。

物证形式合法性：物证的提取和固定应当符合法定形式。如对于毒品、血迹等物证，需要采用专业的提取工具和方法，提取后应当将其妥善保管在符合条件的容器中，并贴上标签注明物证的名称、来源、提取时间等信息。对于物证的检验鉴定报告，要审查鉴定机构是否具有合法的资质，鉴定人员是否具备相应的专业技术资格，鉴定程序是否符合行业标准和法律规定。

书证形式合法性：书证应当具备法定的形式要件。如公文类书证要有发文机关的印章、负责人签名等；合同类书证要符合合同法规定的形式，要有当事人签名、盖章，合同条款应完整明确等。对于书证的复印件，要审查是否与原件核对无误，是否经过法定程序确认其真实性，如经过公证机关公证或者在法庭上与原件进行比对核实。

证人证言形式合法性：书面证人证言应当包含证人的基本信息（姓名、年龄、性别、住址、联系方式等）、证人与案件的关系、证言的详细内容、证人签名和日期等。证人出庭作证时，要遵守法庭的程序和规则，如证人应当宣誓或者郑重声明如实作证，在作证过程中要接受控辩双方的交叉询问。

第三，证据主体的合法性审查。

证人主体合法性：确保证人具有合法的作证主体资格。如前所述，证人应当具备感知、记忆和表达能力。还要审查证人是否与案件存在利害关系，可能影响其证言的公正性。当犯罪嫌疑人的近亲属作为证人时，其证言可能会受到亲情因素的影响，需要谨慎审查。对于具有特殊身份的证人，如警察，要审查其在案件中的角色是否会影响证言的客观性，是否存在利益冲突等情况。

鉴定人主体合法性：对于鉴定意见这一重要证据，重点审查鉴定人的资质。鉴定人应当具备相应的专业知识、技能和资格证书，鉴定机构应当经过法定的登记、许可程序。在法医鉴定中,鉴定人必须是具有法医资格的专业人员,其所属的鉴定机构应当是经过司法行政部门批准设立的合法机构。审查鉴定人是否存在需要回避的情形,如与案件当事人有亲属关系、利害关系等,应当回避而未回避的鉴定人所出具的鉴定意见不具有合法性。

2.法庭质证的基本策略

(1)深度剖析证据全貌

组建多元专业团队:涵盖资深律师、法务专家、调查人员等,他们依据各自专长对证据展开地毯式梳理。律师依据法律条文及过往判例剖析证据关联性与证明力,精准定位关键证据;法务专家聚焦证据合法性,彻查取证程序、证据形式等有无瑕疵;调查人员重返案发现场、回访证人,再次核实证据来源的真实性,确保万无一失。

精细制作证据清单:按类别、时间顺序、重要程度等维度对证据分类归档,详细标注每一项证据的来源(如警方查获物证的具体地点、证人首次提供证言的场景)、获取时间(精确到时分秒,如有必要)、证明内容(用简洁语言概括核心要点)以及初步判断的证据强度(强、较强、中等、较弱等),为庭审质证搭建坚实的"导航图"。例如,在故意杀人案中,控方证据清单涵盖血迹斑斑的凶器(来源:案发现场角落。获取时间:案发后半小时内勘查发现。证明内容:作案工具。证据强度:强)、目击证人详细笔录(来源:现场惊恐的围观群众。获取时间:案发后陆续收集整理。证明内容:清晰目睹犯罪嫌疑人行凶过程。证据强度:视证人可信度及证言稳定性而定)等。

(2)精准预判对手策略

实战化模拟庭审:控辩双方换位模拟,进行多轮高强度模拟质证。从开场陈述、证据出示、质疑辩驳到总结陈词,完整复刻庭审流程,提前演练各种可能出现的情况。如辩方模拟控方提出 DNA 鉴定报告时,深度设想其证明目的、潜在漏洞,准备从样本采集污染风险、鉴定机构资质权威性、鉴定流程合规性等多角度反驳,确保庭审时胸有成竹。

深度剖析诉讼意图:结合案件侦查卷宗、起诉书措辞、辩护意见初稿等资料,洞悉对方核心诉求与潜在的证据支撑体系。若控方指控盗窃重罪,辩方则通过细致分析,推测控方大概率倚重现场高清监控画面锁定犯罪嫌疑人,通过被害人财物丢失报案材料明确损失,通过犯罪嫌疑人近期异常消费记录查明销赃。进而针对性挖掘反证,如监控盲区时段犯罪嫌疑人的可靠不在场证明、财物丢失存在误会或另有隐情的有力证据,打乱对方布局,争取主动。

(3)清晰准确陈述

语言简洁明了:摒弃晦涩难懂的法律术语堆砌,用通俗易懂的日常语言阐述复杂的证据问题。如在解释DNA鉴定原理时,不用专业术语"聚合酶链式反应",而是简单说"通过一种科学方法,放大我们身体里很小的遗传物质,就像用放大镜看东西一样,来确定是不是这个人的",确保人民陪审员及旁听人员能迅速理解核心要点。语速适中,语调平稳有起伏,突出重点内容。陈述关键证据和疑点时,适当提高音量、放慢语速,吸引法庭注意力;回应对方反驳时,保持冷静、自信的语调。

逻辑严谨有序:按照先提出观点、再列举事实依据、最后总结结论的顺序组织语言。如质疑某证人证言真实性时,先说"该证人证言不可信",接着详细列出证人前后矛盾的回答、与其他证据不符的地方,如"证人先说案发时看到犯罪嫌疑人穿着黑色外套,后又说是深蓝色,且这与现场监控显示的灰色外套截然不同",最后强调"综上,该证人证言不应被采信,不能作为定案依据",让陈述环环相扣,说服力增强。

(4)有效回应反驳

快速抓住要点:对方提出反驳意见时,迅速提炼关键内容,判断其核心质疑点,进行针对性回应。若对方辩解证人证言矛盾是记忆偏差,应进一步列举其他证据证明该矛盾并非偶然,而是证人故意虚假陈述,如"除了时间描述矛盾,证人在关键行为主体辨认上也前后不一,这绝非简单记忆问题"。

冷静机智辩驳:保持冷静,依据事实、法律和准备好的材料机智回应。若对方以物证保管温度略有波动质疑其真实性,可以解释"虽然温度有小波动,但根据专业研究,这在该类物证可承受范围内,且有后续鉴定结果证明物证未受实质影响",同时出示相关研究资料或专家意见佐证,化解危机,巩固己方证据优势。

善用诉讼规则:当遭遇对方频繁打断发言时,切不可乱了阵脚。应当秉持专业态度,礼貌且坚定地向法庭阐明诉讼规则、提出制止请求。这不仅能维护自身发言权利,确保质证按程序完整推进,更能充分阐述己方观点,助力法庭全面、准确地查明案件真相。

3.公诉方的质证技巧

下面以赵莲花过失致人死亡案为例,简要说明公诉方的质证技巧。

(1)强化证据链完整性

围绕关键环节取证:公诉人应着重收集能直接关联赵莲花行为与张大承死亡结果的证据。比如,获取现场多位目击证人详细且一致的证言,证实赵莲花言语刺激、端出农药以及张大承喝下农药的连贯过程;调取医院出具的精准死亡诊断证明,明确张大承的死因系农药中毒,且注明中毒程度、抢救过程等细节,以确实、充分的证据构建紧密的因果链条。

填补证据空白:针对案件可能存在的疑点,主动调查补充。若发现赵莲花家中农药来源不明,及时追查购买渠道,找到售卖农药的商家,取得购买记录、销售人员证言等证据,排除他人恶意投毒嫁祸可能,让证据链无懈可击。

(2)精准攻击辩方证据漏洞

审查证人资格与可信度:当辩护人出示有利于赵莲花的证人证言时,公诉人要深入核查证人身份背景。如证人是赵莲花亲属,需着重询问其是否全程在场、有无因亲情因素偏袒赵莲花,通过交叉询问揭示证人证言中的主观偏向或记忆不实之处。

质疑证据关联性:若辩护人提交关于赵莲花平日善良品性的证据,公诉人应强调此与本案过失致人死亡的犯罪构成关联性微弱。明确指出,个人品性不能成为出罪理由,本案的关键在于赵莲花的具体行为及造成的致命后果,引导法庭聚焦核心争议。

(3)生动阐释证据内涵

情景还原式陈述:公诉人在出示证据时,运用生动语言重现案发现场。描述赵莲花与张大承冲突升级过程,从言语交锋、众人起哄到张大承喝下农药后的惊恐与挣扎,配合现场照片、引用证人证言,让审判人员仿佛身临其境,深刻理解赵莲花行为的危险性与过失本质。

结合法律条文解读:每呈现一项关键证据,随即对照《刑法》中关于过失致人死亡罪的条文,详细阐释证据如何契合犯罪构成要件。如指出赵莲花作为成年人,明知农药致命,在众人起哄氛围下仍端出农药刺激张大承,其疏忽大意未预见严重后果,符合过失犯罪的主观过错,以法律权威性强化证据说服力。

4.辩护方的质证技巧

下面以赵莲花过失致人死亡案为例,简要说明辩护方的质证技巧。

(1)打破公诉人证据链条

挖掘证据矛盾点:仔细比对公诉人提交的各类证据,寻找不一致之处。若证人甲称赵莲花是开玩笑地端出农药,语气轻松,而证人乙却描述赵莲花表情严肃、带有逼迫意味,则辩护人在质证时应将这些矛盾点鲜明呈现,质疑公诉人证据的可靠性,动摇其证据根基。

审查证据合法性:针对公诉方的关键证据,如警方的现场勘查报告,要求公诉人提供完整勘查流程记录、勘查人员资质证明。若发现存在未依法通知赵莲花到场、勘查记录模糊或有涂改迹象等问题,依据非法证据排除规则,当庭申请排除该证据,削弱公诉方指控力度。

(2)构建合理怀疑空间

强调张大承自身过错:收集张大承平日在村里游手好闲、惹是生非、爱出风头的证据,包括以往村民纠纷处理记录、证人对其性格评价等。在质证中指出,张大承作为心智健全的成年人,明知农药危险却因好胜心作祟,在众人起哄下冲动行事,自身应承担较大责任,为赵莲花行为定性引入合理变数。

质疑因果关系的唯一性:提出其他可能导致张大承死亡的因素,并尝试提供佐证。如怀疑农药质量问题或张大承本身患有隐性疾病,影响其对农药的耐受性,虽最终可能无法完全推翻公诉方证据,但足以让法庭重新审慎考量案件因果关系,避免简单认定赵莲花的刑事责任。

(3)以情动人强化辩护效果

展现赵莲花的悔意与补救行动:出示赵莲花在张大承喝下农药后惊慌失措、立即参与抢救的照片、视频或证人证言,强调她在第一时间意识到错误,并非故意漠视生命。描绘赵莲花事后陷入深深自责,多次前往张大承家慰问家属的场景,引发审判人员共情,从人性角度为其减轻罪责。

结合农村文化背景陈情:向法庭阐述农村地区邻里间常见的口角、玩笑习俗,说明赵莲花进行言语刺激的本意是在乡村特有的"斗气"氛围下削弱张大承的锐气,并无杀人恶意。引用当地类似纠纷处理惯例,请求法庭考虑特殊文化情境,综合判断赵莲花行为性质,争取从轻处理。

(四)法庭辩论技能

法庭辩论,不仅是控辩双方主张正面碰撞的过程,更是推动法庭深入探究案件真相、权衡法律适用的关键环节,决定着法庭对案件的认知深度和判断方向。

1.法庭辩论的基本策略

法庭辩论绝非简单的口舌之争,而是一项融合了法律知识、逻辑思维、语言表达以及心理洞察的综合性技能。

(1)公诉方的辩论策略

证据主导指控,构建严密体系:公诉方的首要策略是凭借扎实的证据构建无懈可击的指控体系。在庭前准备阶段,对各类证据进行细致梳理和筛选,确保关键证据的完整性与关联性。如在涉及抢劫案时,将现场监控录像、被害人陈述、物证(如凶器、赃物)以及证人证言等有机整合,形成清晰的证据链条,从犯罪行为的起始、实施过程到最终结果,全方位展示犯罪事实。在庭审过程中,有条不紊地向法庭出示证据,详细说明每份证据的来源、证明内容以及与案件核心事实的紧密联系,让法官直观感受到证据的可靠性与说服力,强化对被告人有罪的认定。

精准适用法律,强化指控力度:公诉方需要对刑事法律条文有着精准的理解和运用能力。在法庭辩论中,紧扣案件事实,准确适用相应的法律条款。针对不同类型的犯罪,清晰阐述犯罪构成要件与被告人行为的契合点。如在贪污贿赂犯罪案件中,依据刑法对贪污罪、受贿罪的规定,从犯罪主体的身份属性、犯罪行为的具体表现(如利用职务之便、非法收受财物等)以及犯罪主观故意等方面,深入分析被告人的行为如何完全符合该罪名的构成,通过精准的法律适用,为指控提供坚实的法律依据,增强指控的权威性与专业性。

反驳辩方观点,巩固指控防线:公诉方要时刻保持敏锐的洞察力,对辩方提出的观点迅速作出反应并进行有力反驳。在辩方提出无罪或罪轻辩解时,深入分析其论点的逻辑漏洞、证据瑕疵以及法律适用错误。如辩方以被告人存在自首情节为由主张从轻处罚,但所提供的证据不足以证明自首的成立条件,则公诉方应立即指出证据的不足,并结合法律规定和司法解释,详细说明自首情节认定的严格标准,从而削弱辩方观点的可信度,巩固己方的指控防线,确保法庭对被告人的定罪量刑朝着正确的方向进行。

(2)辩护方的辩论策略

深挖案件疑点,寻找突破契机:辩护方要深入研究案件材料,挖掘其中存在的疑点和不合理之处。从案件事实的细节、证据的真实性与关联性等方面入手。如在盗窃案件中,若现场勘查报告中关于被盗物品数量、位置的描述与被害人陈述存在差异,或证据提取过程存在程序瑕疵,辩护方应抓住这些疑点,在法庭辩论中提出合理质疑,要求法庭对证据进行更严格的审查,以此为突破口,动摇公诉方构建的指控体系,为被告人争取有利的审判结果。

构建无罪或罪轻辩护体系,多维度论证:辩护方应根据案件实际情况,构建合理的无罪或罪轻辩护体系。若主张无罪辩护,则从犯罪构成要件不成立、证据不足、存在合法抗辩事由等方面进行全面论证。如在涉嫌故意伤害案件中,若有证据表明被告人的行为属于正当防卫,则辩护方要详细阐述正当防卫的构成要件,并结合案件事实,证明被告人的行为是在面临不法侵害时的合理反击,依法不应承担刑事责任。若进行罪轻辩护,则从被告人具有自首、立功、坦白、初犯、偶犯、犯罪情节轻微等从轻、减轻处罚情节入手,通过展示相关证据,如被告人主动投案的记录、协助公安机关侦破其他案件的材料等,多维度论证对被告人应从轻或减轻处罚的合理性。

灵活应对公诉指控,巧妙化解危机:面对公诉方的指控,辩护方要灵活运用辩论技巧进行应对。在公诉方出示证据和阐述观点时,仔细倾听,迅速捕捉其中的漏洞和可反驳之处。当公诉方提出对被告人不利的证据时,辩护方可以从证据的合法性、真实性、关联性等角度进行质疑,如指出证据来源不明、收集程序违法或者与案件事实并无直接关联等。同时,在反驳公诉方观点时,避免陷入单纯的对抗,而是以理性、客观的态度,运用法律知识和逻辑推理,有条理地阐述辩护观点,化解公诉方的指控,维护被告人的合法权益。

2. 公诉方的辩论技巧

(1) 构建严密逻辑体系

开篇立论,奠定基调:庭审伊始,公诉人需简洁明了地勾勒案件全貌,从犯罪行为发生的时间、地点、人物,到关键情节发展脉络,重点突出犯罪嫌疑人触犯刑法的行为实质。援引《刑法》相关条文,精准对应犯罪构成要件,明确指出犯罪嫌疑人所犯罪名及法律依据。如在赵莲花案中,公诉人应简洁明了地阐述案件核心事实,如赵莲花与张大承冲突的起因、发展过程,重点突出赵莲花明知农药致命却在冲动与斗气心理下,向张大承端出农药并参与起哄,最终导致张大承喝下农药死亡这一关键情节。随即依据《刑法》中过失致人死亡罪的构成要件,明确指出赵莲花作为心智成熟的成年人,因疏忽大意未预见行为的严重后果,其行为完全符合该罪的认定标准,为后续辩论奠定坚实基础。

层层递进,强化逻辑:随着辩论推进,公诉人应按照犯罪构成的主观故意、客观行为、危害后果、因果关系等依次展开深度剖析。如在赵莲花案中,在主观方面,通过分析赵莲花的生活阅历、农村常识背景,强调她必然知晓农药对人体的致命危害,却因一时意气用事,未对张大承可能喝下农药的后果加以审慎考虑,存在明显过失;在客观方面,详细列举现场证人证言、物证(如农药瓶、残留农药样本)等证据,清晰还原赵莲花端农药、众人起哄、张大承喝下农药的完整场景,呈现其实施的不当行为;在因果关系上,结合医院出具的死亡诊断证明、抢救记录,严密论证赵莲花的行为与张大承死亡结果之间存在直接、必然的联系,形成无懈可击的逻辑闭环。

(2) 精准打击辩方论点

预判策略,有备无患:庭审前,公诉人要充分设想辩护人可能抛出的各类论点,如犯罪嫌疑人不在场证明、证据合法性瑕疵、正当防卫或紧急避险抗辩等,并针对性地收集反驳证据、梳理法律依据。对每一个潜在反驳点,构建"证据+法律+逻辑"的立体防御架构,确保庭审中无论辩方如何"出招",都能迅速"见招拆招"。如在赵莲花案中,辩护人可能提出赵莲花无主观杀人故意、张大承自身存在重大过错、农村习俗因素等,并针对性地准备反驳论据。对每一个潜在反驳点,应梳理相关法律条文、司法解释、类似判例以及本案的关键证据,构建起坚固的防御体系。

庭审应变,直击要害:庭审过程中,当辩护人提出辩护主张时,公诉人需迅速捕捉其漏洞与薄弱环节,并提炼出关键信息,精准定位其漏洞与矛盾点。若辩护人主张犯罪嫌疑人系正当防卫,公诉人应立即对比正当防卫的法定构成要件,从防卫起因(是否存在不法侵害且紧迫性如何)、防卫时间(是否适时,有无事前或事后防卫)、防卫对象(是否针对不法侵害人本人)、防卫限度(有无明显超过必要限度造成重大损害)等方面,结合现场证据、证人证言,犀利反驳,以事实和法律彻底击碎辩方观点。如在赵莲花案中,辩护人强调赵莲花是在农村常见的斗气氛围下开玩笑,公诉人可立即引用现场证人对当时紧张、激烈氛围的描述,以及赵莲花在张大承表现出犹豫时未及时制止反而继续起哄的行为细节,反驳所谓"开玩笑"的说法,强调赵莲花的行为已超出正常玩笑界限,具有极大危险性,从事实与逻辑层面彻底瓦解辩方观点。

(3)情理交融彰显正义

以法为纲,权威支撑:公诉人在法庭辩论过程中要熟练引用法律规定,并对引用的刑法条文、司法解释进行深度解读,结合最高人民法院发布的指导性案例、本地法院既往类似判例的判决要点,阐明本案在法律适用上的一致性与必然性。每提出一个法律观点,随即举出具体证据加以印证,让法律依据落地生根,使法庭确信指控有充分法律根基。

适度共情,引发共鸣:在强调法律严肃性的同时,公诉人可适当提及犯罪行为给被害人及其家属带来的巨大创伤,描述被害人家庭破碎后的凄惨生活状况,如失去经济支柱后的生活困境、家人精神上的痛苦煎熬等,引发法庭及旁听人员的情感共鸣。但需注意,情感渲染务必适度,避免过度煽情,应始终以法律事实为核心,让情感服务于法律论证,强化有罪指控的正当性与社会认可度。

3. 辩护方的辩论技巧

(1)打破公诉方的有罪指控

开篇质疑,扭转乾坤:辩护人开场即应以坚定有力的姿态对公诉人的有罪指控大胆质疑,通过重新梳理案件细节,挖掘被公诉方忽视或曲解的事实,强调案件中的疑点、矛盾与合理怀疑空间。如在盗窃案中,指出案发现场证据采集混乱、证人证言前后矛盾,质疑犯罪嫌疑人被指认的唯一性。如在赵莲花案中,强调赵莲花与张大承冲突的偶发性、农村环境的特殊性以及赵莲花行为的初始动机,指出赵莲花作为农村妇女,在农村常见的口角场景下,基于对张大承无赖行径的气愤,拿出农药更多是为了吓唬、羞辱他,而非蓄意谋害,可能以此打破法庭对公诉方观点的初步认同。法官可从全面的视角更为客观地审视案件。

多角度剖析,动摇根基:从主观意图、行为性质、因果关系等角度入手,对公诉方指控进行深入剖析,说明对被指控行为可能存在的误解或误判,如将正常的商业往来误解为合同诈骗,逐步瓦解公诉方构建的有罪指控体系。如在赵莲花案中,在主观意图上,结合赵莲花的一贯为人、村里邻里对她的评价,以及她在张大承喝下农药后的惊愕反应,论证她内心深处没有杀害张大承的故意;在行为性质方面,对比农村类似纠纷处理方式,说明赵莲花的言语刺激、端农药行为虽有不当,但在当地习俗语境下,属于常见的斗气行为,与犯罪行为有本质区别;在因果关系上,列举张大承自身好胜心强、爱出风头的性格证据,以及当时众人起哄的不良影响,指出张大承的死亡是多因素共同作用的结果,而非赵莲花单一行为直接导致的,为后续强化无罪证据矩阵奠定基础。

(2) 强化无罪证据矩阵

精心编排,突出重围:辩护人将收集到的无罪证据进行精心组织,首先,展示关于犯罪嫌疑人良好品格的证据,如社区志愿服务记录、邻里对其善良正直的评价、过往工作中的嘉奖等,塑造其正面形象,从侧面反映其不可能有犯罪的恶劣品性。其次,详细呈现案件中的疑点证据,如现场勘查的模糊之处、证人证言的不确定性、鉴定意见的争议点,引发法庭对案件事实认定的重新思考。最后,出示犯罪嫌疑人积极配合调查、主动弥补损失的证据,如自首材料、赔偿协议等,彰显其悔罪态度与补救诚意,强化无罪主张。如在赵莲花案中,从赵莲花平日的善行义举出发,塑造其善良、正直形象;从张大承一贯的不良行径出发,强调其在冲突中的挑衅行为;从赵莲花事后积极救助并获谅解的事实出发,论证赵莲花事后的积极补救努力,强化无罪主张。

细节取胜,增强信服:辩护人要注重案件事实、在案证据的细节刻画,使证据更具说服力,为辩护主张增添砝码。如描述犯罪嫌疑人自首时的忐忑神情、诚恳供述细节,让法庭真切感受到其认罪悔罪的真心;对于证人证言,引导证人细致讲述所知晓的事实细节,如看到的可疑第三人、现场不寻常的声响等,使证据更具说服力,为无罪辩护筑牢根基。如在赵莲花案中,描述赵莲花救助张大承时的焦急神态、在医院走廊来回踱步的场景,呈现赵莲花的悔意与补救诚意。

(3) 情理交融争取转机

以情动人,引发共鸣:在遵守法律和道德规范基础之上,辩护人可结合案件的事实、证据和法理,在合理范围内以情动人,例如,讲述被告人不为人知的故事,如成长艰辛、家庭困境、误入歧途后的悔恨等,描绘其作为一个普通人犯错后的挣扎与救赎等。

以理服人,回归法律:辩护人应重视法律和事实层面,依据刑法中的罪刑法定、无罪推定、疑罪从无等基本原则,结合案件事实细节,逐一论证被告人的行为不符合所指控罪名的认定标准。强调刑法的谦抑性原则,即对于存疑案件,应优先考虑非刑罚化处理方式,恳请法庭秉持公正、审慎态度,作出公正的裁判,实现法律效果与社会效果的统一。

四、结语

法槌敲下,"实战"式模拟审判暂时落下帷幕,但我们希望其对法科生职业生涯的影响永不落幕。通过规范严谨的庭审礼仪、完整有序的庭审流程、出色精湛的庭审技能,以专业和敬业,塑造法律职业的形象,用信仰和操守,守护法律职业的精神。实战式模拟审判不仅是对法律知识与技能的试炼,更是对法治精神的传承。希望同学们带着这份宝贵的经历和回忆,以从容之姿、专业之能,大步迈向法律职业舞台,为推动法治事业的发展贡献自己的智慧与力量。

第七章　实战式模拟法庭之证据制度

> 在法学知识体系中,证据法宛如一座大厦的基石,撑起了司法公正与真相探寻的巍峨高楼。尤其是在"实战"式模拟法庭这一高度还原真实法律场景的舞台上,证据制度更是核心关键所在。当模拟法庭的帷幕拉开,控辩双方激烈交锋,每一个诉求的支撑、每一项罪名的指控或是辩护,都离不开证据法知识的强力背书。

"实战"式模拟法庭教学模式,强调从立案到侦查的刑事案件办理全流程的模拟,同时也要贯彻"审判中心主义",将模拟审判作为最关键、最激烈的"实战"环节。纵观"实战"式模拟法庭全程,证据、证据法等内容都是贯穿始终的知识需求,在审前的卷宗制备任务中,是合法地收集、取得、固定证据的关键;在庭前准备任务中,需要控辩双方在充分运用证据分析、判断案件事实的基础上,形成庭审攻防预案;在模拟审判任务中,证据的举证、质证、审查判断尤其重要。

由于一些法学院系将证据法课程设为选修课,有些法学院系甚至不开设证据法相关课程,因此,法律(非法学)硕士研究生普遍缺乏证据法知识储备,严重制约了"实战"式模拟法庭教学模式的实施与推进。基于此,本章围绕"实战"式模拟法庭教学的实际需求,结合证据法理论与证据立法的新近动向,简要梳理刑事案例模拟审判所需的证据法相关知识,以供参考。

一、证据的特征

证据裁判原则是现代诉讼的基本原则。我国现行《刑事诉讼法》第50条对"证据"的规定是"可以用于证明案件事实的材料,都是证据"。易言之,一切能够证明案件事实的材料都是证据。证据是证据载体和证据信息的有机统一,载有证据信息(案件事实)的各种形式的"材料"即证据载体,这些材料记载或证明的案件事实(或片段)即证据信息。对于证据的基本特征,通说认为证据具有三个特征,亦称为证据的"三性",即客观性、关联性、合法性。

(一)客观性

证据的客观性,是证据的本质属性,是指证据应当具有客观存在的属性。证据必须是伴随案件的发生、发展的过程而遗留下来的,不以人们的主观意志为转移而存在的事实。证据在形式上的客观存在不代表证据蕴含的信息一定真实。不具有任何外在形式,或者不存在于三维空间中的"材料",都没有客观性,也就无从成为证据。

事实上,在证据审查判断环节,相对于审查证据的客观性,对证据真实性的审查更加易于操作。从"证据载体"角度而言,证据的表现形式必须真实存在,不可伪造或变造,如要求电子数据载体在诉讼过程中保持原始性、同一性、完整性。无法排除被伪造、变造的可能性的,不能作为证据。证据载体的真实性具体可以分为外部载体的真实性和内部载体的真实性。从"证据信息"角度来说,证据所记录或反映的案件事实(或片段)必须是可靠和可信的,而不是虚假的,证据所要证明的事实信息只要是不可靠或不可信的,该证据就应被视为"不真实"。

(二)关联性

证据的关联性,又称相关性,是指证据必须与需要证明的案件事实或争议事实具有一定的联系,且对证明案情具有实际意义。关联性被认为是英美证据法中最本质的证据属性,相对于证据的其他特征,关联性也是证据"争议最小的属性"[1]。证据的关联性要求证据与案件事实之间存在内在联系,和案件没有联系的事实,不能反映案件的事实,不能证明案件的事实,不能作为证据。证据的内在关联体现在证据与待证事实之间同时存在法律关联和逻辑关联。一般而言,具有关联性的证据就具有可采性,在具体的司法活动中,可以把证据的关联性标准分解为三个方面:该证据能够证明什么案件事实,证明该案件事实对解决案件中的争议问题有没有实质性意义,法律对这种关联性有没有具体的要求。

在特定情况下,可能存在着特定证据对于特定待证事实既无法肯定,又无法否定的情形,如果该证据在逻辑上是否具有证明性还存在可以讨论的空间,则应当暂且认可该证据的关联性,由控辩双方继续举证,待进入认证程序后,法庭再深入考察该证据的关联性,以减少误判风险。

---

[1] 卞建林主编:《共和国六十年法学论争实录·诉讼法卷》,厦门大学出版社 2009 年版,第 355 页。

(三)合法性

证据的合法性,又称证据的法律性、证据的许可性,是指证据的来源、形式、收集和认定等应符合法律的规定,只有这样,证据才能在诉讼中适用。合法性主要是对证据主体、证据程序等提出的具体要求,如取证主体具有合法性、取证手段具有合法性、证据表现形式具有合法性、证据调查程序具有合法性。

我国《刑事诉讼法》第50条第3款规定,"证据必须经过查证属实,才能作为定案的根据",对于刑事司法而言,证据的审查判断,就是判断是否将"证据"转化为"定案的根据"的过程,这种转化会涉及两个通用的证据法概念,即证据能力和证明力。证据能力也称证据资格,是对证据的法律要求,解决的是证据的法律资格(合法性)问题;证明力也称证明价值,是对证据的事实要求,即围绕真实性与关联性解决证明程度的强弱问题。

在引入证据能力、证明力两个概念的基础上,证据"三性"将呈现如下特征:(1)只有与待证事实具有相关性的"材料"才能成为证据材料。(2)证据材料只有具有证据能力,才能具有在诉讼中被使用的资格,审查证据能力主要是审查证据的合法性,但并非所有的不合法证据都会被排除。因不合法被排除的证据材料不具有证据能力,不再考虑其证明力。(3)在具备证据能力的基础上,只有具有真实性,即可靠性得到保障的证据才具备证明力,才能最终作为定案的根据。(4)在具备证据能力和证明力的基础上,对证据相关性的强弱进行审查,进一步决定证明力的大小,相关性的强弱与证据能否作为定案的根据没有直接关系。

二、证据的种类

证据的种类,是指根据证据的外在表现形式不同,对证据在法律上所做的划分,具有相同表现形式的证据,就是同种证据。立法通过明确规定证据的外在表现形式,确定了证据的种类,同时也明确了各种证据的法定外在表现形式,作为判断证据合法性的依据。我国《刑事诉讼法》第50条将证据分为八种,即物证,书证,证人证言,被害人陈述,犯罪嫌疑人、被告人供述和辩解,鉴定意见,勘验、检查、辨认、侦查实验等笔录,视听资料、电子数据。2012年以来的历次《刑事诉讼法》修改中,一直维持着八种证据种类的设定,在2012年的修改中,将"鉴定结论"修改为"鉴定意见",将"勘验、检查笔录"修改为"勘验、检查、辨认、侦查实验等笔录",将"视听资料"修改为"视听资料、电子数据"。

(一)物证

物证,是指以其物质属性、外部特征、存在状况与内在属性等证明案件事实的物品和痕迹,如作案工具、作案对象、现场遗留的指纹等。

在刑事案件中,物证可以分为实物物证、文书物证、生化物证、痕迹物证等几类。常见的物证如:犯罪使用的工具,如凶器、毒药、棍棒等;犯罪行为侵犯的客体物,如尸体、伤痕、财物等;犯罪行为遗留的物质痕迹,如指纹、血迹、体液、毛发、衣物、票证等;犯罪行为所产生的物品,如枪支弹药、伪劣药品、有毒有害食品、假币等。

在刑事诉讼活动中,物证是侦破犯罪的重要线索,鉴别其他证据真实与否的重要依据,推动被追诉人认罪的重要手段。言词证据受陈述者主观因素的影响较大,容易发生变化或被曲解。因此,司法实践中常用物证检验言词证据的真伪。出于趋利避害、掩盖罪行的心理,犯罪嫌疑人往往百般抵赖、拒不供述,讯问人员拿出确凿的物证、人证往往能够推动其坦白交代、认罪认罚。

物证的特点包括:第一,物证必须以物为载体,外在形式上可以表现为物品或痕迹,与言词证据相对,物证属于实物证据,没有物的存在,就不会有物证。第二,物品或痕迹中必须蕴含与案件事实相关的可识别信息,以其特征、属性或存在状况对案件事实发挥证明作用,这种证明作用是间接的,也被称为"哑巴证人",受技术限制,客观上遗留于现场的物品、痕迹,存在难以被发现和提取,甚至根本不会被发现的可能。第三,与言词证据相比,物证具有更强的客观性,物证不以人的意志为转移,不会因主观影响而发生变化,但也容易受到自然因素、人的行为的影响,存在被伪造、被破坏,甚至被毁灭的可能。

(二) 书证

书证,是指以其记载的文字、内容和反映的思想等信息证明案件事实的书面材料或其他物质材料,在外在形式上表现为文字、代码或者其他能够表达思想的有形物品,如使用代码、密码、图形做成的文书。

在刑事案件中,书证的表现形式多样,常见的书证有:反映民事、经济关系的书证,如账册、发票、收据、记账凭证等;记录犯罪动机或犯罪过程的书证,如日记、书信等;记载重要信息的书证,如机密文件、情报信件等;证明主体身份的书证,如身份证、工作证、营业执照、任职免职文件等;用作犯罪工具的书证,如合同、票据等。

书证的特点包括:第一,书证的外在表现形式多样,书证必须以一定的物质材料为载体,但其载体既可以是常见的文字、图画,也可以是符号甚至代码,只要其记载的信息、表达的思想可被识别和理解,可用于证明案件事实,就是书证。第二,书证记载的信息、表达的思想必须与待证案件事实有关联,能够直接证明案件事实,只要能够证明案件事实的全部或部分,即可为书证。第三,书证形成于诉讼之外,一般形成于案发前或者案件实施过程中,随着案件的侦办过程被发现,其有别于在办案过程中形成的各种证据笔录。因此,形成于另案诉讼过程的各类笔录,在本案中可作为书证。

(三)证人证言

证人证言,是指案件当事人以外的第三人(证人)就其了解的案件事实向公安、司法机关所做的陈述。证人证言在外在形式上既可以是书面的,也可以是口头的,还可以是其他表达形式(如手语)。证人证言的内容,可以是对于查清案件事实有价值的一切信息,既可以是证人对其直接感知的案件事实的陈述,也可以是证人对他人陈述的案件事实的转述[1]。证人证言是对案件(部分)事实的生动再现,在刑事诉讼活动中发挥着重要作用,既可以用于查明案件事实,也可以用于发现案件侦办的线索,还可以用于印证其他证据。

证人证言的特点包括:第一,证人证言必须是案外人对案件事实的陈述,即证人证言在形式上表现为言词证据,证人在主体上限于当事人之外,案件当事人对案件事实的陈述属于其他言词证据(被害人陈述、犯罪嫌疑人供述等),侦查人员也可作为证人就其目击的案件事实作证。第二,证人证言是证人就其对案件的感知进行的陈述,证人只能就其对案件事实的感知进行直观陈述,不能对案件事实发表主观评价,也不能发表猜测性、推断性证言,更不能就案件的事实认定、法律适用发表意见性判断。第三,证人证言容易受到主客观因素的影响。不同证人的感知、记忆、表达能力不同,再加上证人往往是偶然感知案件事实的实际情况的,因此证人证言与实际事实不符是极为常见的,如果再出现证人受到胁迫、引诱等因素,证人证言也可能出现虚假甚至完全失真的情况,基于各种心理状态,证人也可能拒绝作证。

在国外,证人一般被分为两类,即普通证人和专家证人,普通证人只能就其感知的案件事实进行陈述,后者则依托专业知识和技能对案件专门性问题发表意见。我国《刑事诉讼法》第62条规定了作为普通证人的三个条件:第一,知道案件情况,证人知悉案件情况的时间,应该是案发时至诉讼活动启动前,在诉讼过程中知悉案件情况的不能为证人。第二,具有作证能力,即具有辨别是非、正确表达的能力,生理上、精神上有缺陷或者年幼的人,在其认知范围内,可以为证人。第三,证人只能是自然人,单位不具有证人资格。

为了弥补控辩双方对鉴定意见质证能力的不足,我国《刑事诉讼法》确立了"有专门知识的人"出庭发表意见的制度,最高人民法院《关于适用〈中华人民共和国刑事诉讼法〉的解释》(以下简称《刑事诉讼法解释》)也规定了较为详细的操作制度。

---

[1] 当然,对于证人的转述,要受传闻证据规则的约束,并不必然能够作为证据。

对于"有专门知识的人"的定位,立法上的设定比较模糊,理论界、实务界均存争议,"有专门知识的人"出庭发表意见的实践也暴露出一系列严重问题,存在"一身兼三任"的角色冲突,即兼具貌似当事人律师、普通证人、类似鉴定人的三重角色,裁判文书往往交替使用"专家辅助人""有专门知识的人""专家证人"等称谓。学界通说认为"有专门知识的人"不是英美法系中的"专家证人",其类似于民事诉讼中的"专家辅助人",未来的发展方向是回归"专家证人"本色[1]。

（四）被害人陈述

被害人陈述,是指刑事案件中直接受到犯罪侵害的人,就其遭受犯罪行为侵害的情况及案件其他情况向公安、司法机关所作的陈述。与民事案件中权利受到侵害的主体被称为"受害人"不同,刑事案件中直接受到犯罪行为侵害的人被称为"被害人",被害人具有典型的人身不可替代性特征。被害人陈述的内容主要是对犯罪行为人、犯罪情况、本人受侵害情况的描述。在刑事诉讼中,可以提供案件侦办线索,也可以协助确认犯罪嫌疑人身份,还可以印证其他证据、排除伪证。

域外很多国家将被害人视为证人,将被害人陈述视为证人证言。在我国,被害人是具有独立诉讼地位的当事人,被害人陈述是独立的证据类型,也是我国特有的证据类型,属于典型的言词证据。被害人陈述与证人证言具有诸多的相似性,二者同属人证范畴,存在诸多共同的制度安排,刑事诉讼法和相关司法解释在涉及被害人陈述时,往往规定准用证人证言的相关规范;二者在技术层面也确实存在明显制度差异,被害人陈述在证明方向上具有控诉性、单向性特征,从而显著区别于证人证言[2]。

被害人陈述的特点包括:第一,被害人陈述具有人身不可替代性。只有遭受犯罪直接侵害的人才是被害人,也只有被害人本人所作的陈述才是被害人陈述,在被害人死亡的情况下,其他主体不能代为陈述。在被害人死亡的情况下,被害人近亲属、监护人、抚养人所作陈述,被学界称为"被害人影响陈述",是被害方参与量刑的重要方式,是重要的量刑证据[3]。第二,被害人陈述具有直接证明性。因被害人直接遭受犯罪行为的侵害,其对于犯罪行为的描述往往比较生动、形象,在一些案件中还可能与犯罪嫌疑人有过直接、正面的接触,其陈述会更直接、更具体。第三,被害人陈述可能存在虚假成分。作为犯罪直接侵害的承受者,被害人可能基于严惩犯罪

---

[1] 张保生、董帅:《中国刑事专家辅助人向专家证人的角色转变》,载《法学研究》2020年第3期。

[2] 欧卫安:《被害人陈述与证人证言区别论》,载《河北法学》2009年第1期。

[3] 张吉喜:《论被害人影响陈述制度》,载《法商研究》2015年第3期。

嫌疑人的动机,或者因为情绪紧张等,存在夸大犯罪事实、隐去某些事实等情况。

(五)犯罪嫌疑人、被告人供述和辩解

犯罪嫌疑人、被告人供述和辩解,是指在刑事诉讼过程中,犯罪嫌疑人、被告人就其与案件有关的事实向公安、司法机关所作的陈述和辩解,通常被称为"口供",其内容包括承认有罪的供述、否认有罪或罪重的辩解、提出减免处罚、检举揭发其他共同犯罪人的内容等。

追究犯罪嫌疑人、被告人的刑事责任,是刑事诉讼的中心任务,犯罪嫌疑人、被告人是犯罪的直接实施者,对犯罪的情况最为了解,口供往往包含全部或主要的犯罪事实,故有"口供是证据之王"的说法。获取犯罪嫌疑人、被告人的供述,对于迅速侦破案件、发现相关犯罪线索、查明案件其他事实、印证全案证据等均具有重要作用,也是犯罪嫌疑人、被告人积极认罪、悔罪的重要证据,对于适用认罪认罚从宽制度、提升改造质量也有重要意义。

犯罪嫌疑人、被告人供述和辩解,在形式上一般表现为与办案人员的一问一答式笔录,有别于作为证人证言、被害人陈述取证手段的"询问","询问"属于任意性取证行为,以相对人的配合为前提;犯罪嫌疑人、被告人供述的取证被称为"讯问",是具有一定强制性的取证行为,根据我国《刑事诉讼法》的规定,被讯问人有接受讯问并"如实回答"的义务,显著体现了侦查权的强制性。讯问所作笔录要交由供述人核对或向其宣读,确认无误后需要(讯问人、供述人)双方共同签名或盖章;在某些情况下也可以由犯罪嫌疑人、被告人自书供词。

讯问犯罪嫌疑人、被告人并获取口供环节,也是容易发生刑讯逼供,进而诱发冤假错案的场域。"不得强迫自证其罪"也因此成为世界各国普遍认同的一项刑事司法原则,即不得采取任何强迫手段迫使任何人认罪或提供自己有罪的证据。与讯问取证相关的制度设计主要包括:赋予被讯问人沉默权,不得采用强迫性逼供手段,赋予讯问时的律师在场权,通过非法证据排除程序排除强迫取证所获供述等。我国《刑事诉讼法》第52条规定了"不得强迫任何人证实自己有罪",建立了非法证据排除规则,淡化了侦查讯问的强制性,也确立了不轻信口供、仅有口供的案件需其他证据补强等原则。

犯罪嫌疑人、被告人供述和辩解的特点包括:第一,能够直接证明案件事实。犯罪嫌疑人、被告人是犯罪行为的实行者,对于犯罪行为的前因后果最为清楚,犯罪嫌疑人、被告人的如实供述,可以直接证明案件事实。第二,供述具有反复性和不稳定性。刑事诉讼以追究犯罪嫌疑人、被告人的刑事责任为中心任务,作为被追诉者,刑事诉讼的进程可能关涉其身家性命,处分其财产、剥夺其自由甚至生命都有可能,面对如此重大的切身利害关系，犯罪嫌疑人、被告人难免会出现拒不供述、供述后翻供等行为，随着追诉进程的推进，刑事责任越来越迫近，出现供述反复、时供时翻的情况也属自然。第三，供述内容真实与虚假并存。不同的犯罪嫌疑人、被告人，面对侦查讯问时，在不同的心理状态下会有不同的选择，有的选择如实供述，有的选择沉默到底，即便是认罪供述的，也有可能避重就轻，隐瞒案件关键情节。

（六）鉴定意见

鉴定意见，是指鉴定人员根据公安、司法机关的指派或聘请，运用自己的专门知识或技能，对鉴定对象（案件涉及的专门性问题）进行鉴定（检测、分析和鉴别）后出具的书面意见。在我国，刑事诉讼法和司法解释长期使用"鉴定结论"这一称谓，2012年《刑事诉讼法》修改时调整为"鉴定意见"，消除了"结论"一词的不可争议性，回归到鉴定意见"仅供参考"的本质。

随着专业分工越来越细，刑事司法活动中需要鉴定的专门性问题越来越多，最常见的鉴定如法医类鉴定、物证类鉴定、声像资料鉴定等。鉴定意见可以协助法官突破专业壁垒，弥补其对专门问题认识能力的不足，也是审查、判断其他证据的重要手段。

鉴定意见属于言词证据，鉴定人在一些国家属于专家证人，鉴定意见则为专家证言。在我国，鉴定意见与证人证言是两种独立的证据种类，具有明显的区别：第一，对鉴定人有专门知识和技能的资质要求，对证人无此类要求；第二，证人具有人身的不可替代性，而鉴定人可替代，在同时具备鉴定人和证人资格时，证人资格优先；第三，鉴定人属于回避的适用对象，证人不存在回避的问题；第四，鉴定人以其专业知识和技能发表意见，不受意见证据规则的约束，证人只能对其感知的案件事实进行直观陈述，不能发表意见，受意见证据规则的约束；第五，不出庭作证的后果不同，虽然立法对鉴定人、证人均有出庭作证的要求，现行立法承认书面证言经当庭查证属实可作为定案根据，但鉴定人不出庭的后果更为严重，根据《刑事诉讼法解释》的规定，鉴定人拒不出庭作证的，鉴定意见不得作为定案的根据。

鉴定意见的特点包括：第一，鉴定意见是对事实问题的专家性判断，鉴定对象是案件事实方面的专门性问题，如指纹的同一性、人体损伤程度的鉴定，都是对案件中特定事实问题的专业判断，鉴定意见只能就事实问题发表意见，不能对案件所涉法律适用问题发表意见。第二，鉴定意见虽然追求科学性、客观性，但终究是一种专业判断，受人类认识能力、知识发展水平的影响，鉴定意见是鉴定人运用其专业知识和技能，凭借科学设备和仪器，对案件专门性问题从科学技术角度作出的判断，必然带有一定的主观性。第三，对鉴定意见有特殊要求，《刑事诉讼法》和相关司法解释对鉴定人、鉴定机构、鉴定资质等有专门的管理制度,对鉴定意见的形式要件有明确要求,如必须出具书面形式的鉴定意见书,必须有鉴定机构盖章并由鉴定人签名,鉴定人还有出庭作证、接受询问的义务。

(七)勘验、检查、辨认、侦查实验等笔录

勘验、检查、辨认、侦查实验等笔录,是指侦查人员依职权对与案件有关的场所、物品、尸体和人身进行勘验、检查、辨认或者进行侦查实验的过程中所作的书面记录,在形式上既包括文字记录,也包括绘图、录音、录像、制作模型等记录方式。勘验笔录、检查笔录、辨认笔录、侦查实验笔录,是我国刑事诉讼特有的证据种类,辨认笔录和侦查实验笔录在2012年《刑事诉讼法》修改时才升格为独立的证据类型。

根据侦查行为的不同,将笔录分为勘验笔录、检查笔录、辨认笔录、侦查实验笔录。从某种程度上来说,勘验、检查、辨认、侦查实验等笔录,可以被视为物证、书证等证据的基础性证据[1]。易言之,即对于物证、书证等证据,法庭在审查认证时需要查明其来源合法、收集程序合法,而勘验、检查、辨认、侦查实验等笔录载明的物证、书证的扣押、收集过程,足以证明其来源合法、收集程序合法。

在刑事司法实践中,勘验、检查、辨认、侦查实验等笔录对案件事实的认定具有重要意义,是发现调查线索、确定侦查方向和范围、还原案件事实经过、查明案件事实的重要依据;是固定和保全证据的重要手段,是判断侦查活动是否符合法定程序的有效途径;也是审查、核实其他证据的重要手段,可以核实、比对其他证据的真伪和可靠性。

勘验、检查、辨认、侦查实验等笔录的特点包括:第一,具有综合证明性。勘验、检查、辨认、侦查实验等笔录,往往能够综合反映案件事实多方面的内容,可能包含多重证据信息,能够反映多个证据之间的关联,与其他证据形成印证关系。正是基于此,勘验、检查、辨认、侦查实验等笔录本身不能直接证明案件的主要事实,只能与其他证据相结合,才能起到证明作用。第二,具有较强的客观性。勘验、检查笔录是对勘验、检查过程的客观记录,辨认笔录是对辨认经过和结果的客观记载,侦查实验笔录是对模拟实验情况的如实记载,这些笔录以书面形式如实反映侦查行为的实施过程,并不涉及对案件事实的分析、判断,不记录办案人员的主观评价,不存在记录人员的主观分析。

(八)视听资料、电子数据

与传统类型的证据相比,视听资料、电子数据属于新型证据,2012年《刑事诉讼

---

[1] 刘静坤编著:《刑事诉讼法注释书》,中国民主法制出版社2022年版,第188页。

法》修改时将电子数据作为新的证据类型，与视听资料并列规定。视听资料，是指以录音机、录像机、电子计算机或者其他高科技设备所存储的信息证明案件事实的资料，常见的视听资料如录音带、录影、监控视频等。电子数据，是指以电子计算机或者电子磁盘作为载体，以储存的电子信息资料来证明案件真实情况的各种信息，常见的电子数据如电子邮件、网上聊天记录、电子签名等。在刑事诉讼中，视听资料、电子数据对于公安、司法机关准确查明案情，查获犯罪人具有重要作用，也是证明案件事实、印证其他证据的重要手段。

随着视听技术的不断迭代升级，视听设备的智能化水平不断提升，视听技术、视听设备与人们的生活越来越紧密。随着网络技术的发展，数字化已成为当今的时代特征，各种电子设备和网络产生着大量电子数据。越来越多的视听资料、电子数据作为证据被广泛运用，考察视听资料、电子数据的特点，其证明作用并非源自其物理属性、外部特征、存在状态，其以声调、图像、储存资料、信息来证明案件事实，无法被完全归属为物证或者书证。

视听资料、电子数据的特点包括：第一，具有高度的物质依赖性。视听资料、电子数据依托于科技载体，视听资料所记录的声音、形象等信息，必须运用现代化的科技手段固定或者存储于有形物质中，电子数据的产生、储存、传输、查看等，必须借助计算机技术、存储技术、网络技术。第二，具有高度形象性、直观性、生动性。只要收集的对象本身没有错误，视听资料、电子数据的生成设备没有故障，操作方法得当，视听资料、电子数据就能够相当准确地反映与案件有关的事实，失真的可能性较小。第三，具有便利高效性。视听资料、电子数据所涵盖的信息量丰富，稳定性较强，可以反复使用，可以显著提高证据利用效率。第四，存在高度技术依赖。视听资料、电子数据的形成、运用和审查判断往往都需要依赖科学技术，科技发展是其司法运用的重要基础。如果存在技术障碍，视听资料、电子数据就存在被伪造的可能，而且一旦被伪造，对其进行分辨、甄别的难度也较大。

三、常用证据规则

证据规则是规范证据收集和固定、举证和质证、审查判断和采纳运用证据的准则，现代刑事诉讼中的证据规则，大多源于英美法系的当事人主义诉讼模式，主要包括关联性规则（相关性规则）、非法证据排除规则（合法性法则）、原始证据优先规则（最佳证据规则）、补强证据规则、品格证据规则、传闻证据规则（传闻法则）、意见证据规则、自白任意性规则（自白法则）等。长期以来，我国刑事司法实务界并不重视证据规则。近年来，随着学术界的不断呼吁和推动，刑事司法实务界越来越重视证据规则,最高人民法院、最高人民检察院通过一系列司法解释确立并不断完善了非法证据排除规则。本部分参酌域外证据规则,择要介绍我国刑事诉讼证据规则。

(一)关联性规则

1.关联性规则的基本内涵

关联性规则,又称相关性规则,是英美法系的一项基础性证据规则,在英美证据法中,关联性规则被视为规范证据资格的"黄金规则",从消极角度来说即"除非具有关联性,否则证据不可采纳",从积极角度而言即"一切有关联性的证据都可采,除非按照可采性规则被排除"。[1] 与待证事实不具有特定关联的证据,不被允许提交于法庭,不能作为认定案件事实的依据。

关联性规则,作为证据可采性的基础,其目的在于防止没有关联性(与案件事实没有联系)的证据进入司法采信程序,避免造成庭审的延宕。没有关联性的证据资料,没有进入司法采信程序的证据资格,必然不具有可采性。具有关联性的证据一般都具有可采性,但也存在例外。

2.关联性规则的例外

关联性规则在证据法中具有基础性地位,关联性规则的适用范围极为广泛,适用于任何形式的证据资料。具有关联性的证据,并不必然具有可采性,纵观域外证据法规定,普遍存在着"法律另有规定"的例外。如美国《联邦证据规则》就规定了12种虽有关联性但不具有可采性的情形,[2] 结合模拟审判需要,择要介绍如下。

第一,品格证据。一般规则是,证明个人品格或者品格特征的证据,在证明该人在特定环境中实施特定(与前述品格一致)行为时不具有可采性。例外情形是,如果被告人首先提出了关于本人、被害人的品格证据,则控诉方提出的反驳被告人的品格证据具有可采性。

第二,类似行为证据。一般规则是,被告人曾实施的某一相似行为,在证明该人实施本案行为时不具有可采性。也就是说,不能因犯罪嫌疑人、被告人曾实施过类似的犯罪行为而认定其为此次犯罪的实施者,"一次为盗,终生为贼"不成立。例外情形是,类似行为证据,可以用于证明动机、机会、意图、预备、计划、知识、身份或缺乏过失或意外事件等其他目的。当然,有些国家在司法实践中存在放宽类似行为可采性限制的情形,如英国司法实践中对于"非常类似"的行为,通常持有可采性的立

---

[1] 卞建林、谭世贵主编:《证据法学》(第3版),中国政法大学出版社2014年版,第95页。
[2] 廖永安、李蓉主编:《证据法学》,厦门大学出版社2012年版,第145页。

场[1];美国允许使用特定行为的证据来证明行为,只要被告人被控分别实施了性侵犯或性骚扰,则其他性侵犯和儿童性侵害行为均因相关目的而作为证据被采纳[2]。

3.我国的相关规定

对于关联性证据规则,我国现行《刑事诉讼法》尚无明确规定,但关联性规则始终是诉讼法学理论十分重视和一直强调的原则之一,学界通说将关联性作为证据"三性"之一,与客观性(真实性)、合法性并列。我国诉讼理论界对于关联性的理解已经逐渐走向全面,理论界对于"只有对案件事实有证明作用的证据材料才能用作证据"早已达成一致认识[3]。

关联性证据规则在我国理论上还存在不同认识,立法上也尚无明确规定,但其在我国刑事诉讼相关司法解释中多有体现,司法实践中也在普遍运行着关联性证据规则。如根据《刑事诉讼法解释》第247条[4]的规定,只有控辩双方提交的证据具有关联性时,才允许该证据进入证据调查程序,对无关或重复的证据,法庭可以拒绝;根据《刑事诉讼法解释》第262条[5]的规定,对不具有关联性(与本案无关)的证据,法官有权依申请或依职权阻止其进入证据调查程序。《人民法院办理刑事案件第一审普通程序法庭调查规程(试行)》第45、46条[6]明确规定了关联性的认证规则。

(二)非法证据排除规则

1.非法证据排除规则的源起

非法证据排除规则,最早源于美国,指刑事诉讼中违反法定程序、以非法手段取得的证据,原则上不具有证据能力,不得被采纳为认定被告人有罪的证据,只有基于

---

[1] 周登谅编著:《中国刑事诉讼:理论与实践》,华东理工大学出版社2015年版,第77页。
[2] 施鹏鹏主编:《现代刑事诉讼模式对话与冲突》,中国政法大学出版社2021年版,第555页。
[3] 卞建林、谭世贵主编:《证据法学》(第3版),中国政法大学出版社2014年版,第131页。
[4] 控辩双方申请人出庭作证,出示证据,应当说明证据的名称、来源和拟证明的事实。法庭认为有必要的,应当准许;对方提出异议,认为有关证据与案件无关或者明显重复、不必要,法庭经审查异议成立的,可以不予准许。
[5] 控辩双方的讯问、发问方式不当或者内容与本案无关的,对方可以提出异议,申请审判长制止,审判长应当查明情况予以支持或者驳回;对方未提出异议的,审判长也可以根据情况予以制止。
[6] 第45条规定,经过控辩双方质证的证据,法庭应当结合控辩双方质证意见,从证据与待证事实的关联程度、证据之间的印证联系、证据自身的真实性程度等方面,综合判断证据能否作为定案的根据。证据与待证事实没有关联,或者证据自身存在无法解释的疑问,或者证据与待证事实以及其他证据存在无法排除的矛盾的,不得作为定案的根据。第46条规定,通过勘验、检查、搜查等方式收集的物证、书证等证据,未通过辨认、鉴定等方式确定其与案件事实的关联的,不得作为定案的根据。法庭对鉴定意见有疑问的,可以重新鉴定。

法定合法手段收集的证据,才具有可采性。美国联邦最高法院 1914 年在维克诉美国案(Weeks v. United states)中确立了非法实物证据排除规则,这成为非法证据排除规则确立的标志,直到 1966 年,在米兰达诉亚利桑那州案(Miranda v. Arizona)中,非法证据排除规则的适用对象才扩展至非法获取的言词证据,至此,非法证据排除规则才完全确立[1]。

2. 非法证据排除的范围

考察域外法治国家的刑事诉讼立法和刑事司法实践,非法证据排除规则被普遍确立,属于国际通行的基本证据规则,并被世界公约所确认。1984 年通过的联合国《禁止酷刑公约》中就有"不得援引任何确属酷刑逼供作出的陈述为证据"的规定。

对于作为排除对象的"非法证据",各国存在着不同设定。一般而言,对于非法手段获取的言词证据,普遍采取严格排除立场,对"非法手段"一般采取相对宽松的解释立场;对于非法手段获取的物证类证据,各国规定不同,美国坚持原则上排除,但设有例外,意大利、俄罗斯等国采取全部排除立场,英国交由法官自由裁量。

随着司法实践中非法证据排除规则的大量适用,"毒树之果"规则应运而生,非法证据排除规则的适用范围进一步扩张。"毒树之果"规则要求非法获取的证据不得用于进一步获取不利于被告人的其他证据,只要最先的证据是非法获取的,那么所有源于该非法证据(毒树)的二次证据(果实)同样不得被采用。排除"毒树之果",会导致排除证据的范围过广,影响案件事实的发现,因而很多国家对"毒树之果"通常都不予排除,也即"排除毒树",但"食用毒树之果"。

3. 我国的相关规定

早在 1996 年,最高人民法院就在《关于执行〈中华人民共和国刑事诉讼法〉若干问题的解释(试行)》中规定了非法言词证据的排除规则[2];2010 年最高人民法院、最高人民检察院、公安部、国家安全部、司法部联合发布《关于办理刑事案件排除非法证据若干问题的规定》,设置了非法证据排除规则的操作规则;2012 年《刑事诉讼

---

[1] 肖沛权:《刑事司法改革问题研究》,中国政法大学出版社 2021 年版,第 74-75 页。
[2] 1996 年最高人民法院《关于执行〈中华人民共和国刑事诉讼法〉若干问题的解释(试行)》第 58 条规定,严禁以非法的方法收集证据。凡经查证确实属于采用刑讯逼供或者威胁、引诱、欺骗等非法的方法取得的证人证言、被害人陈述、被告人供述,不能作为定案的根据。

法》进行了第二次修改，正式以立法的形式确认了非法证据排除规则[1]；之后，《刑事诉讼法解释》"证据章"专节规定了非法证据排除规则，《人民检察院刑事诉讼规则》《公安机关办理刑事案件程序规定》，也对非法证据排除规则进行了细化和解释；2017年最高人民法院、最高人民检察院、公安部、国家安全部、司法部联合发布《关于办理刑事案件严格排除非法证据若干问题的规定》，进一步强化了非法证据排除规则的可操作性，解决了司法实践中存在的启动难、排除难等问题；2018年，最高人民法院施行包括《人民法院办理刑事案件排除非法证据规程（试行）》在内的"三项规程"，针对非法证据排除难的实务痛点进一步细化了操作细则。

梳理我国现行非法证据排除规则相关规范可见，排除对象仅限于言词证据，即证人证言、被害人陈述和犯罪嫌疑人、被告人供述，获取证据的"非法手段"仅限于刑讯逼供或者威胁、引诱、欺骗等。对于言词证据以外的其他证据，立法上尚未确立非法证据排除规则，对以非法方法收集的言词证据派生的实物证据，即所谓"毒树之果"，也无排除的规定。

对于以非法方法收集的实物证据，虽然在立法上尚不属于排除对象，在司法实务中也不会因为收集手段的"非法"或"违反法定程序"而被排除，但也不等于这类证据通行无阻，《人民法院办理刑事案件排除非法证据规程（试行）》第3条明确规定："采用非法搜查、扣押等违反法定程序的方法收集物证、书证，可能严重影响司法公正的，应当予以补正或者作出合理解释；不能补正或者作出合理解释的，对有关证据应当予以排除。"

以犯罪嫌疑人、被告人供述为例，非法言词证据的排除，以判定收集手段的"非法"性为前提。通说主张的判断标准为：是否使犯罪嫌疑人在肉体上或者精神上遭受剧烈疼痛或痛苦，迫使其违背意愿供述，即"痛苦"+"违背意愿"标准。具体包括以下情形（见表7-1）：(1)采取殴打、违法使用戒具等暴力方法或者变相肉刑的恶劣手段，使犯罪嫌疑人、被告人遭受难以忍受的痛苦而违背意愿作出供述。(2)采用以暴力或者严重损害本人及其近亲属合法权益等进行威胁的方法，使犯罪嫌疑人、被告人遭受难以忍受的痛苦而违背意愿作出供述。(3)采用非法拘禁等限制人身自由的方法收集犯罪嫌疑人、被告人供述。

---

[1]《刑事诉讼法》第50条规定，审判人员、检察人员、侦查人员必须依照法定程序，收集能够证实犯罪嫌疑人、被告人有罪或者无罪、犯罪情节轻重的各种证据。严禁刑讯逼供和以威胁、引诱、欺骗以及其他非法方法收集证据，不得强迫任何人证实自己有罪……

表 7-1 我国非法言词证据排除情形

证据种类	非法手段	程度要求	排除标准
犯罪嫌疑人、被告人供述	殴打、违法使用戒具等暴力方法，变相肉刑等恶劣手段	使遭受难以忍受的痛苦，进而违背意愿作出供述	应当予以排除
	以暴力或严重损害本人及其近亲属合法权益相威胁	使遭受难以忍受的痛苦，进而违背意愿作出供述	应当予以排除
	非法拘禁等非法限制人身自由	无程度要求	应当予以排除
	刑讯逼供获取供述	作出重复性供述	应当一并排除，有两项例外：更换侦查人员后的自愿供述；向检察、审判人员自愿供述
证人证言；被害人陈述	暴力	无程度要求	应当予以排除
	威胁	无程度要求	应当予以排除
	非法限制人身自由	无程度要求	应当予以排除

司法实践中，公安、司法机关往往会多次讯问犯罪嫌疑人、被告人，改存在时间接续、内容同一或相似的多份供述是常态。非法证据排除规则同样适用于重复性供述，如以刑讯逼供方法获得了犯罪嫌疑人、被告人供述后，犯罪嫌疑人、被告人受该刑讯逼供行为影响而作出的重复性供述。《人民法院办理刑事案件排除非法证据规程(试行)》[1]明确规定，"与该供述相同的重复性供述"属于排除对象的范围，同时规定了重复供述排除规则的两种例外情形。需要注意的是，前述文件对重复性供述要求的"相同"，并不意味着前后供述在形式上的"完全相同"，重在强调前后供述之间的内在逻辑关联，只要求符合"实质相关、内容相似"标准，只要求主要事实供述基

---

[1]《人民法院办理刑事案件排除非法证据规程(试行)》第1条："……采用刑讯逼供方法使被告人作出供述，之后被告人受该刑讯逼供行为影响而作出的与该供述相同的重复性供述，应当一并排除，但下列情形除外：(一)侦查期间，根据控告、举报或者自己发现等，侦查机关确认或者不能排除以非法方法收集证据而更换侦查人员，其他侦查人员再次讯问时告知诉讼权利和认罪的法律后果，被告人自愿供述的；(二)审查逮捕、审查起诉和审判期间，检察人员、审判人员讯问时告知诉讼权利和认罪的法律后果，被告人自愿供述的。"

本一致,不要求事实细节一致,也不要求非主要犯罪事实相同[1]。

(三)传闻证据规则

1. 传闻证据的基本内涵

传闻证据规则,也称传闻证据排除法则,是英美系法中的一项重要证据排除规则,旨在排除传闻证据的使用,防止他人转述导致证言失真,要求证人必须接受庭上质证。一个证据如果被认定为传闻证据,除非满足法定的例外情况,否则不具有可采性。

传闻证据规则对于确保证人证言的真实性和可靠性、保障相对方的质证权都有重要意义。如果证人的作证并非源于其本人对案件事实及有关情况部分事实的感知,而是转述他人对案件事实及有关情况的庭外陈述,则这种并非原始证人的证言就是传闻证据。

传闻证据在表现形式上可以分为三大类,即非目击者的当庭证言、目击者的书面证言、检警在庭前制作的证言笔录。传闻证据的常见表现形式包括四种,即证人在法庭上转述原始证人在法庭外所作的陈述,原始证人向法庭提交庭外形成的书面证言,原始证人向法庭提交庭外形成的证言录音录像,其他人向法庭提交原始证人的庭外书面证言、录音录像。

2. 排除传闻证据的理由

传闻证据规则是英美法系重要的证据规则,早在17世纪,英国即已正式确立该证据规则,后来被美国、日本的刑事司法制度所吸收。关于传闻证据不具有可采性的理由,英国大律师、法官、政治家威廉·诺曼勋爵曾有系统概括[2]:第一,传闻证据不是证明事实的最佳证据,如果允许采纳传闻证据,就是鼓励以不充分证据代替强有力证据;第二,证人不出席法庭,交叉询问无法展开,法庭也无法核实证言的真实性;第三,转述中存在出现错误的危险;第四,法官和陪审团无法观察证人作证时的举止和神态;第五,传闻证据未经宣誓作出,存在编造的可能。结合现代刑事诉讼制度,对传闻证据的排除理由,可以简要概括为两点,即传闻证据难保真实性、剥夺了相对方的对质权。

3. 排除传闻证据的例外

传闻证据规则旨在排除不真实、不可靠的证言,在能够满足真实性、不影响相对

---

[1] 潘金贵主编:《证据法学论丛》(第8卷),中国检察出版社2021年版,第49-50页。

[2] [美]约翰·W. 斯特龙、[美]肯尼斯·S. 布荣等编著:《麦考密克论证据》(第5版),汤维建等译,中国政法大学出版社2004年版,第482页。

方对质权的情况下,传闻证据规则允许存在例外,但要求必须满足法定例外情形,传闻证据才具有可采性。纵观世界各国的刑事立法和判例,[1]传闻证据规则的例外情形主要包括三种:一是传闻具有可靠性,原始证人没有到庭作证的必要,如传闻产生过程具有较高的可信度,即使不经过交叉询问,其虚假的可能性也不大,如公共记录或报告、陈年文件中的陈述、学术论文、市场报告等;二是原始证人在客观上确实存在无法出庭作证,或者无法找到具有同等证明价值的其他证据的情况,如证人生前证词、临终陈述、不利于本人的陈述、关于个人经历或家史的陈述等;三是不影响相对方的对质权的情况,如在庭前程序中提出该证据时,已给予相对方充分的对质机会。

4. 我国的相关规定

我国司法实践中存在证人不出庭作证、书面证言在法庭上通行无阻的问题。确立传闻证据规则,对于落实审判中心主义、消解笔录中心主义、实现庭审实质化、化解证人出庭难题、保障诉讼程序公正等均具有重要意义。遗憾的是,现行立法和司法解释尚无直接、明确的规定,但相关立法和司法解释体现了传闻证据规则的基本精神。

我国现行立法和司法解释明确规定,当事人在法庭上的对质权,也对证人出庭作证的义务有明确要求,同时也有允许不出庭作证的例外规定。如《刑事诉讼法》第61条、《刑事诉讼法解释》第71条规定,证人证言必须经过控辩双方质证并且查证属实,才能作为定案的根据;《刑事诉讼法》第192[2]、193条及《刑事诉讼法解释》第249条规定了证人必须出庭作证的三大条件,即"有异议""有重大影响""有必要",对于拒不出庭作证的证人可以强制到庭和惩戒;《刑事诉讼法解释》第253条规定了准许证人不出庭的四种情形,即身患严重疾病或行动极为不便、居所偏远且交通极为不便、身处国外短期无法回国、其他客观原因确实无法出庭的。

我国《刑事诉讼法》和相关司法解释均强调证人出庭作证的义务,但又对不出庭证人的书面证言的效力持模糊态度,即承认书面证言经当庭查证属实可作为定案根据。一方面强调关键证人须出庭作证,另一方面又认可书面证言,能够确认庭前证言真实性的,可以作为定案的根据。《刑事诉讼法》第192条规定了应当出庭作证的证人、鉴定人,同时规定,鉴定人拒不出庭作证的,鉴定意见不得作为定案的根据,但

---

[1] 李明主编:《证据法学》,厦门大学出版社2014年版,第172–174页。
[2] 《刑事诉讼法》第192条规定:"公诉人、当事人或者辩护人、诉讼代理人对证人证言有异议,且该证人证言对案件定罪量刑有重大影响,人民法院认为证人有必要出庭作证的,证人应当出庭作证……"

未明确未出庭证人的证言的效力。司法解释对于未出庭证人的书面证言,确立了相对宽松的可采性标准,即经过控辩双方质证,排除书面证言的矛盾,结合其他证据进行综合判断。如在 2010 年最高人民法院、最高人民检察院、公安部、国家安全部、司法部印发的《关于办理死刑案件审查判断证据若干问题的规定》中,就明确了两类"关键证人"应当出庭作证,并明确规定,"对未出庭作证证人的书面证言,应当听取出庭检察人员、被告人及其辩护人的意见,并结合其他证据综合判断";2017 年最高人民法院《关于全面推进以审判为中心的刑事诉讼制度改革的实施意见》规定,"证人没有出庭作证,其庭前证言真实性无法确认的,不得作为定案的根据"。

(四)意见证据规则

1. 意见证据规则的基本内涵

意见证据规则,是英美证据法特有的概念,是规范普通证人证言可采性的重要证据规则。该证据规则要求:证人只能就其自身感知的事实提供证言,不得发表意见,即不得以其感知、观察得出的推断或意见作证。如教科书常见案例[1]:某甲进门后,看见某乙一边擦流着血的鼻子,一边怒视某丙。那么,某甲只能如实地表述其所感知的事实,而不得就上述事实推论"某丙打了某乙"——尽管事实上极有可能如此。

2. 意见证据不可采的理由

英美法系把证人分为专家证人和普通证人,专家证人指具有专家资格,帮助陪审团或法庭理解某些普通人难以理解的复杂的专业性问题的证人,以其对专门性问题的意见(见解、判断、推断等)作证。相对于专家证人,证据法严格限制普通证人在作证时发表意见,排除普通证人的意见证据,并确立专门的证据规则,核心理由在于:

第一,如果采信普通证人发表的意见,可能对裁判者的裁判职权造成侵犯。认定事实系法官职责所在,证人的功能在于提供判断事实的材料,而不能代行裁判者的职权。普通证人发表意见,可能"当局者迷"导致其推理判断难以理性,进而输出带有偏见或存在错误的证言。允许普通证人发表意见,可能会给裁判者(尤其是陪审团)的事实认定带来误导,并可能导致事实认定出现错误。

第二,采信普通证人发表的意见,容易使裁判者形成预判或偏见。不同于专家证人,普通证人并不具备发表意见所需的专门性知识,也不具有发表意见所需的专业技能和经验,其发表意见对案件事实认定没有积极价值。允许普通证人发表意

---

[1] 李明主编:《证据法学》,厦门大学出版社 2014 年版,第 175 页。

见,对于事实认定没有意义,还可能因为其中混杂的个人见解,误导裁判者产生预判或偏见。

3. 意见证据规则的例外

与绝大多数证据规则一样,意见证据规则也存在例外,可以按照证人的不同身份将这种例外分为两种情况,一是普通证人的例外,二是专家证人的例外。

对于普通证人而言,不采信意见证据是原则,采信意见证据是例外。如果明显不是以其亲身体验的事实为基础而作出的推断,则应排除;如果该意见是以其亲身体验的事实为基础而作出的,则可能构成意见证据规则的例外。在一些特定情况下,很难区分证人对所感知事实的陈述和意见,对事实的陈述和对意见的发表往往没有明确的界限。英美证据法上,允许普通证人发表意见、赋予其意见可采信的情形主要有:同时察觉事实,即一经察觉即生结论的事实,如基于味觉或嗅觉的判断,"闻起来有点像汽油""难以下咽"等;形态陈述,证人对案件事实状态的描述和判断,如证人对车辆速度、人的身高或形体的判断,涉案车辆"开得非常快""中等身材""体形偏胖"等;身份陈述,证人基于其感知对涉案人身份的判断,如根据声音、神态认定是某人,"是张三的声音""从背影看是李四"等;对自身状态的陈述,证人对自己的意图、身体状况、心理状况的描述,如"我正要睡觉""我没喝多,我没醉""我很怕"等。

对专家证人而言,正是因其拥有的专家地位、专门性知识或技能,法庭对其发表正确、合理的意见充满期待,因而赋予其意见可采性。当然,并非对专家证人的证言不做限制。英美法上常见的限制有:仅适用于难以判断的专门性问题,具体交由裁判者判断;专家证人的证言虽然具有可采信,但对裁判者并无强制力;专家证人也要在法庭上接受交叉询问的全面审视;专家证人仅限于在其专业的领域发表意见,不能超越其专业领域。

4. 我国的相关规定

作为英美法系的证据规则,意见证据规则并未被大陆法系国家采纳,这与大陆法系国家有职业法官认定事实的制度传统有关。相对于英美法系国家由陪审团认定事实的制度安排而言,证人意见对职业法官的影响要小很多。随着对抗制审判模式的不断扩张,越来越多的大陆法系国家引入了对抗制元素,意见证据规则也因此受到大陆法系国家的重视。

我国现行立法尚无意见证据规则的相关规定,基于证据法理论界的推介和审判模式对抗制改革,司法解释中有与意见证据规则相关的规定。如2010年《关于办理死刑案件审查判断证据若干问题的规定》就明确规定了意见证据规则,即"证人的猜测性、评论性、推断性的证言,不能作为证据使用,但根据一般生活经验判断符合事实的除外"。该规定也被《刑事诉讼法解释》第 88 条所吸纳。司法解释规定的意见证据规则,有利于规范证人如实提供他们所感知的案件事实的证明活动,避免证人将自己的猜测、评论、推断作为其感知的事实,从而对案件事实作出错误判断。

(五)最佳证据规则

1. 最佳证据规则的内涵

最佳证据规则,又称原始文书规则,是英美法系国家一项古老的证据规则,虽然对其含义尚有不同认识,但在基本内涵上早有共识。即"以文件内容而不是以文件本身作为证据的一方当事人,必须提出文件内容的原始证据"。由此可知,最佳证据规则包括三方面内容[1]:其一,最佳证据规则的适用对象为以内容证明案件事实的证据,最初仅适用于书证,后来扩展至录音、录像、照片及电子数据等呈现文字符号的其他载体形式证据,如法医在法庭上用"人体模型"演示尸体受打击情况时,不要求法医提供原始尸体。其二,当事人在一般情况下必须向法庭提供最佳证据,即"原件",原则上禁止"复制品"作为证据;"原件"即该文字或录音材料本身,或者由制作人或签发人使其具有与原件同样效力的副本、复本;照相的"原件"包括底片或任何由底片冲印的胶片;如果数据储存在电脑或类似设备中,则任何从电脑中打印或输出的能准确反映有关数据的可读物,均为"原件"。其三,最佳证据规则允许例外,即具备法定正当理由时可以不提供原始材料,且具有可采性。

2. 最佳证据规则的例外

美国《联邦证据规则》明确规定了最佳证据规则的若干例外,不要求提供原件的情形包括:原件已灭失,所有原件均已遗失或毁坏,但提供人出于不良动机遗失或毁坏的除外;原件无法获取,原件不能通过适当的司法程序或行为获得;原件被对方掌握,原件处于该证据资料的出示对其不利的一方当事人的控制之下,已通过适当方式告知该当事人出示该原件,但该当事人拒不提供原件;该证据内容与主要争议无紧密关联。英国对最佳证据规则的规定基本与美国相同,但在适用范围上存在差别,英国的最佳证据规则的适用范围依然限于书证,并未扩展至录音、录像等资料。[2] 在大陆法系国家,最佳证据规则主要适用于民事诉讼,且适用程度远不如英美法系国家,刑事诉讼法基本没有规定最佳证据规则。

随着现代科技的发展,原件与非原件的区分难度增加,导致最佳证据规则的法

---

[1] 马贵翔等:《刑事证据规则研究》,复旦大学出版社 2009 年版,第 190 - 191 页。
[2] 胡萌:《英国最佳证据规则的兴衰》,载《人民法院报》2019 年 6 月 14 日,第 8 版。

理基础受到挑战,再加上证据开示制度的建立和不断扩展,大大减少了最佳证据规则的适用空间。在现在的英美法庭上,对于经过先行开示的文书证据,已不再要求提供原件。最佳证据规则已不再是"第一个证据规则""证据法的灵魂",其作用已渐渐变得不那么显著,变为"诸多证据规则中的比较普通的一种"[1],但即便如此,其仍然是无可替代的重要证据规则。

3.我国的相关规定

我国《刑事诉讼法》并未规定最佳证据规则,与最佳证据规则相关的规定主要见于刑事诉讼相关司法解释中[2],如"据以定案的证据应当是原件",收集书证要收集原件,只有在提供原件确有困难的情况下,才可以使用副本或者复制件。书证的副本、复制件,经与原件核实无误或者经鉴定证明为真实的,或者以其他方式确能证明其真实的,可以作为定案的根据。书证有更改或者更改迹象不能作出合理解释的,书证的副本、复制件不能反映书证原件及其内容的,不能作为定案的根据。

四、证据的审查与认定

(一)言词证据的审查与认定

言词证据,是"实物证据"的对称,也被称为"人证",主要包括证人证言、被害人陈述、犯罪嫌疑人、被告人供述和辩解、鉴定意见。言词证据的审查判断,是指在案件事实认定过程中,对在案的言词证据材料进行分析研究、鉴别真伪,确定有无证明力,判断证明力大小。

相较于实物证据,言词证据的主要特征可概括为以下几点:首先,言词证据本质上是主观陈述或意见。由于言词证据是特定个体对案件事实的主观表述,因此易受到陈述者主观因素的干扰。其次,言词证据具有直接的证明效力。言词证据反映了陈述者对其所掌握的案件事实的直接表述,能够直接揭示案件的具体细节。最后,言词证据具有可变性。由于受到陈述者主客观因素的影响,言词证据表现出不稳定性,容易出现前后矛盾的情况。

---

[1] 马贵翔等:《刑事证据规则研究》,复旦大学出版社2009年版,第193页。
[2] 《刑事诉讼法解释》第84条:"据以定案的书证应当是原件。取得原件确有困难的,可以使用副本、复制件。对书证的更改或者更改迹象不能作出合理解释,或者书证的副本、复制件不能反映原件及其内容的,不得作为定案的根据。书证的副本、复制件,经与原件核对无误,经鉴定或者以其他方式确认真实的,可以作为定案的根据。"《人民法院办理刑事案件第一审普通程序法庭调查规程(试行)》第32条:"物证、书证、视听资料、电子数据等证据,应当出示原物、原件。取得原物、原件确有困难的,可以出示照片、录像、副本、复制件等足以反映原物、原件外形和特征以及真实内容的材料,并说明理由。对于鉴定意见和勘验、检查、辨认、侦查实验等笔录,应当出示原件。"

鉴于言词证据易受主观和客观条件的影响，不确定性和可变性特点显著，因此必须进行严格的审查和细致的鉴别，以排除虚假的言词证据，并确认其真实性，方可将其作为认定案件事实的依据。我国刑事诉讼法及相关司法解释、规范性文件规定了证据的审查与认定程序，司法实践中也积累了丰富的审查与认定经验。

下面以犯罪嫌疑人、被告人口供和鉴定意见为例，说明言词证据的审查与认定。

1. 犯罪嫌疑人、被告人口供的审查与认定

(1)需对讯问笔录的制作规范性进行审查，确保其严格遵循法定程序，并对证据的收集过程进行细致审查，评估其是否存在瑕疵以及是否具有补正的可能性。如讯问的时间、地点及讯问人的身份等是否符合法律及有关规定，讯问被告人的侦查人员是否不少于2人，讯问被告人是否个别进行等；讯问笔录的制作、修改是否符合法律及有关规定，讯问笔录是否注明讯问的起止时间和讯问地点，首次讯问时是否告知被告人申请回避、聘请律师等诉讼权利，被告人是否核对确认并签名(盖章)、捺指印，是否有不少于2人的讯问人签名等；讯问聋哑人、少数民族人员、外国人时是否提供了通晓聋、哑手势的人员或者翻译人员，讯问未成年同案犯时，是否通知了其法定代理人到场，其法定代理人是否在场。司法实践中，对讯问笔录的补正要求较询问笔录更为严格。如询问地点不符合规定，或在相同时间段内同一询问人员对不同证人进行询问，均可补正；反之，若讯问地点不符合规定，或在相同时间段内同一讯问人员对不同被告人进行讯问，则不允许补正。

(2)审查口供是否通过刑讯逼供等非法手段获取。可通过与辩护人沟通了解口供的真实性，并在必要时调取讯问过程的同步录音录像、被追诉人进出看守所的健康检查记录等，严格审查口供后，发现后列情形的，应当排除口供：采用刑讯逼供等非法手段取得被告人供述的；讯问笔录没有经被告人核对确认并签名(盖章)、捺指印的；讯问聋哑人及不通晓当地通用语言、文字的人员时，应当提供通晓聋、哑手势的人员或者翻译人员而未提供的。

(3)审查口供的一致性，分析口供反复的原因。审查供述是否前后一致，有无反复以及出现反复的原因；被告人的所有供述和辩解是否均已收集入卷；应当入卷的供述和辩解没有入卷的，是否出具了相关说明。若口供前后矛盾或频繁反复，不排除案件事实存在其他可能性，如受人支配、替人受过等。对于口供与其他言词证据的一致性，并不要求内容上完全相同，但必须确保基本案件事实能够相互印证。对于认罪后又翻供的情况，需查明翻供的具体理由。若翻供是基于对刑罚的恐惧，则不影响对口供的审查认定；若翻供是因为刑讯逼供等非法取证行为，则需审查确认非法取证的事实并排除相应的口供，必要时重新获取口供。在共同犯罪案件中，需

对同案被告人的供述进行慎重审查。同案被告人的供述,作为一种特殊的口供,其对案件事实的证明力较高,但亦潜藏着巨大风险。在共犯案件审理中,被告人可能拒不认罪,或者其供述与同案被告人的供述不一致、相矛盾。

(4)同等重视被告人的认罪供述与辩解。辩解指被告人对其行为性质或者罪责大小的主张,如主张公诉指控的犯罪事实并不存在,或主张其行为是正当防卫,或提出具有自首、立功等从轻、减轻甚至免除处罚情节。司法实践中,被告人庭前认罪后翻供或提出辩解的情形常见。可将被告人在庭前认罪后提出的无罪辩解视为翻供,而对于轻罪辩解则不视为翻供。被告人始终未认罪的,则不存在翻供问题,但被告人仍然可能会提出无罪甚至罪轻的辩解。需要慎重审查被告人的辩解,结合其他证据判断其辩解是否成立。

(5)庭前供述和庭审供述不一致时的证明力认定规则。庭前供述和辩解存在反复,但当庭供认犯罪事实,且与其他证据能够相互印证的,庭审供述具有可采性;当庭翻供但无合理的翻供理由,或其辩解与全案证据矛盾,而庭前供述与其他证据相互印证的,可采信庭前供述;庭前供述和辩解存在反复,庭审中也不供认犯罪事实,且无其他证据与庭前供述印证的,不采信庭前供述。

2. 鉴定意见的审查与认定

与被告人供述、证人证言、被害人陈述等传统言词证据不同,鉴定意见不是对案件事实的陈述或记录,而是鉴定人运用自身的专业知识,依托各种科学技术,在对鉴定对象进行观察、分析、检验后形成的主观性结论。

常见的鉴定种类有法医类(病理、临床、精神病、物证、毒物)鉴定、物证类(文书、痕迹、微量)鉴定和声像资料(声音、图像信息)鉴定。根据鉴定所解决的问题性质不同,把鉴定意见分为同一认定型鉴定意见、种属认定型鉴定意见和性质状态型鉴定意见。

刑事诉讼法和相关司法解释对鉴定意见的形式要件有明确要求。《刑事诉讼法》第147条第1款规定:"鉴定人进行鉴定后,应当写出鉴定意见,并且签名。"最高人民法院、最高人民检察院、公安部、国家安全部、司法部印发《关于办理死刑案件审查判断证据若干问题的规定》,明确规定了鉴定意见的质证与审查判断规则,重点审查下列十个方面:

(1)鉴定人是否存在应当回避而未回避的情形。如果存在此类情况,鉴定意见的公正性和可信度可能会受到影响,鉴定过程的合法性和鉴定结果的客观性不能得到保证。

(2)鉴定机构和鉴定人是否具有合法的资质。鉴定资质是确保鉴定意见有效性和权威性的关键因素。合法的资质意味着鉴定机构和鉴定人必须经过相关政府部门的审批和认证,具备相应的专业能力和技术条件。只有具备合法资质的鉴定机构和鉴定人出具的鉴定报告才能作为证据使用。

(3)鉴定程序是否符合法律及有关规定。鉴定程序必须严格遵循法律规定的步骤和方法,以确保鉴定意见的有效性和可信度。审查鉴定程序的合法性,重点审查鉴定启动的规范性,包括鉴定的必要性,鉴定人的聘请、鉴定材料的提交、鉴定意见的出具等环节。

(4)检材的来源、取得、保管、送检是否符合法律及有关规定,与相关提取笔录、扣押物品清单等记载的内容是否相符,检材是否充足、可靠。严格审查检材的来源是否合法、取得方式是否符合相关规定。检材的保管措施是否得当,送检程序是否规范,这些都是确保检材真实性和有效性的关键因素。检材的提取笔录和扣押物品清单等文件记载的内容必须与实际检材的情况一致。检材的数量和质量也必须满足鉴定的需求,确保其充足且可靠。

(5)鉴定的程序、方法、分析过程是否严格遵循了本专业领域内所规定的检验鉴定规程和技术方法的要求。鉴定所采用的步骤、技术手段和分析方法,是否符合相应鉴定的专业标准和行业规范。只有严格按照专业规程和技术方法进行鉴定,才能确保鉴定意见的科学性、严谨性和权威性。

(6)鉴定意见的形式要件是否完备。是否注明提起鉴定的事由、鉴定委托人、鉴定机构、鉴定要求、鉴定过程、检验方法、鉴定文书的日期等相关内容,是否由鉴定机构加盖鉴定专用章并由鉴定人签名盖章。鉴定意见应当明确指出提起鉴定的具体事由,必须清楚地注明鉴定相关各方的信息,包括鉴定机构的名称及其资质、委托人的名称或姓名,以确认鉴定的合法来源;详细描述委托人对鉴定的具体要求(待解决的专门性问题);详细记录鉴定所采用的检验方法、使用的设备和技术手段;明确标注完成鉴定的日期;鉴定意见应当由鉴定机构加盖鉴定专用章,并由鉴定人签名或盖章,以确保鉴定意见的法律效力和责任归属。

(7)鉴定意见是否明确。鉴定意见应当清晰地表达出鉴定人的观点,明确指出所涉及的问题、所采用的方法、所依据的证据以及最终得出的结论,避免模糊不清或模棱两可的表述。

(8)鉴定意见与案件待证事实有无关联。鉴定意见与案件中需要证明的事实之间的高相关性,是鉴定意见的证据价值所在。鉴定意见应当直接涉及案件中的待证事实,能够为解决案件中的争议问题提供科学依据或专业判断。审查鉴定意见时,必须仔细分析其内容是否与案件待证事实紧密相关。

(9)鉴定意见与其他证据之间是否有矛盾,鉴定意见与检验笔录及相关照片是否有矛盾。审查鉴定意见与其他证据之间是否存在矛盾,可以判断鉴定意见的可信度。审查鉴定意见与检验笔录及相关照片之间是否存在矛盾,可以验证鉴定意见的准确性。

(10)鉴定意见是否依法及时告知相关人员,当事人对鉴定意见是否有异议。应当将拟用作证据的鉴定意见,告知犯罪嫌疑人、被害人,这是保障当事人知情权与诉讼权利的关键环节,目的在于让他们充分了解鉴定的内容和结果,以便在诉讼进程中进行有效的质证准备。若犯罪嫌疑人、被害人对鉴定意见存在异议,则他们有权提出补充鉴定或者重新鉴定的申请。

(二)实物证据的审查与认定

实物证据,是与"言词证据"相对应的概念,通常也被称作"物证"。包括各种有形的、可以作为证据的物品,如物证、书证。实物证据因其较强的客观性和可靠性特征,在刑事司法中具有不可替代的作用。

实物证据必须经过严格的审查和细致的鉴别,以确保其真实性和可靠性。根据刑事诉讼法及相关司法解释,再结合司法实践经验,对实物证据的审查判断,需要对其采集方式(来源、形成过程、保存状况)的合法性与可靠性进行评估,并借助多种科学方法和技术手段,对其精确性和有效性进行检验。

1.实物证据的收集方法

(1)通过勘验收集。在案件调查过程中,刑事技术人员应当对案件相关现场、物品进行详细的勘验,以发现和收集与案件相关的物证和书证。如通过对犯罪现场进行细致检查,可以找到遗留的指纹、血迹、工具痕迹等物证,以及相关文件、记录等书证;对犯罪嫌疑人的随身物品、所用车辆进行检查,可能会发现与案件相关的痕迹或物品。

(2)通过检查收集。对特定人员的身体进行检查,可以发现和收集与案件相关的证据。如对犯罪嫌疑人、被害人的人体进行检查,可能会发现与案件有关的人体特征、损伤情况等。

(3)通过搜查、扣押收集。通过对特定场所、人身进行全面搜索,可以发现和收集与案件相关的物品、文件,并对与案件有关的物品、文件进行扣押保管,以确保其不被破坏或丢失。如对犯罪嫌疑人的住所进行搜查,可能会发现与案件相关的物品或文件,并将其扣押作为证据。

(4)当事人或其他人提供。在案件调查过程中,当事人或其他知情人可能会主动提交与案件相关的物品和文件。如被害人向办案机关提供被抢夺走的财物清单,证人向办案机关提供现场捡到的物品和文件。

(5) 调取。办案机关有权通过法定程序从相关机构或个人处获取与案件相关的物品和文件。如可以从银行调取犯罪嫌疑人的账户流水记录,可以从通信公司调取犯罪嫌疑人的通话记录,可以从医疗机构调取被害人的诊疗病历等。依法实施调取程序,可以确保证据的真实性和合法性。

2. 实物证据的审查方法

(1) 辨认。在公安、司法人员的主持下,将实物证据交由有关人员进行识别、辨认,以确定真伪、来源、与案件是否有关等。辨认过程通常涉及对实物证据的观察和判断,根据辨认结果,可以判断实物证据与案件的关联性。

(2) 鉴定和检验。如果实物证据涉及专门性问题,就需要办案机关指派或聘请鉴定人、专业检验人员运用科学的方法和技术手段,使用先进的仪器设备,对证据的物理特性、化学成分、生物特征等进行鉴别、分析、判断,并给出意见,以确认实物证据的真实性和有效性。如通过对指纹、DNA、笔迹、纤维、土壤、金属等不同类型的实物证据进行细致的分析,可以揭示其来源、形成过程以及与案件的关联性。

(3) 侦查实验。为确定和判明与案件有关的某些事实或行为在特定条件下能否发生或怎样发生,而按照原有条件进行实验性重演,通过模拟案件发生时的环境和条件,可以揭示某些事实或行为的可能性和规律性,从而判断实物证据的真实性和关联性。

(4) 结合其他证据印证。在单个物证难以直接证明案件事实的情况下,将该实物证据与其他证据联系起来加以综合考察,审查它们之间是否能相互印证、协调一致。通过综合分析和比较不同证据之间的关联性和一致性,可以增强实物证据的证明力。

3. 实物证据的审查重点

《刑事诉讼法解释》第 82 条明确规定了审查判断物证、书证的 5 个重点方面。

(1) 物证、书证是否为原物、原件,是否经过辨认、鉴定。作为证据使用的物证、书证,必须确证为原物、原件,或者与原物、原件相符。物证的照片、录像、复制品或者书证的副本、复本是否与原物、原件相符,是否由 2 人以上制作,有无制作人关于制作过程以及原物、原件存放于何处的文字说明和签名。

(2) 物证、书证的收集程序、方式是否符合法律、有关规定。重点审查物证、书证的收集程序、方式。经勘验、检查、搜查提取、扣押的物证、书证,是否附有相关笔录、清单。笔录、清单是否经侦查人员、物品持有人、见证人签名,没有物品持有人签名的,是否注明原因。对物品的名称、特征、数量、质量等是否注明清楚。

(3)物证、书证在收集、保管、鉴定过程中是否受损或者改变。重点审查物证、书证的动态变化。在物证、书证的收集、保管过程,应当采取适当的保存措施,确保其不会受到环境因素的影响,如温度、湿度、光照等。如易腐烂生物样本应当存放在低温环境中,以防腐败和变质;纸质书证应当存放在干燥、避光的环境中,以防纸张变黄、变脆或字迹褪色。在物证、书证的鉴定过程中,应当使用科学、规范的方法,避免对证据造成不必要的损害。

(4)物证、书证与案件事实有无关联。重点审查物证、书证与案件事实的关联性。对现场遗留的与犯罪有关的具备鉴定条件的血迹、体液、毛发、指纹等生物样本、痕迹、物品,是否已作 DNA 鉴定、指纹鉴定等,并与被告人或者被害人的相应生物检材、生物特征、物品等比对。

(5)与案件事实有关联的物证、书证是否全面收集。重点审查物证、书证收集的全面性,确保与案件事实相关的所有物证和书证都被收集,包括但不限于现场遗留的物品、文件、记录以及其他可能与案件有关的实物证据。需要仔细检查是否遗漏了任何关键的证据,确保每一个细节都被充分考虑和记录,确保案件的调查结果是准确和可靠的。

(三)其他证据的审查与认定

1.视听资料的审查与认定

视听资料的特点决定了对其审查的重心在于其真实性,主要方法是声像鉴定。

对于视听资料的合法性,办案机关应当着重审查以下内容:是否附有提取过程的说明,来源是否合法;是否为原件,有无复制及复制份数;是复制件的,是否附有无法调取原件的原因、复制件制作过程和原件存放地点的说明,制作人、原视听资料持有人是否签名或者盖章;制作过程中是否存在威胁、引诱当事人等违反法律和有关规定的情形;是否写明制作人、持有人的身份,以及制作的时间、地点、条件和方法;内容和制作过程是否真实,有无剪辑、增加、删改等情形。

2.电子数据的审查与认定

对电子数据的真实性,应当着重审查以下内容:是否移送原始存储介质;在原始存储介质无法封存、不便移动时,有无说明原因,并注明收集、提取过程及原始存储介质的存放地点或者电子数据的来源等情况;电子数据是否具有数字签名、数字证书等特殊标识;是否可以重现电子数据的收集、提取过程;电子数据有增加、删除、修改等情形的,是否附有说明;是否可以保证电子数据的完整性。

对电子数据合法性,应当着重审查以下内容:收集、提取电子数据是否由 2 名以上侦查人员进行,取证方法是否符合相关技术标准;收集、提取电子数据,是否附有笔录、清单，并经侦查人员、电子数据持有人(提供人)、见证人签名或者盖章；没有持有人(提供人)签名或者盖章的，是否注明原因；对电子数据的类别、文件格式等是否注明清楚；是否依照有关规定由符合条件的人员担任见证人，是否对相关活动进行录像；电子数据检查是否将电子数据存储介质通过写保护设备接入检查设备；有条件的，是否制作电子数据备份，并对备份进行检查；无法制作备份且无法使用写保护设备的，是否附有录像。

3. 勘验、检查笔录的审查判断

勘验、检查笔录实际上是一种证据保全方法，因为被勘验、检查的对象通常不能一直保持原状。勘验和检查笔录的审查判断，是确保案件事实认定正确的重要一环，需要审查勘验、检查笔录的合法性、准确性、关联性。

审查判断勘验、检查笔录的合法性。要核实笔录的制作是否符合法律规定的程序，侦查人员是否具备相应的资格和权限。在进行现场勘验时，侦查人员必须持有合法的手续，并且在勘验过程中遵循法定的程序，确保现场的完整性和证据的客观性。

审查判断勘验、检查笔录的准确性。要核实笔录是否全面记录了勘验、检查的全部过程，笔录的描述应当具体、明确，避免使用模糊不清的词语。如描述现场物品位置时，应当明确物品的具体位置和相对关系，而非笼统地描述"物品散落一地"。

审查判断勘验、检查笔录记载的关联性。笔录要详细记录相关证据的提取、保管和处理情况，确保勘验、检查中发现的证据得到及时固定，并有相应的证据印证，可以证实与案件的关联性。对于现场发现的指纹、血迹，应当及时提取，并在勘验笔录中详细记录提取的时间、地点和方法。

4. 辨认笔录、侦查实验笔录的审查判断

辨认笔录的审查判断，首先需要核实辨认过程是否合法、规范。具体来说，辨认程序是否符合法定程序，是否存在暗示或诱导行为，辨认对象的选择是否合理，以及辨认结果是否具有可信赖性。此外，还需关注辨认笔录的记录是否详尽、准确，能否如实反映辨认的过程和结果。

审查判断侦查实验笔录，首先需要重点关注实验的设计是否科学合理，实验条件是否与实际案情相符，实验过程是否规范，实验结果是否具有可重复性和可验证性。此外，还要审查侦查实验笔录是否完整记录了实验的每一个步骤、使用的设备和材料、实验人员的观察和记录等，确保实验结果的客观性和可靠性。

五、结语

行文至此,已经完成了对"实战"式模拟法庭教学所需的证据法知识的浅显梳理。沿着证据的特征、种类、规则以及审查认定的脉络,清晰勾勒出了"实战"式模拟法庭教学过程中证据运用的全景图。对客观性、关联性、合法性的细致解读,让我们深知证据根基之重要;对各类证据种类的剖析,使我们明白在法律舞台上可调用的"证据武器"丰富多样;对常用证据规则的阐释,则如同为证据交锋划定了公正、严谨的战场准则;而证据的审查与认定,更是赋予我们甄别证据真伪、权衡证据效力的战力。

掌握和运用证据法知识,绝非纸上谈兵,而是紧密贴合"实战"式模拟法庭需求,旨在让每一位同学在"实战"式模拟审判中,能精准运用证据、严守证据规则,以证据为剑、以规则为盾,捍卫法律尊严,探寻案件真相,在模拟审判实战演练中绽放光彩,在未来漫长的法律职业生涯中,凭借扎实的证据功底,书写公平正义的华章。

主要参考文献

一、著作类

1. 陈卫东、刘计划编著:《法律文书写作》(第 5 版),中国人民大学出版社 2022 年版。
2. 陈学权编著:《模拟法庭实验教程》(第 4 版),高等教育出版社 2022 年版。
3. 陈增宝:《法官如何阅卷:案卷材料的阅读技能与审查方法》,人民法院出版社 2023 年版。
4. 樊学勇、王燕编著:《公安机关刑事法律文书制作规范与法律依据》,中国法制出版社 2021 年版。
5. 樊学勇主编:《刑事案件模拟法庭审判讲义及案例脚本》,中国人民公安大学出版社 2019 年版。
6. 洪浩:《法治理想与精英教育——中外法学教育制度比较研究》,北京大学出版社 2005 年版。
7. 胡云腾、黄祥青主编:《最新刑事诉讼文书样式(参考样本)》(第 2 版),人民法院出版社 2024 年版。
8. 姜磊:《理论与实践:高等院校卓越法治人才培养模式研究》,中国政法大学出版社 2022 年版。
9. 赖建东:《全方位质证:思路指引与办案技巧》,法律出版社 2022 年版。
10. 廖永安、唐东楚:《模拟审判:原理、剧本与技巧》(第 3 版),北京大学出版社 2015 年版。
11. 刘静坤、赵春雨主编:《刑事诉讼证据规则编注:条文·适用·案例》,法律出版社 2023 年版。
12. 马宏俊主编:《法律文书写作与训练》,中国人民大学出版社 2013 年版。
13. 人民法院出版社编:《公检法办案标准与实务指引·刑事诉讼卷》(上下),人民法院出版社 2022 年版。
14. 孙茂利主编:《公安机关刑事案件示范案卷指南》,中国民主法制出版社 2021 年版。
15. 孙茂利主编:《公安机关刑事法律文书制作指南与范例》,中国长安出版传媒有限公司 2021 年版。
16. 孙晓楼:《法律教育》,商务印书馆 2015 年版。
17. 唐学文编著:《刑事辩护文书范例与实务要点》,法律出版社 2023 年版。

18. 王丽媛:《法学教育与实践教学研究》,延边大学出版社 2023 年版。
19. 吴智泉:《美国高等院校学生学习成果评价研究》,知识产权出版社 2019 年版。
20. 许身健:《法律职业伦理》(第 3 版),中国政法大学出版社 2021 年版。
21. 许身健、李晓:《模拟法庭原理与法庭论辩技巧》,中国政法大学出版社 2023 年版。
22. 徐宗新等:《刑事辩护全流程质量控制与十项技能解析》,法律出版社 2022 年版。
23. 杨鸿雁:《诉讼文书一本通》,法律出版社 2020 年版。
24. 张建忠主编:《刑事检察重点文书撰写技巧及范例》,中国检察出版社 2024 年版。
25. 赵杰主编:《模拟法庭实验教程》,北京大学出版社 2020 年版。
26. 《中华人民共和国刑事诉讼法及司法解释全书》(第 8 版),中国法制出版社 2021 年版。
27. 周详:《集体智慧在合作创新中的生成与应用》,人民出版社 2020 年版。
28. [美]约翰·S. 布鲁贝克:《高等教育哲学》,徐辉等译,浙江教育出版社 1987 年版。
29. [日]工藤勇一:《重构学校教育模式:如何选择最优手段实现教育目标》,李凌洁译,中国青年出版社 2023 年版。

二、论文类

1. 蔡立东、刘晓林:《新时代法学实践教学的性质及其实现方式》,载《法制与社会发展》2018 年第 5 期。
2. 曹锦秋、郭金良:《高等学校法学实践教育创新研究——从实训课程与模拟法庭的关系视角切入》,载《辽宁大学学报(哲学社会科学版)》2018 年第 4 期。
3. 曹义孙:《中国法学教育的主要问题及其改革研究》,载《国家教育行政学院学报》2009 年第 11 期。
4. 陈海平:《法学教育应当强化法律职业能力培养——兼记燕山大学的改革与探索》,载《教学研究》2019 年第 1 期。
5. 陈海平:《深化模拟法庭教改 培养法律职业能力》,载《中国教育报》2024 年 3 月 21 日,第 11 版。
6. 陈京春:《人工智能时代法学实践教学的变革》,载《山东社会科学》2020 年第 11 期。
7. 翟业虎:《关于规范我国高校模拟法庭教学的思考》,载《高等教育研究》2015 年第 9 期。
8. 杜焕芳:《涉外法治专业人才培养的顶层设计及实现路径》,载《中国大学教学》2020 年第 6 期。
9. 樊丽明:《"新文科":时代需求与建设重点》,载《中国大学教学》2020 年第 5 期。
10. 冯果:《新理念与法学教育创新》,载《中国大学教学》2019 年第 10 期。
11. 冯玉军:《我国法学教育的现状与面临的挑战刍议》,载《中国大学教学》2013 年第 12 期。
12. 韩大元:《全球化背景下中国法学教育面临的挑战》,载《法学杂志》2011 年第 3 期。
13. 何志鹏:《论改革开放 40 年法学教育的观念演进》,载《中国大学教学》2018 年第 11 期。

14. 胡加祥:《法学硕士研究化　法律硕士专门化——我国法学专业研究生培养模式刍议》,载《学位与研究生教育》2008年第2期。

15. 胡铭:《数字法学:定位、范畴与方法——兼论面向数智未来的法学教育》,载《政法论坛》2022年第3期。

16. 黄兰松:《新法科视野下法学案例教学法的开展研究》,载《北方论丛》2023年第1期。

17. 黄晓亮:《论我国法律教育的分层》,载《教育学报》2009年第4期。

18. 贾宇:《改革开放三十年法学教育的发展及其当前改革》,载《法律科学》2008年第6期。

19. 李梅容、孙孝福:《模拟审判是法学专业实践教学的重要环节》,载《中国大学生就业》2012年第6期。

20. 李胜利、杨雯:《结合"理律杯"模式完善模拟法庭教学法的若干思考》,载《高教论坛》2014年第10期。

21. 刘积灿:《模拟法庭:成败在于事前准备》,载《中国律师》2020年第8期。

22. 刘坤轮:《〈新文科建设宣言〉语境中的新法科建设》,载《新文科教育研究》2021年第2期。

23. 刘坤轮:《何以固本:法学教育如何回应人工智能时代?》,载《山东社会科学》2020年第11期。

24. 刘鹏:《高校模拟法庭教学质量提升实践探究》,载《黑龙江教育(高教研究与评估)》2021年第2期。

25. 刘艳红:《从学科交叉到交叉学科:法学教育的新文科发展之路》,载《中国高教研究》2022年第10期。

26. 陆侃怡:《模拟法庭教学质量提升问题探究》,载《教育教学论坛》2021年第27期。

27. 马怀德:《法学教育法治人才培养的根本遵循》,载《中国党政干部论坛》2020年第12期。

28. 马建红:《法律教育中的模拟法庭》,载《方圆》2021年第5期。

29. 孟建柱:《依法保障执业权利　切实规范执业行为　充分发挥律师队伍在全面依法治国中的重要作用》,载《中国司法》2015年第10期。

30. 钱大军:《新建还是复制——我国法学职业教育改革的困境与前景》,载《当代法学》2011年第6期。

31. 任羽中、曹宇:《"第四次工业革命"背景下的高等教育变革》,载《中国高等教育》2019年第5期。

32. 申卫星:《时代发展呼唤"临床法学"——兼谈中国法学教育的三大转变》,载《比较法研究》2008年第3期。

33. 苏力:《当代中国法学教育的挑战与机遇》,载《法学》2006年第2期。

34. 苏力:《法律人思维?》,载《北大法律评论》2013年第2期。

35. 孙记:《"不惑"之年应"不惑"——40年来我国高等法学教育就业率之辨》,载《中国高教研究》2018年第8期。

36. 谭世贵等:《以法律职业能力培养为目标的法学教育改革——以浙江省大学生法律职业能力竞赛为实例》,载《中国大学教学》2014年第11期。
37. 田享华:《法学院离法院有多远?》,载《南风窗》2006年第4期。
38. 汪习根:《论中国法学教育改革的目标模式、机制与方法——基于"研究性学习"新视角的分析》,载《法学杂志》2011年第5期。
39. 王健:《2021年影响中国法学教育发展的十个方面》,载《湖湘法学评论》2022年第2期。
40. 王健:《学科目录调整与法学学科建设》,载《新文科理论与实践》2022年第3期。
41. 吴汉东:《人工智能时代的制度安排与法律规制》,载《法律科学》2017年第5期。
42. 夏利民:《模拟法庭课程教学模式与方法改革之探索》,载《中国大学教学》2015年第12期。
43. 徐飞:《人工智能时代,大学应转向"学为中心"》,载《文汇报》2018年6月24日,第6版。
44. 徐卫东:《中国高等法学教育三十年发展回顾》,载《当代法学》2008年第1期。
45. 徐显明等:《改革开放四十年的中国法学教育》,载《中国法律评论》2018年第3期。
46. 徐显明:《中国法学教育的发展趋势与改革任务》,载《中国大学教学》2009年第12期。
47. 杨清望:《卓越法律人才的基本类型与培养路径探析》,载《现代大学教育》2012年第3期。
48. 张翅、夏妍:《法学专业实践教育开展的问题与对策》,载《教育理论与实践》2019年第21期。
49. 张俊宗:《新文科:四个维度的解读》,载《西北师大学报(社会科学版)》2019年第5期。
50. 张婷、林亚男:《模拟法庭传统教学的反思和线上教学模式的初探》,载《高教学刊》2021年第18期。
51. 周江洪:《智能司法的发展与法学教育的未来》,载《中国大学教学》2019年第6期。
52. 朱立恒:《西方国家法学教育比较分析及其启示》,载《比较法研究》2009年第3期。

后　记

我 1997 年参加高考，基于儿时即有的教师理想，高考志愿全部选择了"师范"专业。在大学期间的教育学课堂上，我第一次听到了加拿大教育学专家马克斯·范梅南对教育的诗意表达"教育学就是迷恋他人成长的学问"[1]，更加坚定了以教育为志业的理想。多年后读到讹传为德国教育家卡尔·雅思贝尔斯所说的名言[2]："教育的本质意味着一棵树摇动另一棵树，一朵云推动另一朵云，一个灵魂唤醒另一个灵魂。"虽然查实此话并非其所言，但它以生动的比喻诠释了教育的真谛，它的广泛流传，也确实反映了教育同仁的认可与向往。

从我 2004 年投身法学教育算起，已经走过整整 20 载春秋。于我而言，过往的 20 年，是一场对法学教育矢志不渝、与法学教育深情相拥的漫长旅程，其中，15 年的模拟法庭课程教学经历，更是这段旅程中最令人难忘和怀念的篇章，我见证了无数学生的成长与蜕变，也让我对法学教育的价值与力量有了更为深刻的领悟。

多年来，我不断探索模拟法庭课程教学改革，教改方案经受了多轮教学实践的检验。每一轮教学改革，既是对教育理想的执着与追寻，也是对法治人才培养机制的思考和探索，所经历的挑战、留下的回忆以及收获的成长，都成了我最宝贵的财富。一路走来，我多次与模拟法庭教育同仁进行交流分享，得到教育同行的诸多支持和认可；将教改的体会与感悟凝练成文，得到了《中国教育报》《中国教育学刊》《实践性法学教育论丛》等报刊的肯定与接纳；作为中国法学教育研究会模拟法庭教

---

[1] [加]马克斯·范梅南：《教学机智：教育智慧的意蕴》，李树英校，教育科学出版社 2001 年版，第 18 页。

[2] 诸多学术论著、网文都注明该句出自雅思贝尔斯名著《什么是教育》，但都不(正确)标明具体页码。为此，笔者曾查阅多个版本的《什么是教育》，始终一无所获，后来看到陈俊一的考证，始知讹传。吊诡的是，网文显示陈俊一的考证(《雅思贝尔斯说过这句话吗？——对一句"教育名言"的源流考辨》)出自《教师》/《教师月刊》2016 年第 11 期。笔者遍查各大数据库，又是查无所获。查阅《教师》(实为旬刊)2016 年第 11 期，确无此文。网查显示《教师月刊》系华东师范大学出版社 2009 年创办，2025 年 1 月，查询国家新闻出版署期刊，显示无此刊。此悬案暂且搁置，留与读者追查，或许在未来的某一天，能够解开这句"教育名言"的起源与流传轨迹。

学专业委员会的创始成员与常委,深感信任满满、责任沉沉,激励着我以更饱满的热情、更坚定的步伐,投身于模拟法庭课程的教学实践、教改探索。

更令我自豪的是,"实战"式模拟法庭教学改革得到了同学们的广泛认可和支持,也成为法科生们"最美的兰大记忆"。教学之余,我推动兰大法科学子参加国际、全国及省域模拟法庭比赛,如国际刑事法院模拟法庭竞赛、"淮海杯"全国高校模拟法庭竞赛、甘肃省大学生模拟审判大赛、甘肃省大学生法律专题辩论赛等,与同学们携手努力、斩获奖项、共同成长的经历,无疑是模拟法庭课程教学中最珍贵、最意想不到的收获。

正如中国法学会法学教育研究会秘书长、中国人民大学法学院杜焕芳教授所言:"法学教材是法学教学的最权威文本,直接决定法学实践教学的专业规格。"[1]《实战式模拟法庭讲义(刑事篇)》正是立足数字时代的法学教育转型、接轨数字法治实践,"以实践为导向"探索"特色法学实践教材"建设的一次尝试。

本书的撰写过程,也是对多年模拟法庭教学经验进行深度梳理、精心总结及理论升华的过程。虽然全力以赴、殚精竭虑,意图将前沿教育理念、典型司法案例融入其中,但受制于自身学养的局限、个体经验的片面等限制,本书必然存在诸多不尽如人意处。在此,敬请法学实践教学同行、法治工作部门同仁,以及广大热心读者不吝赐教,提出宝贵意见与建议,以助本书在未来能够不断完善。

我深知,在模拟法庭课程的教学队伍中,我还是一个新兵,还有很长的路要走。我将带着对法学实践教学的热爱,对学生成长的"迷恋",努力做好"一棵树""一朵云""一个灵魂",去摇动、推动、唤醒更多怀揣法律梦想的年轻心灵,帮助他们成长为法治社会的坚实栋梁。

本书能够与读者见面,也得益于一系列教材建设、教学改革项目的不断推动。2020年调入兰州大学法学院任教后,模拟法庭类课程成为我最核心的教学任务,教学活动、教学改革主要围绕模拟法庭类课程进行。2021年年底,入选"兰州大学教材建设项目"。不久后,作为法律硕士研究生课程同步入选"兰州大学研究生教材建设项目"。此后,围绕"模拟法庭"类课程,又获得了"兰州大学示范课程建设项目""兰州大学研究生课程体系提升计划项目""兰州大学'精彩一课'""兰州大学法学院一流课程"等项目支持。2025年年初,申报的中共甘肃省委教育工作委员会"党的二十届三中全会、全国教育大会精神研究课题"获准立项。如果没有这一系列教

---

[1] 杜焕芳、袁钢:《着力于"六个推进"完善以实践为导向的法学教育培养机制》,载《法治日报》2025年1月8日,第9版。

材建设、教学改革项目的推动，本书的出版或许遥遥无期。

回顾"实战"式模拟法庭教学改革的漫长历程，离不开笔者两段任教经历的探索和积累。在燕山大学法学系任教期间，"实战"式模拟法庭教学改革开始生根发芽，多个年级的法学本科生、法律硕士研究生积极参与，与燕山大学法学系司景辉、伦海波、陈胜等老师并肩同行、共同探索的经历，值得永远铭记。调任兰州大学法学院以来，"实战"式模拟法庭教学改革得以落地生根并枝繁叶茂，得益于兰州大学研究生院、教务处的立项支持；亦更得益于兰州大学法学院各位领导和同事的鼎力支持；还有 2018~2022 级法学本科生、2020~2023 级法律硕士研究生的深度参与和互动，共同推动了"实战"式模拟法庭教学改革经验的总结提炼，多年的实践探索得以凝练为可推广的教改模式。

本书能够顺利出版，离不开兰州大学法学院的大力支持以及资助出版，在此表示衷心的感谢。在本书的出版环节，法律出版社的多位编辑老师给予了很多帮助，在此一并致以诚挚的谢意。

抚今追昔，得遇良师益友，是我人生最大的幸运，千言万语难以表达心底谢意。如果没有众多师友的支持与帮助，我不可能立身大学讲台，本书的问世亦无从谈起。

对于其他未能具名致谢的师友，我会把这份谢意深藏心底，永远感念！

陈海平

2025 年 3 月 28 日于兰州大学齐云楼